ArtScroll® Halachah Series

Rabbi Nosson Scherman / Rabbi Meir Zlotowitz
General Editors

A PROJECT OF THE

Mesorah Heritage Foundation

BOARD OF TRUSTEES

RABBI DAVID FEINSTEIN
Rosh HaYeshivah, Mesivtha Tifereth Jerusalem

RABBI MEIR ZLOTOWITZ ל"ז
Founder

JOEL L. FLEISHMAN
Chairman
Director, Sam & Ronnie Heyman Center on Ethics,
Public Policy, and the Professions, Duke University

RABBI GEDALIAH ZLOTOWITZ
President

HOWARD TZVI FRIEDMAN
Founding Partner,
Lanx Management, LLC

RABBI NOSSON SCHERMAN
General Editor, ArtScroll Series

JUDAH I. SEPTIMUS
Pres., Atlantic Land Title & Abstract, Ltd.

JOSEPH C. SHENKER
Chairman, Sullivan & Cromwell

JAMES S. TISCH
Chairman and CEO, Loews Corp.

AUDIT COMMITTEE

SAMUEL ASTROF
CFO/COO (Ret.) The Jewish
Federations of North America;
Partner (Ret.) Ernst & Young, LLP

JOEL L. FLEISHMAN
Director, Sam & Ronnie Heyman Center on Ethics,
Public Policy, and the Professions, Duke University

JUDAH I. SEPTIMUS
Pres., Atlantic Land Title & Abstract, Ltd.

JOSEPH C. SHENKER
Chairman, Sullivan & Cromwell

JAMES S. TISCH
Chairman and CEO, Loews Corp.

INTERNATIONAL BOARD OF GOVERNORS

JAY SCHOTTENSTEIN *(Columbus, OH)*
Chairman

STEVEN ADELSBERG
HOWARD BALTER
MOSHE BEINHORN
RABBI RAPHAEL B. BUTLER
EDWARD MENDEL CZUKER *(Los Angeles)*
REUVEN D. DESSLER *(Cleveland)*
BENJAMIN C. FISHOFF
YITZCHOK GANGER
JACOB M.M. GRAFF *(Los Angeles)*
HASHI HERZKA
JACOB HERZOG *(Toronto)*
AMIR JAFFA *(Cleveland)*
ELAN JAFFA
JACK JAFFA
LLOYD F. KEILSON
LESTER KLAUS
MOTTY KLEIN
ELLY KLEINMAN
EZRA MARCOS *(Tel Aviv)*
RABBI MEYER H. MAY *(Los Angeles)*
ASHER D. MILSTEIN

ANDREW J. NEFF
AARON J. ORLOFSKY *(Silver Spring)*
BARRY M. RAY *(Chicago)*
GEOFFREY ROCHWARGER *(Beit Shemesh / Teaneck)*
ZVI RYZMAN *(Los Angeles)*
A. GEORGE SAKS
JOSEPH A. SCHOTTENSTEIN
JONATHAN R. SCHOTTENSTEIN
JEFFREY A. SCHOTTENSTEIN
HERBERT E. SEIF *(Englewood, NJ)*
NATHAN B. SILBERMAN
A. JOSEPH STERN *(Edison, NJ)*
JACQUES STERN *(Sao Paulo)*
ELLIOT TANNENBAUM
SOL TEICHMAN ל"ז *(Encino, CA)*
THOMAS J. TISCH
GARY TORGOW *(Detroit)*
STANLEY WASSERMAN *(New Rochelle)*
JOSEPH H. WEISS
STEVEN (CHANOCH) WEISZ
SHLOMO WERDIGER

THE BISTRITZKY EDITION

LAWS OF DAILY LIVING

THE THREE

Published by
Mesorah Publications, ltd.

RABBI SIMCHA BUNIM COHEN

WEEKS
TISHAH B'AV
AND OTHER FASTS

A comprehensive halachic guide:
- *The Seventeenth of Tammuz*
- *The Three Weeks*
- *The Nine Days*
- *Tishah B'Av*
- *Tzom Gedaliah*
- *Asarah B'Teves*

INTRODUCTION TO THE THREE WEEKS BASED ON THE TEACHINGS OF
RABBI AVIGDOR MILLER זצ״ל

FIRST EDITION
First Impression ... June 2009
Second Impression ... July 2009
Third Impression ... July 2014
Fourth Impression ... June 2016
Fifth Impression ... June 2018

Published and Distributed by
MESORAH PUBLICATIONS, LTD.
4401 Second Avenue / Brooklyn, N.Y 11232

Distributed in Europe by
LEHMANNS
Unit E, Viking Business Park
Rolling Mill Road
Jarrow, Tyne & Wear NE32 3DP
England

Distributed in Australia & New Zealand by
GOLDS WORLD OF JUDAICA
3-13 William Street
Balaclava, Melbourne 3183
Victoria Australia

Distributed in Israel by
SIFRIATI / A. GITLER — BOOKS
POB 2351
Bnei Brak 51122

Distributed in South Africa by
KOLLEL BOOKSHOP
Northfield centre, 17 Northfield Avenue
Glenhazel 2192, Johannesburg, South Africa

ARTSCROLL® HALACHAH SERIES
LAWS OF DAILY LIVING
THE THREE WEEKS, TISHAH B'AV AND OTHER FAST DAYS
© Copyright 2009, by MESORAH PUBLICATIONS, Ltd., and Rabbi S. B. Cohen
4401 Second Avenue / Brooklyn, N.Y. 11232 / (718) 921-9000 / www.artscroll.com

ALL RIGHTS RESERVED

No part of this book may be reproduced
in any form, *photocopying, or computer retrieval systems
— even for personal use without written permission from
the copyright holder, Mesorah Publications Ltd.
except by a reviewer who wishes to quote brief passages
in connection with a review written for inclusion in magazines or newspapers.*

THE RIGHTS OF THE COPYRIGHT HOLDER WILL BE STRICTLY ENFORCED.

ISBN 10: 1-4226-0907-3 / ISBN 13: 978-1-4226-0907-1 (h/c)
ISBN 10: 1-4226-0908-1 / ISBN 13: 978-1-4226-0908-8 (p/b)

Please address any questions or comments
regarding this book to the author:

Rabbi Simcha B. Cohen
37 5th Street
Lakewood, N.J. 08701

Typography by CompuScribe at ArtScroll Studios, Ltd.
Bound by Sefercraft, Quality Bookbinders, Ltd., Brooklyn N.Y. 11232

This volume is dedicated to the memory of our brother

Rabbi Levi Bistritzky ז"ל
הרב לוי ז"ל ב"ר יהודה לייב עמו"ש
נפ' י"ט מנחם אב תשס"ב

He was the beloved rav of Tzefas, a man who was dedicated to every member of his community, young or old, observant or not-yet observant. He went to Tzefas as an emissary to restore the holy city to its state of spiritual grandeur and succeeded in elevating his kehillah. A great talmid chacham, he wrote sefarim on the Shulchan Aruch Harav. He was taken in the prime of life. He left an inspiring legacy – but the void still aches.

and to the memory of our father

Aaron Bergman ז"ל
ר' אהרן ב"ר שמואל אלתר ז"ל
נפ' כ"ט ניסן תשל"א

He was born in Sanz, and emerged from the churban with his soul and emunah intact. After the War, he settled in Binghamton and then came to New York. He was totally dedicated to the Mesorah and the chinuch of his children. Only such Jews have enabled Klal Yisrael to survive and thrive despite exile, persecution, and Holocaust.

תנצב"ה

Joseph and Sheila Bistritzky

Nesanel and Yehudis Gold   Aron and Sarah Bistritzky
Shlomo and Esther R. Bistritzky   Motty and Chaya Bistritzky
Shlomie and Devorah Brociner

מכתב הסכמה שקבלתי ממו"ר
רשכבה"ג מרן הגר"מ פיינשטיין זצ"ל
על ספרי הראשון כבוד ועונג שבת בשנת תשמ"ג

RABBI MOSES FEINSTEIN
455 F. D. R. DRIVE
New York, N. Y. 10002
ORegon 7-1222

משה פיינשטיין
ר"מ תפארת ירושלים
בנוא יארק

בעז"ה

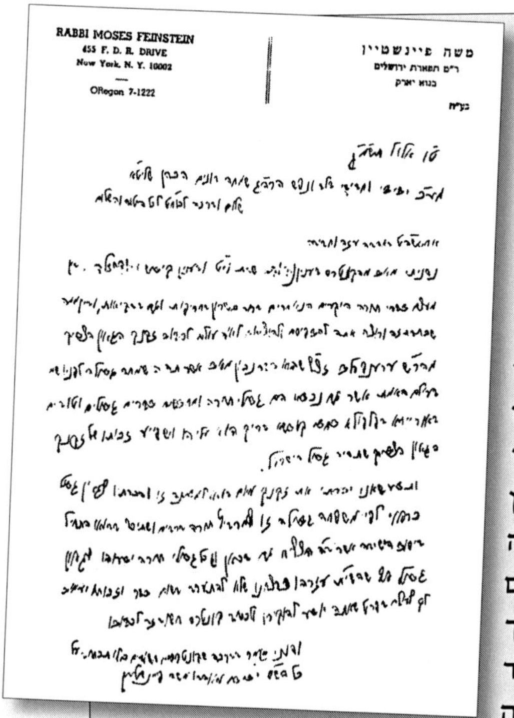

ט"ו אלול תשמ"ג

מע"כ ידידי וחביבי בלב ונפש הרה"ג שמחה בונים הכהן שליט"א שלום וברכה לכוח"ט לכל הטוב והשלום.

אחדשה"ט באהבה עזה וחביבה.

נהנתי מאד מהקונטרס בענין תוספות שבת ויו"ט ובענין קידוש במקום סעודה בין מעצם דברי תורה היקרים הנאמרים ברוב כשרון בחריפות וגם בבקיאות, ובין ממה שכתבת זה ורוצה להדפיס ולהוציאם לאור עולם לכבוד זקנך הגאון הצדיק מהר"ש ערענפעלד זצ"ל שהוא דבר נכון מאד אשר תהיה שמחה גדולה לפניו בעולם האמת אשר גם נכדיו הם גדולי תורה ומחדשים דברים גדולים וטובים באורייתא בפלפולא דחדי קודשא עליהו וישפיע זכותו של זקנך הגאון הצדיק שתהיה גדול בישראל.

ותדע שאני ידעתי את זקנך מיום בואו למדינה זו והכרתיו לגאון גדול כראוי לפי משפחה גדולה זו ולהרביץ תורה ברבים ושתיכף בבואו התחיל ביסוד הישיבה אשר ב"ה הצליח גם בכאן וגם כל גדולי תורה ידעוהו לגאון גדול אף שהשי"ת עזרהו כרצונו שלא להתערב בשום דבר וזכותו יעמוד לך לעולם בפרט שאתה יודע להוקירו ולכתוב קונטרס חשוב זה לכבודו.

והנני גומר בברכה שקונטרסים
חשובים כאלו תכתוב על כל הש"ס
ידידי ואוהבו משה פיינשטיין

הסכמת מורינו ורבינו רבן ומאורן של ישראל
מו"ר צדיק יסוד עולם ר' אביגדור הכהן מיללער זצ"ל
משנת תשמ"ו

ב"ה

הננו לקדים פני הפוסק המפורסם הרב שמחה בונם כהן בברכה על הופעת ספרו החדש שהוא כמים חיים על נפש עייפה בהוראת הלכה למעשה בהרבה ענינים אשר עם ה' צריכים לדעת יום יום. והוא מסביר את הכל בשפה ברורה ובטוב טעם להשביע נפש שוקקה לדבר ה' זו הלכה. יושר חיליה ויפוצו מעונותיו אל כל ישראל לעולם.

נאום,

אביגדור הכהן מיללער

We welcome the new volume by the renowned Posek — authority Rabbi Simcha Bunim Cohen, whose works on practical Halachah matters have been enthusiastically received by the Torah-world. His lucid and necessary Torah-guidance renders every one of his works a treasure.

Rabbi Avigdor Miller

הסכמת מורינו ורבינו מפוסקי הדור

ר׳ משה שטערן זצ״ל

משנת תשמ״ג

RABBI M. STERN

RABBI OF CONG. K'HAL YESODE HATORAH

FORMERLY CHIEF RABBI OF DEBRECEN

1514 – 49TH STREET

BROOKLYN, N. Y. 11219

851-5193

משה שטערן

אב״ד דעברעצין תויתיזל יצ״ו

בעהמ״ח שו״ת באר משה ו״ח

בלאאמו״ר הרא״ש, בעמ״ח ספרי נפי אש ושלי׳ צי אש וש״ס

ברוקלין יע״א

בעזהי״ת

הן הראה לי כבוד ש״ב האברך כמדרשו הרה״ג המופלא ומופלג בהפלגת חכמים ונבונים יושב באהלה של תורה בד׳ אמות של הלכה מו״ה שמחה בונם הכהן קאהן שליט״א בן לש״ב הרה״ג המו״מ מו״ה משה הכהן שליט״א נכד הרה״ג הצדיק מופלא שבסנהדרין אבד״ק מאטערסדארף זצללה״ה, ספרו הנחמד להלכה על כל עניני קידוש והבדלה עם ביאור ארוך ורחב בבקיאות רב ועצום כאחד הלומדים ובעלי הוראה היותר מובהקים מפורסמים וברכתי ברכת הנהנין והבית מלא אורה אורה של תורה, והעולה על כולנה שהספר מסודר בסדר נכון ונפלא בדרך המסדרין היותר מומחים ואשרי לו שזכה לכך להוציא דבר שלם ושמח לבי לראות שבשחר טל ילדותו גילה כשרונות בלתי מצויים ועוד יעלה מעלה אחר מעלה על במתי ההצלחה ואושר האמיתי ולאילנא רברבא יתעביד בזכות אבותם מסייעתם.

בזה באתי על החותם א׳ דר״ח אלול תשמ״ג לפ״ק

פה ברוקלין

מכתב הסכמה ממרן הגה"צ ראש ישיבת תורה אור
הגאון ר' חיים פנחס שיינברג שליט"א
משנת תשמ"ו

הנה בשנים האחרונות בהיותי בא לארה"ב לחג הפסח, בא לפני האברך כמדרשו הרה"ג ר' שמחה בונם קאהן שליט"א בן לידידי הגאון ר' משה קאהן שליט"א, ונשאתי עמו בתדירות ובתכיפות בהלכה בהרבה מקצועות בתורה להרבה זמן, ונרשמתי מאד מאותן שעות נעלות דשעשועי אורייתא, ומצאתי שידיו רב לו בהרבה מקצועות התורה ובעזרת השם הוא בעל הוראה מובהק ואשרי חלקו שזכה לכך.

והנה בא לפני הרב הנ"ל שליט"א ובידו קונטרסים של ספרו על הלכות שבת שנוגע למטבח עם ביאור ארוך ורחב בבקיאות רב ועצום כאחד הלומדים ובעלי הוראה היותר מפורסמים ובקש ממני הסכמה ואף שאין זה מגדרי לבאו בהסכמות מטעם הכמוס עמדי, אולם לא אמנע מלהביע בשער בת רבים את רוב גובריה וחילה של הרה"ג המחבר שליט"א לנחות בעומקה של הלכה ולאסוקי שמעתתא אליבא דהלכתה. ובזה אתי ברכה לכבוד תורתו שכה יוסיף חיל ואמיץ להמשיך בדרכו הסלולה בבירור עניני הלכה ויתברך מאת אדון כל בבריות גופא ונהורא מעלא וכל טוב אמן סלה וע"ז באתי על החתום.

חיים פינחס שיינברג

הסכמת מרן הגה״צ
המשגיח דלעקוואד שליט״א

בס״ד

עש״ק לסדר נשא תשס״ט

לכבוד ידידי אוהבי כמוה״ר הרה״ג שמחה בונים קאהן שליט״א

מאחר שבקשת ממני לכתוב איזה מלים של ברכה לכבוד הופעת ספרך החדש על הלכות בין המצרים הנני לעשות רצונך כי רצונו של אדם זהו כבודו ומאד אני חפץ בכבודך אף כי אינך צריך לדידי כאשר גדולי עולם מדור העבר כבר העידו על רוחב בקיאותך ועוצם הבנתך וידך הגדולה בהוראה.

ועלי רק להוסיף מה שלא ראו הם בעיניהם איך זכית להיות רועה נאמן להקלה קדושה עדה שלמה המקבלים מרות ודבריך נשמעים אשרי חלקך, כה תוסיף להנהיגם על נאות דשא ויפוצו מעיונתיך חוצה הן בעל פה והן בכתב עד ביאת גוא״צ בב״א.

הטח באה״ר

מתתי׳ חיים סלומון

מכתב ברכה מאת
אדוני אבי מורי ורבי שליט"א
הגר"מ קאהן שליט"א
חתן הגה"ק ממאטעסדארף זצ"ל

אודה להשם על חסדו הגדול שזיכנו לראות עוד ספר שחבר אהובי בני יקירי הרב הגאון וכו' מוה"ר שמחה בונם שליט"א הבקי בחדרי תורה, נודע ומפורסם בשערים המצויינים בהלכה בספריו הקודמים, שת"ל זהו להתקבל בבי מדרשא ות"ח ומורי הוראה תורה יבקשו מפיו, כי הוא צנא מלא ספרא ומשנתו זך ונקי.

בעידן דין אפתח דברי בשבח והודאה לאלקי מרום שזכיתי לראות הנהו ספרים שחברת והם פרי עמלך בתורה עולים על שלחן מלכים, מאן מלכי וכו', ומתקבלים בשערי תורה בסבר פנים יפות באמרם דין הניין לנו, וזהו סימן של פריה ורביה וכדהורה ריב"ל (בכורות מ"ד ע"א) לא יהי' בך עקר מן התלמידים, דתלמידים קרוים בנים (רמב"ם ת"ת פ"ב-א) וכן ביאר הגה"ק ציס"ע הבני יששכר זצ"ל בספרו דרך פקודיך (מצוה א'), שבין ענפים של מצוה ראשונה של פ"ו הוא לפרות ולרוות בתורה, לחדש חידושין וכן לחזור עליהם. ועכשיו שזכית אהובי בני היקר שליט"א לתת ולהוסיף עוד הפעם מיצירתך לעולם התורה ולהעניק לצמאים לדבר ד' זו הלכה בספרך, הנני מודה ומשבח לד', שש ושמח ואומר לך, אשריך שזכית וברוך המקום שזיכך לכך, (שבת קי"ט ע"א) ויהא רעוא מקדם שמיא, שתזכה להמשיך לשבת באהלה של תורה ולגלות נפלאות מתוה"ק ולראות דור ישרים יבורך בחסדי ד' ובתורתו יחד עם זוג' היקרה הרבנית המהוללה מנב"ת בתי' רבקה תחי' כלתי היקרה דהוית מהנהו נשי דזכיין וכו', (ברכות י"ז ע"א) בבריות גופא ובאריכת ימים ושנים ובפתיחת שערי אורה, שערי תורה ושערי ברכה ונזכה כולנו לקבל פני הגואל צדק בבי"א. אביך אוהבך נצח והמעתיר בעדכם

החותם בכל מילי דמיטב

משה הכהן קאהן

משה הכהן קאהן

מכתב ברכה מאת מורי חמי
הגאון ר׳ שמואל אלחנן בראג שליט״א
חתן הגה״ק ר׳ אביגדור הכהן מיללער זצ״ל

We are truly grateful to Rabbi Simcha Bunim Cohen שליט״א for making the life-giving nourishment of the Shulchan Aruch, — The Divine Banquet Table more available to the people of our generation. May Hashem bless him that he may continue to be a source of strength for Klal Yisrael.

Shmuel Elchonon Brog

TABLE OF CONTENTS

Preface .... **xxiii**

Acknowledgments .... **xxiv**

Mourning for Our Ancient Perfection .... **xxvii**

1. Introduction to the Fast Days and the Three Weeks **1**

The Four Fasts Instituted by the Prophets / The Scriptural Source / The Seventeenth of Tammuz / The Ninth of Av / The Destruction of the Second *Beis HaMikdash* / *Bein HaMetzarim* — The Three Weeks / Chronology of the Destruction / Two-Thousand-Year Exile / *Bein HaMetzarim* — The Three Weeks Between the Seventeenth of Tammuz and the Ninth of Av / The Three Weeks / Five Levels of Mourning/Five Periods / At What Time of Day Does Each Period Begin? / *Bein Hashemashos* — Twilight / Activities Restricted During the Three Weeks / The Seventeenth of Tammuz / Activities Restricted during the Nine Days / *Erev Tishah B'Av* / *Tishah B'Av*

2. The Laws of Fasting **11**

The Fast Day / The Time of the Fast / Eating Before Dawn / Who Must Fast / Adults / Children / Exception and Exclusions / The Sick and the Elderly / During Pregnancy / Postpartum and Nursing Mothers / Conditions for Those Exempt From Fasting / Medicine / Oral Hygiene / Additional Applications / Dentist Visit / Restaurants / Forgetfulness / One Who Inadvertently Ate or Drank / One Who Recited a Blessing Over Food or Drink

3. Fast-Day Prayers and Torah Readings **19**

Prayers / עֲנֵנוּ — *Aneinu*, Answer Us / During the Silent *Shemoneh Esrei* / At Which Point / An Individual Who Forgot to Recite עֲנֵנוּ / An Individual Who Concluded the *Berachah* Incorrectly / An Individual Who Is Not Fasting / During the *Chazzan's* Repetition / An Independent Blessing / A *Chazzan* Who Omitted עֲנֵנוּ / A *Chazzan* Who Concluded the *Berachah* Incorrectly / Selichos / What Are *Selichos*? / אָבִינוּ מַלְכֵּנוּ / *Avinu Malkeinu* / שִׂים שָׁלוֹם / *Kerias HaTorah* / The Torah Reading

4. Activities Restricted During the Three Weeks 29

Haircutting/Shaving / The General Prohibition / Who Is Included in the Prohibition? / Adults / Children / *Bar Mitzvah* / *Upsherin* — Boy's First Haircut / *Pidyon Haben* / In Honor of the Sabbath / Exemptions and Exclusions / The Eve of the 17th of Tammuz / *Tznius* — Modesty / Shaving Legs/ Tweezing Eyebrows / *Sheloshim* That Ends During the Three Weeks / *Bris* / Monetary Loss / Trimming a Mustache / Cutting a *Sheitel* / Music/Singing/Dancing / The General Prohibition / Recorded Singing Not Accompanied by Music / Dancing / Exemptions and Exclusions / Singing Without Musical Accompaniment / Children / Hearing Music Without the Intention of Enjoying It / Music for Health, Rehabilitation or to Stay Awake / *Sheva Berachos* / Professional Musician/Musical Training / Cutting One's Nails / The General Prohibition / Exemptions and Exclusions/ For a *Mitzvah* / Hygiene and Safety / Reciting *Shehecheyanu*/Buying New Items / The *Shehecheyanu Berachah* / The General Prohibition / Practical Applications, Exemptions and Exclusions / New Fruits / *Bris* / *Pidyon Haben*/Newborn Girl / New Garments/ A New Car / A New Washing Machine, Dryer, Refrigerator / A New *Tallis* / New *Tefillin* / Shopping for a New Home / Moving Into a New Home / Weddings, Engagements, and Other Parties / Weddings / *Tena'im*/Engagements / Goodbye Parties; Birthday Parties/ Miscellaneous Activities / Giving Presents / Swimming / Disciplining Children / The *Berachah Hatov Vehameitiv* (הַטּוֹב וְהַמֵטִיב) / House Decorating / Surgery

5. Activities Restricted During the Nine Days 49

Eating Meat or Drinking Wine During the Nine Days / Reason for Prohibition / When Does the Prohibition Begin? / When Does the Prohibition End? / Children / Prohibited Foods / Meat, Fowl / Wine, Grape Juice / Cooking or Baking With Wine / Grape-Juice Ices / Exclusions and Exemptions / A Mistake / The Sick / Limited Diet / During Pregnancy / Nursing Mothers; Postpartum; Miscarriage / *Seudas Mitzvah* / *Bris* / Wine for the *Berachos* at the *Bris* / Meat and Wine at the Meal / Wine for *Bircas Hamazon* /*Pidyon Haben* / *Siyum* / What Is Considered a Valid *Siyum* / Who May Eat Meat at a *Siyum* / *Bar Mitzvah* / Shabbos During the Nine Days / Shabbos Meals / *Erev Shabbos* / Early Shabbos /Children Eating Meat on *Erev Shabbos* / Ending Shabbos Late /Wine From *Havdalah* / *Melaveh Malkah* / Buying Meat or Wine During the Nine Days / Purchasing New Items During the Nine Days / Clothing / The Prohibition / Exclusions and Exemptions / Newborn / Sale Items / *Tallis* / Travelers / Children / Footwear for *Tishah B'Av* / Groom and

Bride / Buying Clothing or Gifts for Newborns/*Bar Mitzvah* Presents / Other Items / The Prohibition / Exclusions and Exemptions / Items on Sale / Ordering Items / Window-Shopping / Eyeglasses / *Mitzvah* Items / Wholesalers / Returning or Exchanging Bought Items / Making and Repairing Garments During the Nine Days / The Prohibition / Exclusions and Exemptions / Needlepoint, Embroidery / A Jewish Tailor / A Non-Jewish Tailor / Torn Garments and Shoes / Teaching Sewing / Wedding Clothing / Laundering and Cleaning Clothing / The Prohibition / Adult's Clothing / Items Included in the Prohibition / When Does the Prohibition Begin? / When Does the Prohibition End? / Exclusions and Exemptions / A Jewish Cleaner Servicing Non-Jews / Removing a Stain / Laundering for a *Mitzvah* / Hygiene / Children's Clothing / All One's Garments Are Dirty / Shabbos Clothing / Polishing Shoes / Cleaning the House / Polishing Silver /Wet Clothing / Brushing Clothing / Picking Up Clean Clothes From Cleaner/ Dust Rags / Ironing Tablecloth or Shirt for Shabbos / Wearing New or Laundered Clothing During the Nine Days / The Prohibition / Preparing Garments Before the Nine Days Begin / Preparing Before Rosh Chodesh / Preparing After *Rosh Chodesh* / Additional Ways of Removing Freshness / Exclusions and Exemptions / Houseguests / Hospitals / Hotels / Garments That Became Dirty / *Shuls* / Bathing and Swimming During the Nine Days / The Prohibition / Exclusions and Exemptions / Hands, Face, and Feet / Medical Reasons / Removing Dirt Or Perspiration / Bathing on *Erev Shabbos* During the Nine Days / Children / *Mikveh* / Women / Men / Swimming / Newlywed / Before a Date / Before a *Bris* / Building, Decorating, and Related Activities During the Nine Days / Building / Private Dwellings / A Non-Jewish Builder / Preventing Damage / *Mitzvah* Purposes / Demolition / Decorating / Related Activities / Planting / Buying Flowers and Plants / Moving and Apartment-Hunting / Wearing Shabbos Clothing During the Nine Days / On Weekdays / The Prohibition / Exclusions and Exemptions / *Bris* / *Pidyon Haben* / *Bar Mitzvah* / Before a Date / Wearing Shabbos Clothing on *Shabbos Chazon* / The General Custom / In Preparation for Shabbos / After Shabbos / When It Is Not the Night of *Tishah B'Av* / On the Night of *Tishah B'Av*

6. Laws of Erev Tishah B'Av 107

Restricted Activities / Traveling, Touring, Strolling / Torah Study / *Minchah* and the *Seudah Hamafsekes* / *Minchah* / *Seudah Hamafsekes* / Definition / When Is the Meal Eaten / What Is Eaten at This Meal / Cooked Dishes / Just One Cooked Dish / What Is Considered "Cooked" / Two Foods Cooked Together / Vegetables and Fruit / Drinks / Other

Laws and Customs of the *Seudah Hamafsekes* / Sitting on the Floor / Shoes / *Zimun* / Eating After Reciting *Bircas Hamazon* at the *Seudah Hamafsekes* / Preparing the Synagogue for *Tishah B'Av* / Removing the Curtain From the Ark / Dimmed Lights

7. Activities Restricted on Tishah B'Av 117

Not Eating or Drinking / Who Is Obligated / Pregnancy, Nursing Mothers, and Postpartum / Pregnancy / Nursing/ Postpartum / The Sick / Fasting / Medication / Rinsing One's Mouth / Not Washing One's Body / The Prohibition / Exclusions and Exemptions / Dirt / Perspiration / Upon Arising / After Using the Lavatory / Before Davening / Preparing Food/Washing Dishes / Touching a Usually Covered Part of the Body / Washing for Bread / Touching Shoes / Washing for the Purpose of a *Mitzvah* / Medicinal Washing / Bride / Washing After a Funeral / Not Anointing Oneself / The Prohibition / Exclusions / Not Wearing Leather Shoes / The Prohibition / Exclusions and Exemptions / Comfortable Shoes / Medical Exigency / Walking a Long Distance / Leather Inserts / Children / Not Engaging in Marital Relations / Not Studying Torah / The Prohibition / Prohibited Forms of Torah Study / Children / Permitted Torah Study on *Tishah B'Av* / Permitted Portions of *Tanach* / Permitted Passages of Talmud / Other Permitted Subjects / Prohibited Portions in Permitted Books / Studying in Depth / Group Study / Recording Torah Insights / Not Extending Greetings / The Prohibition / Returning a Greeting / Answering the Telephone / Wishing *Mazel Tov* / Inquiring about a Patient's Health / Not Working / The Prohibition / Prohibited *Melachah* / Work Done by a Non-Jew / Conducting Business / Financial Loss / Not Sitting on a Chair / The Prohibition / Permitted Sitting / Sitting Low / Weakness / Traveler / Miscellaneous Activities to Avoid / Smoking / Pleasurable Activities

8. Tishah B'Av Prayers and Torah Readings 147

Tishah B'Av Night / *Maariv* / *Eichah* / The Reading / Who Is Obligated / A Mourner during *Shivah* / *Kinos* and the Rest of *Maariv* / After *Maariv* / Returning Home From the Synagogue / Personal Comfort / Bedtime *Shema* / *Tishah B'Av* Morning / *Tallis* and *Tefillin* / *Tallis Kattan* / *Tallis Gadol* and *Tefillin* / *Shacharis* / *Korbanos* / Kissing the *Tzitzis* / *Chazaras Hashatz* / The Repetition of *Shemoneh Esrei* / After *Chazaras Hashatz* / *Tachanun* and *Keil Erech Apayim* / The Torah and *Haftarah* Readings / *Kinos* / After *Kinos* / *Tishah B'Av* Afternoon / *Minchah* / Washing the Hands / Time to Pray / *Tallis* and *Tefillin* / Minchah / נַחֵם — Console / *Maariv* After the Fast

9. When Tishah B'Av Coincides with the Shabbos 159

The Week in Which *Tishah B'Av* Occurs / Fast Is Postponed to Sunday / Practical Applications / Marital Relations / Men Immersing in a *Mikveh* / *Shalom Zachor* / *Aufruf* / *Kiddush* / Taking a Stroll / Sunday Night / Activities Permitted Sunday Night

10. Tishah B'Av on Sunday 165

The Meal Before the Fast / Menu and Mood / Guests / When the Fast Begins / Eating After the Meal / Medication to Alleviate the Effects of Fasting / Torah Study / Commencement of Prohibition — Sunset or Nightfall / Obvious Displays of Mourning / Other Prohibitions / Removing Shoes; Changing Clothing / Preparing for After Shabbos / *Havdalah* / *Hamavdil* / *Borei Me'orei Ha'eish* / The Sick and Others Who Must Eat on *Tishah B'Av* / Minors / *Havdalah* Sunday Night

11. Tenth of Av 175

What Happened? / Restricted Activities / The Tenth of Av on Friday

Index 181

PREFACE

This *sefer* is a compendium of the laws of all fast days with the exception of Yom Kippur. It deals primarily with the *halachos* of the Three Weeks, which starts on the seventeenth day of the month of Tammuz and concludes on the tenth day of Av. It also lists which prayers are recited and how to conduct oneself on these days.

The content of this work was compiled from the *Shulchan Aruch* and its commentaries, other major halachic works, and various responsa. The material is organized and presented in a manner that presents the laws clearly so that the reader will have ready and accurate access to the wealth of source material that forms the basis of this volume. The author hopes that this volume will meet the needs of a broad spectrum of people: from the advanced Torah scholar to the newcomer to traditional Judaism.

The design of the *sefer* reflects this intent. The main text, which states, explains, and illustrates the important *halachic* principles, is in English. The footnotes, in Hebrew, cite the sources of each *halachah*, and also contain extensive discussions pertaining to the broader concepts and underpinnings of the laws. We emphasize the practical application of the *halachah* in contemporary situations, and we illustrate the presentation with examples involving common situations. It is our hope that the *sefer* will provide readers with an understanding of the laws and a clear "road map" of the halachically correct conduct during the Three Weeks and the fast days.

SPECIAL ACKNOWLEDGMENT

My deepest thanks go to Rabbi Avie Gold, who has been more than just a friend and editor. Many of his clarifications went to the heart of the matter and opened up new subtleties of *halachah*. With the insight of an outstanding *talmid chacham*, he imparted to this work a clarity of understanding it would otherwise not have possessed. May he continue to use his exceptional talents in the dissemination of Torah.

ACKNOWLEDGMENTS

I have had the great privilege of being brought up in the home of my dear parents, my father and teacher, Rabbi Moshe Cohen, and my mother, Rebbetzin Gittel Cohen. The atmosphere was permeated with *mesiras nefesh* for the study and teaching of Torah, love for every Jew, and striving to help people in their times of need. Their love for Torah and their devotion to *mitzvos* and *gemilus chasadim* is an unending inspiration to the entire family. I am deeply grateful for their help and encouragement. May Hashem grant them many years of continued health, and may they see their children, grandchildren, and great-grandchildren following in their footsteps.

Mere words cannot suffice to express my appreciation to my dear father-in-law, Rabbi Shmuel Elchonon Brog, and mother-in-law, Rebbetzin Shaina Brog. By the way they live their lives, they are constant teachers of *mesiras nefesh*, of love for learning and teaching Torah, of *chesed* and *yiras Shamayim*. We and our children continuously benefit from their care and, above all, from their concern and their *tefillos* for our well-being and *hatzlachah*. May Hashem grant them many more years of *nachas* and health, and may we always be worthy of their inspiration and encouragement.

ACKNOWLEDGMENTS

When you deal with master craftsmen, you are often in awe at the apparent ease with which they perform their work. However, it is only their immense skill that allows this illusion to occur; in truth, much hard work and effort has gone into their labors.

No words are adequate to express my gratitude to Rabbi Meir Zlotowitz, founder and guiding spirit of ArtScroll / Mesorah, who stood behind me in every aspect of this *sefer*. He has been an inspiration for me since the day I first met him.

I take this opportunity to thank Rabbi Nosson Scherman, General Editor of ArtScroll/Mesorah, and father of R' Avrohom Scherman. R' Avrohom's beautiful and fervent *tefillos* inspire our *kehillah*. I am grateful to father and son for their constant encouragement and friendship.

Rabbi Moshe Dovid Choueka of Mechon Nehor Sifra, of Cleveland, Ohio, a noted scholar, invested endless hours to help make this *sefer* a work of perfection. His outstanding clarity of expression brought lucidity to many of the difficult concepts and he elevated the Hebrew footnotes to an outstanding level. May Hashem grant him health and *nachas*, and may he merit to continue to spread the word of Hashem — the *halachah* — for many years.

I owe a special note of thanks to my *chavrusa*, Rabbi Hershel Zupnick, with whom I have had the privilege to learn for many years. Many parts of this *sefer* were discussed with him.

I would like to extend heartfelt appreciation to Mrs. Estie Dicker who exhibited tremendous patience and skill in typing this work. Her ability to work calmly under the pressure of multiple changes and deadlines is exceptional. May Hashem bless her and her husband Rabbi Asher Dicker with *nachas* from their entire family.

It is my pleasure to thank R' Mendy Herzberg and R' Avrohom Biderman who went beyond the call of duty in bringing this project to completion. May Hashem bless them with *nachas* and health.

Words are inadequate to express my gratitude to R' Zalman Shapiro for all that he does for me. May Hashem grant him and his wife good health and *nachas* from their children.

I had the privilege of having Rabbi Moshe Goldberger, Rabbi Shmuel Green, and Mrs. Sara Chava Mizrachi help me with writing the *hashkafah* from my master and teacher, the great *gaon* and *tzaddik*, Rabbi Avigdor Miller זצ״ל.

I am indebted to the citadel of Torah, Beth Medrash Govoha of Lakewood, New Jersey, where I have studied for many years, and to its illustrious roshei yeshivah. May Hashem grant them the strength to continue their dedicated and invaluable work on behalf of Torah and Klal Yisrael.

I am deeply grateful for the friendship shown to me and my family by Mr. Norman and Leah Rivkah Mayberg. Their generosity is manifest in their support of many charitable causes and projects that promote the dissemination of Torah. May Hashem reward their kindness and caring with long happy years of health and Jewish *nachas.*

I would like to thank my brother-in-law Rabbi Mechel Gruss, Rosh Yeshivah of Mayan HaTorah, who gave me unlimited use of his library. May Hashem give him and his wife strength to continue with their exceptional work on behalf of the community.

The deep appreciation I feel for my wife, Basya Rivka, is immeasurable. Her constant support, encouragement, and wisdom are the foundation of our home. May Hashem give her strength to continue to inspire the hundreds of women who admire and rely on her. May Hashem grant us much *nachas* from our dear children and grandchildren and allow us to achieve greater heights in His service.

June 2009 / Sivan 5769 Simcha Bunim Cohen

MOURNING FOR OUR ANCIENT PERFECTION

Based on the teachings of Rabbi Avigdor Miller זצ״ל

☙ The More One Yearns for the Days of Old, The More Opportunities for Joy He Earns

The prophet Yeshayahu declared, שִׂמְחוּ אֶת־יְרוּשָׁלַיִם וְגִילוּ בָהּ כָּל־אֹהֲבֶיהָ, *Be glad in Jerusalem and rejoice in her, all you who love her*, שִׂישׂוּ אִתָּהּ מָשׂוֹשׂ כָּל־הַמִּתְאַבְּלִים עָלֶיהָ, *exult with her in exultation, all you who mourned for her* (*Yeshayah* 66:10). The Gemara comments on that verse: all who mourn for Yerushalayim will merit to witness her joy (*Taanis* 30b).

When the Gemara tells us that those who mourn will merit joy, it implies that the more you yearn for the days of old and the wonderful spiritual opportunities that they offered, the more Hashem will give you such opportunities. He will help you realize your ambition to develop the very best of personalites; all in the merit of mourning for what was lost with the destruction. The mere fact that we regret that loss is a great achievement.

The Torah relates that when the Isralites brought the Pesach-offering in the Wilderness, some people were unable to participate because they were *tamei*, since they had come in contact with dead bodies (*Bamidbar* 9:6).

The law is that if it is impossible to perform a particular mitzvah, one is not held responsible [אָנוּס רַחְמָנָא פַּטְרֵיהּ]. But even so, the men who could not bring the Pesach-offering were not satisfied with being absolved. On the contrary, they grieved that they could not participate. In their anguish they came to Moshe Rabbeinu and said, לָמָּה נִגָּרַע, *Why should we be diminished by not offering it?*

Moshe asked Hashem what to do, and He replied there is a second chance: these men will be able to bring the offering a month later, on Pesach Sheini. Because their desire to have a share in the mitzvah was so strong, Hashem made them the catalyst for His giving of this new mitzvah of the Torah. Had they not come forward to express their desire to perform this mitzvah, Hashem would have transmitted it to Moshe at an appropriate time, but because these men had such desire to perform it, Hashem waited until these men came forward and issued this mitzvah in their merit.

This is a very strong message for us: *Whenever we realize that we are not going to be able to do a certain mitzvah, we should not feel relieved that we are not responsible for it.* On the contrary, we should feel unhappy and should desire to perform that mitzvah; the desire itself is a merit. Don't say that it is a waste of time to think about it; "I missed the chance already, so why should I worry about it?" No! Your desiring it is in itself a virtue! When these men in the Wilderness demonstrated that their lack of the mitzvah hurt them, that showed the high level of *shleimus* — perfection — that they had achieved.

☙ We Yearn for the Greatness of the Mind so that We Should Be Able to Devote Ourselves Entirely to the Study of Torah

According to the Rambam (*Hilchos Teshuvah* 9:2; *Hilchos Melachim* 12:4), *tzaddikim* who mourn for Yerushalayim and yearn for its restoration do so not because they desire the happiness of living in the glorious land that is flowing with milk and honey (although there is no doubt that at the time of the Redemption the land will be restored to its former physical, as well as spiritual grandeur). What they yearn for is to be free of the exile that is accompanied by subjugation to other nations. The reason for their yearning, Rambam goes on to say, is so that they will once more be at liberty in their own land, so that they will be able to devote themselves entirely to the study of the Torah, and as a result they will merit the World to Come.

We are mourning that in our times we don't have the opportunities to rise to greatness, to perfect our character and personality, as we had in the days of old when we lived in a world of holiness. We wait and hope for the redemption so that we will be able to fulfill our potential.

Rambam's words refer not only to Torah study. We yearn for all the opportunities that the ancient days offered to our forefathers, because we long to be in a situation once more in which we will not waste our lives, but rise to greatness of mind and soul. After all, we don't live forever, and any serious person would like to become the best that he can be. In our times a great portion of our lives is necessarily expended on necessary pursuits that do not lend themselves to elevation. When we are back on the holy soil of restored Jerusalem, we will be able to devote ourselves entirely to pursuing that task of perfecting ourselves to the greatest possible desire.

What we are mourning for, then, is the *shleimus*, the perfection, that was available in the days of old.

⌇§ Three Tragic Reasons for Tears

When Yirmiyahu spoke about the destruction of the *Beis HaMikdash*, he said (*Yirmiyah* 13:17), וְדָמֹעַ תִּדְמַע וְתֵרַד עֵינִי דִּמְעָה כִּי נִשְׁבָּה עֵדֶר ד׳, *tears will flow freely, my eye will drip tears, for the flock of Hashem will have been captured*. To be carried off into captivity is one of the worst punishments. The Torah says that being captured as a slave is worse than being put to death; it is worse than dying of famine. Of all the fates one can suffer, it is the most tragic.

The Sages (*Chagigah* 5b) note that this *passuk* contains three words containing the root דמע, *tears*. Rabbi Elazar explains that this verse alludes to three separate tragedies: the destruction of both Temples and the exile of the Jewish people.

The Talmud, however, makes no mention at all of what is stated explicitly in the verse: that the people were taken into captivity. In fact, the Talmud says merely that they "left their place." Actually, captivity is much worse than leaving one's place, but, the Talmud explains, the tears were not because of the misery, the affliction, the suffering of being captives. The tears were because they left their place, that they were taken away from the Holy City and Holy Land. The *navi* is telling us that this is the very worst of all the things that happened then.

The loss of the First *Beis HaMikdash* was something that was never restored; even during the time of the Second *Beis Hamikdash* the people wept for the loss of the first. The Second *Beis Hamikdash* was much larger and more beautiful than the first, but what the First *Beis HaMikdash* meant to *Am Yisrael* was much more precious than ornate physical beauty, and that has not been recovered to this day.

◆§ The *Shechinah* Resided in the *Beis HaMikdash*

The *Shechinah* resided in the First *Beis HaMikdash*. Hashem's Presence fills all the earth, but the center of the entire world was the *Beis HaMikdash*. For endless miles on all sides, Creation stretched out, and Hashem was in control everywhere. But if you would ask, Where is the Place of His Glory?, we wouldn't have to look any further; we could point to that building.

Even Moshe Rabbeinu was amazed when he first heard this concept. Hashem said, וְעָשׂוּ לִי מִקְדָּשׁ וְשָׁכַנְתִּי בְּתוֹכָם, *They should make a Sanctuary for Me, so that I may dwell among them (Shemos* 25:8). Moshe was surprised. "We put up some boards here and some boards there, and You will dwell inside that structure?"

But that is exactly the point. When there was a *Mishkan*, whenever the angels wanted to seek Hashem they had to come there. He had no address other than that little portable edifice that people took apart and put together, and that they carried with them when they traveled. Small as it was, that was the place where *HaKadosh Baruch Hu* dwelled. When the nation is exiled, we lose that closeness.

And so the prophet wept, and Hashem is weeping as well.

≈§ The *Beis Hamikdash* Transformed the People

The second weeping was for the Second *Beis HaMikdash*. Although its holiness was not equal to that of the first, it was a tremendous treasure for our nation, and having the *Mikdash* in their midst transformed the people. A visit to the Second *Beis HaMikdash* was so impressive that it would change a person's way of thinking for the rest of his life. The Kohanim were trained to perform the service in the *Beis HaMikdash* like men in the palace of a king. Every step was measured; they walked slowly and carefully. In those days you could learn to serve Hashem with the greatest awe and awareness of His Presence merely by looking at the Kohanim performing their service.

The Levites were trained for generations to play on instruments and to sing the most beautiful, inspiring songs while the Kohanim were performing the Temple service meticulously, with great awe. We know from eyewitnesses who described it in ancient manuscripts that when this was lost, the nation felt that it had lost its very heart — and it was true!

The prophet's third weeping was for Hashem's flock that, as we explained, left its place, the place where it had experienced God's Presence.

Living in Eretz Yisrael was an Extraordinary Experience

To live in Eretz Yisrael in the most ideal days of old was an extraordinary experience. The nation's constitution was the Torah, its leaders upheld its every detail, as did the people. Every detail of their lives was directed by the strict law of the Torah, and it was all under the eye of the Jewish king.

That experience was a treasure that was lost when they left the land. And so Hashem mourns not only because of the misery that they were carried off to be slaves to their conquerors — which certainly warrants weeping — but because His people were no longer living in the holy atmostphere of Eretz Yisrael.

The Talmud expresses the reasons for this weeping in another way as well: One of the "weepings" is for the First *Beis HaMikdash*, one is for the Second *Beis HaMikdash*, and one is for *bittul talmud Torah*, the cessation of Torah learning. Thus, the fact that Hashem's flock was carried off into captivity is so tragic because the study of Torah was diminished at that time. People did not *stop* learning Torah when they were exiled, but all the Torah they learned anywhere else was a mere echo of the Torah they studied when the *Beis HaMikdash* stood.

Josephus was no *tzaddik*; he was a general, a writer, and a traitor to his people. He depicted Yerushalayim in his time, just before the *Churban*. He described how in Yerushalayim there were teachers of Torah who taught thousands of Jews, and that the people studied Torah standing up; they would stand for hours, as though they were davening *Shemoneh Esrei*. These teachers were everywhere in Yerushalayim. When you walked through the streets you were in a *beis midrash*.

When our righteous nation was suffering so terribly in exile, *HaKadosh Baruch Hu* participated in their suffering and sorrow. And yet when the Gemara explains Yirmiyahu's words, it does not mention the distress of captivity but rather explains that Hashem is in pain because the people left their place where they could have atained greatness, and He is in pain because of the great tragedy of *bittul talmud Torah*, the cessation of Torah study!

◆§ Hashem's Desire is That People Should Make Something of Themselves

This is the great principle of what *HaKadosh Baruch Hu* expects of His people: He wants them to achieve *shleimus* — to make something of themselves in their lifetime — because that is their preparation for their eternal existence, and *that* is what they were able to achieve when the *Beis HaMikdash* stood.

In fact, the Torah tells us that the purpose of bringing *maaser sheni*, a tenth of one's crop or its monetary value, to Jerusalem and remaining there until it was eaten is לְמַעַן תִּלְמַד לְיִרְאָה אֶת־ד׳ אֱלֹקֶיךָ כָּל־הַיָּמִים, *so that you will learn to fear Hashem all your life* (*Devarim* 14:23). So one aspect of this mitzvah is to bring people to the Holy City, where they will absorb the powerful influence of being there, in the presence of the *Beis HaMikdash* and the great sages and *tzaddikim.*

The *Beis HaMikdash* was destroyed in order to make the people realize what opportunities they had lost. When people are sorry for such a loss, that is a degree of *shleimus* in itself, like those in the Wilderness who had been deprived of the mitzvah of bringing a Pesach-offering. In the same way, when people are sorry that they cannot take advantage of the opportunities that their forefathers had, that in itself is a degree of *shleimus* (perfection).

When the First *Beis HaMikdash* stood, there were three outstanding conditions that enabled sincere, devoted, and energetic people to become all that they hoped to become, all that they looked forward to in perfecting their lives: the fact that there were prophets; the fact that the people were not dispersed — every Jew lived in Eretz Yisrael; and the existence of the *Beis HaMikdash* itself.

~§ Prophecy and Rebuke

The benefits of hearing rebuke is a principle that is repeated in various ways throughout *Mishlei* / Proverbs. For example: אֹזֶן שֹׁמַעַת תּוֹכַחַת חַיִּים, בְּקֶרֶב חֲכָמִים תָּלִין, *The ear that hears life-giving rebuke will abide in the midst of the wise* (Mishlei 15:31); and, וְדֶרֶךְ חַיִּים תּוֹכְחוֹת מוּסָר, *reproving discipline is the way of life* (ibid., 6:23).

Today, of course, we cannot follow this advice in the way that it was practiced in ancient times. In our times, if we rebuke someone and tell him what's wrong with him, we may never see him again. As *Mishlei* tells us, אַל־תּוֹכַח לֵץ פֶּן־יִשְׂנָאֶךָּ, *Do not rebuke a scoffer lest he will hate you* (ibid., 9:8), and most people today are in the category of scoffers. We have to suspect ourselves as well, especially those of us living in Western cultures, of being scoffers.

Generations ago there were *maggidim*, preachers, who would go from community to community to speak for hours admonishing the people, and their listeners would delight in hearing these things. That was nothing compared to the days of the prophet. A prophet would speak with the utmost vigor to denounce anything that was wrong. No one was immune to his criticism. Of all the tasks of the prophets, the most important was to rebuke people for their wrongdoings, and as a result, the Jewish people were always close to *teshuvah*.

Toward the end of the era of the First *Beis HaMikdash*, false prophets began to appear on the scene, because the people no longer wanted to hear criticism; they wanted other kinds of prophecy. As Yirmiyahu tells us in *sefer Eichah* (2:14): נְבִיאַיִךְ חָזוּ לָךְ שָׁוְא וְתָפֵל וְלֹא־גִלּוּ עַל־עֲוֹנֵךְ לְהָשִׁיב שְׁבוּתֵךְ, *Your prophets* [not My prophets] *envisioned for you vanity and foolishness; they did not expose your iniquity to bring you back in repentance.*

In those days, people used to flock to the prophet. They would travel great distances, by donkey or by foot, and would throng to listen to him every Shabbos and Rosh Chodesh, even though he would criticize them harshly. He didn't tell jokes or anecdotes; he told them what was wrong with them, and he described even "minor" sins in the harshest terms, because to a prophet, nothing is trivial.

This, Shlomo Hamelech tells us in *Mishlei*, is the path to success, both in this world and in the World to Come. Life is all about rebuke. We can compare life to a marriage: a marriage has a good chance of succeeding when there is someone to tell the couple, "*You're* wrong and *you're* wrong; you're both wrong." Nowadays, each partner is sure that he or she is right and the other one is completely wrong.

When there was a prophet, the couple would go to him and he would tell them who was wrong. He was not merely guessing; he knew the truth and he would tell it not only to people who came to him, but even to the people who ran away from him. He would stand in front of the palace and shout accusations against the king. Often, the king would come out, humbled, and say, "I'm sorry. Teach me how to rectify my ways."

❧ People Live Better When They Know What Is Wrong

When people have someone to criticize them, they will succeed in this world, and there will be peace. People live more successfully when they can correct their errors, and they live longer! There is more harmony when they know they have made mistakes and they are urged to make amends and ask forgiveness from each other. We need criticism, and we are missing it in our times.

The prophet Yeshayahu tells us, … כִּי־הִנֵּה הַחֹשֶׁךְ יְכַסֶּה־אֶרֶץ, *Behold, darkness may cover the earth* (*Yeshayah* 60:2). The Gemara explains that Hashem created darkness so that people would not see the truth so readily. Of all the things that are difficult to know, the most difficult of all is to know yourself, to recognize who *you* are. It takes a great deal of diligent study to understand that.

In this world we cannot succeed unless we know the truth about ourselves. That's why we find so much failure in life. People are failures in business because they're not behaving properly. They are failures in health because they're not behaving properly. They are failures in their family lives because they're not behaving properly. Unhappy, they go to other unhappy people who claim to be experts in helping people, and they pay these "experts" huge sums. It's a waste of money, because unhappy people can't make them happy. What they need is for someone to speak up and tell them what is wrong with them and what is wrong with their experts. That is *derech chayim*, the path of life!

✍§ We Must Have Someone to Steer Us in the Right Direction

In this world, it is of the utmost importance that we have someone to steer us in the right direction. Otherwise, it is like a man sitting at the steering wheel of his car with his eyes closed; he can't steer! Someone has to open our eyes. We must see where we are going in order to succeed in this life.

A person cannot have success in the World to Come unless he had someone who set him straight. This world is so full of pitfalls and errors, and there are so many opportunities to stray from the path of fulfilling our purpose here, that it is impossible for anyone to succeed in gaining *Olam Haba* unless there is someone who will point out the right path to follow. There are thousands of paths that lead to nowhere, and most people are wandering along those paths, and their lives are being wasted.

Thus *derech chayim*, the path of life, means both the path of life in this world, which results in happiness, and the path of life in *Olam Haba*. There is nothing we need more than someone to guide us, to advise us, to criticize us, to point out our faults, and to show us how to correct them. Nothing is more valuable than that!

A prophet would give advice even in worldly matters, as Shmuel did for Shaul when the family's donkeys were lost (*Shmuel I*, Ch. 9), but his advice in matters relating to people's behavior with other people was far more important. He would tell people how to relate to their wives, to their in-laws, to their neighbors, even to themselves: Were they ruining their health? Were they serving Hashem properly?

⋑§ The Loss of the Nevi'im — No One to Tell the Truth

Toward the end of the era of the First *Beis HaMikdash*, when the people's spiritual level was deteriorating, some people did things that demonstrated that they were not interested in prophecy anymore. Hashem's reaction was, "I gave you this great gift to help you in both this world and the next — it's a *path of life* — but now that you're becoming tired of it, I'm taking that gift away." That's why prophecy stopped. After the era of the First *Beis HaMikdash*, prophecy was taken from us.

We can never forget that loss! To this day, thousands of years later, when we sit on the ground on Tishah B'Av, one of the things we are mourning is that *there is no one to tell us the truth*. Our fathers and mothers used to tell us when we were young, and that was a great gift. But we don't live with our parents forever. Who will tell us the things that are so necessary for our lives?

When people have a dispute, one side says that he's all right and the other is all wrong, and of course the other one says just the opposite. Isn't it a tragedy that everyone thinks he's right? Nobody knows the truth about himself: *how wrong he really is!*

In the days of old we had the glorious privilege of being told that we were wrong, so that we could get on with our lives. Now we sit on the ground on Tishah B'Av and we weep. We are weeping for the perfection, the *shleimus* that was once so available to us, and that is now gone. We contemplate how great was the criticism that the prophets gave us, and we miss it terribly. Of course if you're mourning for that, it means that you're willing to hear criticism today. Many years ago, when I was a *mashgiach* in a yeshivah, one of the *talmidim* said to me, "If you see anything wrong in me, please tell me." This happened only once, and I don't know how much he meant it, but it sounded good!

In the olden days people wanted to get better, and it would be wonderful if we could try to emulate them. We ought to be ready to hear criticism; we ought to go to places where someone will criticize us, or at least we should choose someone in whom we have confidence, and say, "I want you to tell me whenever you see something wrong in me." We mourn that we don't do that, as they did in the days of old. We have lost a treasure that would have set us straight in our lives and that would have brought us so much happiness.

When the sun was shining, and people would complain, "It's hot!" the *navi* would have said, "Hashem is causing the grapes to bulge with grape juice! The figs are swelling with their sweetness! The dates are growing big with syrup, all because of the sun! And you're complaining — blaming Hashem because He's cooking all these meals on the trees and making the fruits ready to eat?!"

If snow fell and someone would say, "The snow is nasty!" the prophet would have said, "Don't you know that farmers are praying for snow? The more snow there is in the wintertime, the more moisture goes into the earth, and the better the crops will be in the summertime. How can you complain when you get a gift like that?!"

People would learn to be happy with the weather! Imagine, everyone learned to be happy when it was hot and happy when it was cold. When it rains, do you say, "Rain, rain, go away"? The prophet would say, "*Chas veshalom*! Didn't you stand last Hoshana Rabbah for two or three hours and pray for rain? And now, when it comes, you're unhappy?!"

✑ The Pursuit of Happiness

When *Bnei Yisrael* were in the wilderness, they began to complain, and Moshe Rabbeinu told Hashem that he could not handle the situation all alone. Hashem told him, אֶסְפָה־לִּי שִׁבְעִים אִישׁ, *Gather to Me seventy men* (*Bamidbar* 11:16). Hashem went on to tell Moshe Rabbeinu that He would make those seventy men prophets.

The question is: How would the seventy men help? Would they be able to supply the people with all the things they wanted to eat? After all, they would not be bakers or butchers.

What those seventy men would give the people was the most important commodity of all: they would give them *seichel*, common sense. They would scatter among the people and deliver speeches; a prophet is a good speaker! They would explain how good it was to have *mann*, and they would tell him, "Imagine that this *mann* is now a seven-layer chocolate cake," and when anyone would take a piece of *mann* and bite into it, it tasted like a seven-layer chocolate cake.

When you want to feel that taste, you'll feel it. And if you want to be happy, you'll be happy! You have happiness inside of you; it's only your foolishness that doesn't let you feel it. You need a prophet to teach you how to live properly, and that's what the seventy men were for: to explain to the people how lucky they were. They would point out their many blessings: how safe they were and how good their lives were. The nation needed seventy people who were capable of speaking properly to explain it all.

The prophet was a tremendous gift in the days of old. He brought people happiness, he kept harmony among them, and, of course, he showed them how to merit *Olam Haba*.

⌘§ If You Mourn Perfection Now, You Will Have Happiness When Mashiach Comes

And so today when we mourn for what we once had, then, we will be rewarded in that we will see the *simchah* of Yerushalayim, and one way we will see that *simchah* is that we'll see the prophets again.

But didn't Rashi sit on the ground on Tishah B'Av and mourn for Yerushalayim? The Rambam, the Rashba, all the Rishonim — and before them all the Tanna'im — all sat and wept for Yerushalayim, but no prophets came. So what do the Sages mean when they say that those who mourn it will see the *simchah* of Yerushalayim?

According to some, when Mashiach comes there will be *techiyas hameisim*, the resurrection of the dead, as Rashi says (*Sanhedrin* 51b). According to this approach, all those who mourned properly for Yerushalayim will merit to be resurrected and they will see the *simchah* of Yerushalayim then.

But there are some problems with this approach. First of all, we don't rule that way. The Rambam rules according to Shmuel, that in Mashiach's time *olam keminhago noheig*, the world will function as it always has. Of course, it will be a world of truth — *yakiru veyeidu kol yoshvei teiveil* ... everyone in the world will recognize the truth — and *Am Yisrael* will be known as Hashem's chosen people, but everything will continue as it is today: people will live and die, just as they do today. Only some time later — we don't know when — will there be *techiyas hameisim*.

Second, even according to that approach, if those who mourned the *Churban* arise at *techiyas hameisim*, and will want to experience the *simchah* for which they wept on Tishah B'Av, it will be too late; after *techiyas hameisim* they will have no *bechirah*, no free will, and without free will no one can perfect himself. No one can make himself better than he was. The way he died is the way he will remain after returning to life. People are mourning that they don't have a prophet to set them straight and give them guidance in life, but if a prophet comes to help them after *techiyas hameisim*, it will be too late to help them.

True, Rambam and most others hold that when Mashiach comes it will be an ordinary existence, but, of course, it will be a happy existence. Eretz Yisrael will become as fruitful as it was in the days of old, and the Jewish nation will be recognized as *Banim atem laHashem Elokeichem*, as the children of Hashem. All the nations will gladly honor us and help us in our function of serving Hashem, studying His Torah, and gaining perfection.

According to that approach, when the Gemara says *zocheh vero'eh besimchasah*, that one will merit to see the joy of Yerushalayim, it doesn't mean that they will see the *simchah* of Yerushalayim *itself*; it means that they will see the *simchah* that Yerushalayim could give them. For instance, a *tzaddik* like Rashi mourned for Yerushalayim in a perfect manner, weeping and saying, "Oh for the days of old when we had prophets. What a glorious period that was!" Then Hashem responded, "You are looking for someone who will set you straight in life? If so, then right now I will give you what you are wishing for: You will merit that perfect guidance. I will give it to you in the form of *siyata diShmaya*, assistance from Heaven." When a person yearns for a good thing with all his heart, Hashem says, "I will give it to you." So even though no prophet came to Rashi or to the other *tzaddikim* who sat and mourned for the *Beis HaMikdash*, Hashem granted them greatness.

When you study Rashi thoroughly, it becomes obvious how wise and clear headed he was in understanding character, in recognizing the ins and outs of *middos*, of human nature. Rashi became one of the greatest experts in *chochmas hamussar*, the wisdom of *mussar*, in addition to being one of our foremost commentators. One of the reasons Rashi merited all this wisdom is that he yearned for it. His feeling was, "I'm so sorry that I don't have a rebbi who is like an angel to teach me."

❧ Hashem Will Help You Succeed If You Want Perfection

If you truly regret that you missed an opportunity for perfection, then Hashem will give it to you. If you truly regret that you didn't have a chance to become a big *lamdan*, then Hashem will help you succeed. Of course, your yearning has to be strong enough. If you regret that you are not a *lamdan* but you don't open a *sefer*, that shows that you don't really regret it. Are you yearning to be a *tzaddik*? What are you doing to become a *tzaddik*? Are you learning *Mesillas Yesharim*, and do you make it your business to read *sefarim* that teach you the ways of *tzeddek* and *avodas Hashem*? If you do that, and then you say, "Ah, if I had a prophet to guide me, then it would be so much easier! I wouldn't wander around searching for the right path," then Hashem says, "Because you're truly mourning Yerushalayim, I'm going to give you that *simchah* of Yerushalayim now — and you'll succeed."

❧ The Element of *Dei'ah* — Sensory *Emunah*

True knowledge of Hashem — called *dei'ah*, knowledge — is the most precious thing in the world. The Gemara (*Nedarim* 41) tells us, דֵּעָה קָנָה מַה חָסֵר, *if you have this [dei'ah], what do you lack?* We must realize that the presence of the *Beis HaMikdash* brought true knowledge to the Jewish nation. True knowledge of Hashem means that a person is so clearly convinced of the Presence of Hashem that all he lacks is actually seeing Him. This is what we call *emunah chushis*, "sensory faith." It's when a person has gained such clarity in his awareness of Hashem's Presence that he feels at all times that he's standing before Hashem and that Hashem is looking at him.

This type of knowledge doesn't come easily. Someone may be an observant Jew, but his head could be empty of *emunah*. He says "*Ani ma'amin...*," but he's very far from living those words. Do you actually feel that Hashem is looking at you? That doesn't happen by itself; you have to work hard for it. *Mesillas Yesharim* tells us that when we're standing and davening, it's important that דַע לִפְנֵי מִי אַתָּה עוֹמֵד, *Know before Whom you stand.*

"Sure I know!" you may say, but you don't know at all. You know how to say the words, but you don't have a sensory experience of it; you don't actually feel it. It's not easy to feel that you're standing before Someone when you daven, and that He's listening to you, as we say, כִּי אַתָּה שׁוֹמֵעַ תְּפִלַּת עַמְּךָ יִשְׂרָאֵל בְּרַחֲמִים, *You, Hashem, are listening to the prayers of Am Yisrael with compassion.* Hashem is truly standing before us and listening with compassion. Do we have that feeling?

When we had the *Beis HaMikdash*, we could go there and gain *dei'ah*: *emunah chushis*, sensory faith. We saw how the Kohanim walked with the utmost reverence, with complete fear of Hashem, and tended to every detail of their service with such precision; anyone who saw this was so impressed that he gained complete understanding and awareness that the *Shechinah* rested on the *Beis HaMikdash*. We have no idea how powerful was the impact of *korbanos* on the minds of all those who witnessed them. Once you saw the *avodas Beis HaMikdash* it left an indelible impression on your mind that lasted forever! You would tell your grandchildren, "I was once in the *Beis HaMikdash*," and you'd tell them what you saw, and *they* would be impressed. Even those people who didn't manage to go to the *Beis HaMikdash* — perhaps they lived very far away — knew with perfect clarity that Hashem dwelled in their midst: There is a big, beautiful building where Hashem "resides"!

In the times of the First *Beis HaMikdash*, the prophets told us that again and again, and every person saw for himself how the *Beis HaMikdash* was the Place of the *Shechinah*. In those times many miracles took place in the *Beis HaMikdash* to demonstrate Hashem's Presence.

The *Beis HaMikdash* was a source of *emunah chushis* — of genuine sensory perception — and that is why today we sit on the ground and mourn that, alas, we don't have it anymore. We shed tears over its loss because it's *our* loss! We yearn for the opportunity once more to witness the *avodas Beis HaMikdash*, when our hearts would swell with feelings of loyalty and devotion!

Every time we finish *Shemoneh Esrei*, it's important to say slowly and with full concentration the verse: וְשָׁם נַעֲבָדְךָ בְּיִרְאָה כִּימֵי עוֹלָם וּכְשָׁנִים קַדְמוֹנִיּוֹת, *there we will serve You again with awe, as we did in the days of old,* וְתֵן חֶלְקֵנוּ בְּתוֹרָתֶךָ, *and give us our share in Your Torah*. Our share in Torah is the *Beis HaMikdash*. We need it to infuse us with *emunah* and *yiras Shamayim*.

The Gemara (*Berachos* 33, *Sanhedrin* 92) tells us just how great *dei'ah* is: "If someone has *dei'ah*, it's as if the *Beis HaMikdash* was built in his days." This is a remarkable statement! If you build *dei'ah* in your mind, you're making yourself into a *Beis HaMikdash*, because the purpose of the Temple is to enable people to acquire *dei'ah*. That's why, when a *tzaddik* passes away, we weep for him "*kisreifas Beis Elokeinu*, as if the *Beis HaMikdash* had been burned down" (*Rosh Hashanah* 18b). This *tzaddik* worked so hard, for years and years, to feel the Presence of Hashem no matter where he was, no matter what he was doing. In the process, he made himself a *Beis HaMikdash*, and when he passed away, we have to weep for him just as we weep over the *Churban Beis HaMikdash*.

◆§ The Element of Unity

Ever since the *Beis HaMikdash* was destroyed we have lived in a state of פִּזּוּר, of being scattered among the nations.

The Gemara (*Sanhedrin* 52) asks: What caused Korach's contemporaries to side with him against Moshe Rabbeinu?

Korach was a Levi, and the Levites envied Aharon Hakohen, who was chosen to perform the Divine service, so the Levites wanted to become Kohanim. But the other members of that rebellion were from Reuven. They had nothing to gain, so why would they join Korach in his *machlokes*?

The Gemara explains that it was because Korach was a generous host. He was wealthy, and he gave many parties. He entertained everyone who came to his table, as Scripture tells us (*Tehillim* 35:16), בְּחַנְפֵי לַעֲגֵי מָעוֹג, *with flattery and ridicule, for the sake of a cake* (the Hebrew word *ma'og* is related to the word עוּגָה, cake). He served them all sorts of cakes, and they sat at his table and laughed at his jokes. When you sit at someone's table, if he says *divrei Torah* you applaud him, even if his *divrei Torah* are not good. That's human nature. If a host entertains people with good times and a good meal, they'll applaud his Torah. By the same token, if the host says *lashon hara*, they'll applaud that too.

This is the pattern that the verse in *Tehillim* points out: because they catered to Korach and flattered him (*bechanfei*), then when Korach ridiculed (*la'agei*) Moshe Rabbeinu, they agreed with him, because of the cakes (*ma'og*) that they ate at his table. Even if they didn't agree they nodded their heads. It was a terrible thing just to nod their heads. The verse continues: *charok alei shineimo*, the *Satan* began to gnash his teeth at them, and said, "They're my customers now!" You have to be careful where you eat! Sitting at Korach's table, you're the *Satan's* customers.

Today we're in *galus* and eating at the table of our gentile hosts. We sit in their countries, in Spain, in Germany, in Poland, in France, in Russia, in America ... and they're the ones who are entertaining us. Therefore, our *chanufah*, our flattery, is for them. You may think you're independent, but that's not true. Even the greatest among us are somewhat humbled, kowtowing before our host countries.

When David had to flee Eretz Yisrael because he was afraid for his life, he said (*Shmuel I* 26:19), "Today they drove me away from joining Hashem's possessions, saying, 'Go, worship other gods'." The Gemara (*Kesubos* 110b) asks: Who told David to serve other gods? No one told him that. But, the Gemara explains, once someone leaves Eretz Yisrael, it's as if he is serving other gods.

The Gemara is telling us that even if you're a *frum* Jew, if you live among people who serve *avodah zarah*, like it or not, part of you is serving idols.

◆§ In the Days of Old We Did Not Have to Flatter Any Nation

In the days of old, Eretz Yisrael was entirely for *Am Yisrael*. We didn't have to flatter any other nations. It was hardly necessary. We were the owners of the land, and non-Jews who lived there were eating at *our* table. Everyone spoke *Lashon Hakodesh*. Everyone ate kosher. Everyone kept Shabbos! They wouldn't touch something that was impure. They kept *tumah vetahorah*, the laws of what was impure and what was pure. Everyone kept the Torah!

Even in the worst times, when our nation was divided, the Ten Tribes kept the Torah. They had broken away from those whose lives centered around Yerushalayim, they were not the better element of the nation, but even their evil king Achav's kitchen was perfectly kosher. The Gemara (*Sanhedrin* 113a) tells us that ravens used to take food from Achav's kitchen to bring to Eliyahu Hanavi to eat. If Eliyahu ate it, then it was surely from a glatt-kosher kitchen!

Everything was according to the Torah. Of course, people committed sins; there was *lashon hara* and *machlokes*, and sometimes they were even influenced by the gentiles among them to sneak in a little *avodah zarah* secretly. But the nation was a Jewish nation.

Even in the holiest neighborhood in America, everyone must submit to the law of the land, to the state laws and to the Constitution. But in Eretz Yisrael when the *Beis HaMikdash* stood, the law of the land was *Chumash* and *Torah Shebe'al Peh*! There was no constitution other than the Torah. Achav and his evil government followed the Torah! Imagine living in such a country. We have no idea what perfection was available then.

On Tishah B'Av we sit on the floor and mourn the *pizur*, the fact that we're dispersed among the nations. Of course, we should try as much as possible to surround ourselves with only good Torah influences, but anything we can do to that end is nothing compared to the circumstances our people lived in, in the times of the *Beis HaMikdash*. Nowadays, when you walk in the streets you have to close your eyes. In ancient times, if a person walked in the street the way people walk in public today, he'd be punished by the court! When the *navi* criticized the women of his times, he criticized them for their arrogance in having very fine, expensive dresses and shoes (*Yeshayah* 3:16). But no one would have dressed indecently, *chas veshalom*! They all lived as Jews, according to halachah.

❧ Summary: Why We Sit on the Ground on Tishah B'Av

And so, we sit on the ground on Tishah B'Av and we weep over the loss of the prophets of old who used to guide us through this world and into the Next World. We weep over the loss of the *Beis HaMikdash*, which gave us *dei'ah* and *emunah chushis* — a true concept of Hashem's Presence among us. And we weep over the loss of the nation that was all together in its own land, that was not dispersed among other nations.

When Tishah B'Av comes, and you sit on the ground and mourn the Destruction, keep in mind the main purpose of the day: to mourn the loss of the opportunity for genuine perfection, which could have been ours. We could have elevated ourselves with such glorious opportunities as there were in the days of old. And if we regret the loss of these opportunities, that in itself is a very big *zechus* and a level of *shleimus*.

So whatever effort you put into mourning for the *Beis HaMikdash*, understand it as a loss of your personal opportunity: "If only I could have been there in days of the *nevi'im*! If only I could have been there in the days when I could visit the *Beis HaMikdash*! If I had lived in those days, I would be a different personality in every respect. If only we could have been there when our people lived in the clear, pure air of *Yerushalayim Ir Hakodesh*, when they could breathe the *kedushah* of the *Beis HaMikdash*, the fragrance of the *Shechinah*, our lives would have been transformed!"

And Hashem says, "If you mourn for it now, then to a great extent you'll be able to experience the *simchah* of that perfection in this lifetime." If you'll mourn the loss of the *Beis HaMikdash*, Hashem will give you a taste of the perfection of having someone show you the right path in life. You'll bump into the right teachers. You'll come across the right *sefarim*. You'll receive guidance as if it were coming from a prophet. Of course it can't be the same, but it will be a taste of what was once given by prophets.

If you mourn the loss of the *Beis HaMikdash*, eventually you will get a certain amount of *emunah chushis*. Hashem will show you how to learn *Shaar Habechinah* in *Chovos Halevavos* — which teaches one how to recognize Hashem in nature — and other *sefarim* that teach *emunah*. You'll daven with a strong focus that will awaken within you a feeling that you're standing before Hashem. That will be your reward for weeping on Tishah B'Av.

If you mourn because you're dispersed among the nations, Hashem will step in and arrange things so that you'll be able to be among good Jews. You may find a *parnassah* that will keep you among Jews, or you may be strong enough to overcome the influence of your environment. You'll live an independent, *frum*, Jewish life. The environment you're in will help you more and more.

If you sit on the ground together with other Jews and weep for these and other qualities that are no longer with us, Hashem says: If you mourn for Yerushalayim — for what Yerushalayim was able to give you, which you don't have now — then you will see in your life some of the happiness that Yerushalayim was capable of giving in the times when the *Beis HaMikdash* stood.

שִׂמְחוּ אֶת־יְרוּשָׁלַיִם וְגִילוּ בָהּ כָּל־אֹהֲבֶיהָ, *Be glad with Jerusalem and rejoice in her all you who love her* (*Yeshayahu* 66:10). All those who loved the privilege of what Yerushalayim was then should rejoice that someday it will come back again. Even though we may not be able to see it with our own eyes, Hashem assures us that a great measure of that perfection will come to us in this life, whether or not we live to see Mashiach. Nevertheless, let us always pray that we will see him speedily, in our days. Amen.

1 / INTRODUCTION TO THE FAST DAYS AND THE THREE WEEKS

I.
The Four Fasts Instituted by the Prophets

A. The Scriptural Source

The *navi* (prophet) speaks of four fast days:

כֹּה אָמַר ה׳ צְבָאוֹת, צוֹם הָרְבִיעִי וְצוֹם הַחֲמִישִׁי וְצוֹם הַשְּׁבִיעִי וְצוֹם הָעֲשִׂירִי יִהְיֶה לְבֵית יְהוּדָה לְשָׂשׂוֹן וּלְשִׂמְחָה, וּלְמֹעֲדִים טוֹבִים; וְהָאֱמֶת וְהַשָּׁלוֹם אֱהָבוּ.

Thus said Hashem, Master of Legions, "The fast of the fourth, and the fast of the fifth, and the fast of the seventh, and the fast of the tenth shall be for the House of Judah for joy and for gladness and for propitious festivals; [to attain this,] you must love truth and peace" (Zechariah 8:19).

The Gemara cites Rabbi Akiva's explanation of Zechariah's prophecy: "The fast of the fourth" refers to the ninth of Tammuz; [the *nevi'im* (prophets) instituted a fast on that day] because on it the city [wall] of Jerusalem was breached [allowing the enemy to tighten its siege around the First *Beis HaMikdash* (see *Yirmeyahu* 52:6-7); after the destruction of the Second *Beis HaMikdash* this fast was moved to the Seventeenth of Tammuz (see paragraph B:3 below)]..., it is called "the fast of the fourth" because Tammuz is the fourth month. ... "The fast of the fifth" refers to *Tishah B'Av*, the Ninth of Av; [the *nevi'im* instituted a fast on that day] because on it the [First] Temple of our God was burned; it is called "the fast of the fifth" because Av is the fifth month. "The fast of the seventh" refers to the third of Tishrei [*Tzom Gedaliah*]; [the *nevi'im* instituted this fast] because that is when Gedaliah ben

Achikam [the righteous leader of the remnant of Jews whom Nebuchadnezzar permitted to remain in Eretz Yisrael] was assassinated by Yishmael ben Nesaniah (see *Yirmeyahu*, Chs. 39-41); [the fast was promulgated] to teach us that the death of the righteous is equivalent to the burning of the Temple of our God; it is called "the fast of the seventh" because Tishrei is the seventh month. "The fast of the tenth" refers to the tenth of Teves; [the *nevi'im* instituted a fast on that day] because on that day the king of Babylonia began the siege of Jerusalem, as the *navi* Yechezkel states, *The word of Hashem came to me in the ninth year, in the tenth month, on the tenth of the month, saying, "Son of Man, write for yourself the name of this day, this very day, for the king of Babylonia has begun to besiege Jerusalem"* (*Yechezkel* 24:1-2); it is called "the fast of the tenth" because Teves is the tenth month.[1]

The *Rambam* states: "There are days on which all of Israel fast because of the calamities that occurred on them. We fast on them to awaken our hearts and enter upon the paths of repentance. This fasting should be a reminder of our misdeeds and those of our forebears, that eventually brought these troubles upon them and upon us. For the remembrance of these matters will turn us around for the better."[2] Therefore, during the fast days, every person should make a heartfelt examination of his actions and rectify any shortcomings. For the most important aspect is not the actual fasting, rather it is the repentance; the fasting is only a preparation for repentance.[3] Accordingly, those people who engage in idle matters during the fast are focusing on the secondary aspect, but ignoring the essential point of the fast.[4]

---

1. ראש השנה דף יח:
2. רמב״ם הלכות תעניות פ״ה הלכה א.
3. מ״ב סי׳ תקמט ס״ק א.
4. חיי אדם הלכות תשעה באב כלל קלג ס״א.

B. The Seventeenth of Tammuz

The Talmud enumerates five tragic events that occurred on *Shivah Asar BeTammuz* (the Seventeenth of Tammuz):

1. Moses broke the first *Luchos* (Tablets of the Covenant) when he came down from Mount Sinai and found the people worshiping the Golden Calf.

2. At one point during Nebuchadnezzar's three-year siege of Yerushalayim that led to the destruction of the First Temple, the attacking enemies prevented the Kohanim from bringing the daily *Tamid* offering. That happened on the Seventeenth of Tammuz, and from that day until the Second Temple was built, there were no *Tamid* offerings.

3. The walls of Jerusalem were breached on this day, exactly three weeks before the Second Temple was destroyed.

4. During the terror-filled years before the destruction of the Second Temple, a Greek general named Apostumos shocked the Jewish people by publicly burning a Torah scroll.

5. An idol was placed in the Temple. [According to the *Talmud Yerushalmi*, this refers either to the wicked Judean king Manasseh son of Chizkiyahu (see *II Melachim*, Chap. 21) during the First Temple era, or to Apostumos who, after burning the Torah scroll, erected an idol in the *Beis HaMikdash*.][5]

C. The Ninth of Av

The Talmud enumerates five tragic events that occurred on *Tishah B'Av* (the Ninth of Av):

1. [When the spies that Moses had sent to scout out the Land of Canaan returned on the eighth of Av with an unfavorable report about the land, their terrifying predictions caused the people to lose faith in God and to weep through the night; God responded to their unwarranted tears, "You wept without cause and so I shall make this day (the Ninth of Av) a day of crying for all generations," and so] it was decreed that the members of that generation would not enter the Land of

---

5. משנה במסכת תענית דף כו. ובגמרא שם דף כח:

Canaan [but would die in the wilderness].

2-3. Both the First and the Second *Beis HaMikdash* were destroyed on this day.

4. [Fifty-two years after the destruction of the Second *Beis HaMikdash*, Bar Kochba amassed a large Jewish army in the city of Beitar and led them in revolt against the Roman overlords for three and a half years; then, on the Ninth of Av,] Beitar was conquered and tens of thousands of Jews were slain.

5. On the Ninth of Av [sometime after the destruction of the Second *Beis HaMikdash*] the wicked Roman officer Turnus Rufus razed the city of Jerusalem and plowed over both the city and the Temple Mount [in an effort to erase any vestige of Judaism and sanctity from the land].[6]

D. The Destruction of the Second *Beis HaMikdash*

1. *Bein HaMetzarim* — The Three Weeks

Halachic literature refers to the period between the Seventeenth of Tammuz and the Ninth of Av as בֵּין הַמְּצָרִים, *Bein HaMetzarim* (literally, "Between the Confining Barriers"). Colloquially it is known as "The Three Weeks." This period is discussed in part II of this introduction.

2. Chronology of the Destruction

The Roman emperor Niron (Nero) had sent one of his most successful generals, Aspasyanus (Vespasian), to conquer Yerushalayim and destroy the Second *Beis HaMikdash*. Over a three-year period, Aspasyanus took the entire Galil (northern part of the land) and the Mediterranean coast. He then laid siege to Yerushalayim. At that point, Niron died and Aspasyanus was recalled to Rome to become the new emperor. Before returning to Rome, he appointed his son Titus to be his successor as general of the Roman armies besieging Yerushalayim. That year, on the Seventeenth day of Tammuz, Titus' legions breached the defensive city walls and entered Yerushalayim.

6. משנה במסכת תענית דף כו: ובגמרא דף כט.

Ferocious battles and bloodshed ensued, culminating in the *Churban Beis HaMikdash* (the Destruction of the Second Temple) three weeks later, on *Tishah B'Av*, the ninth day of Av, the 490th anniversary of the destruction of the First *Beis HaMikdash*.

During those periods of destruction, the Jewish people suffered the loss of more than a million men, women, and children. After the *Churban* we were exiled from our land and tormented by our oppressors. Tens of thousands more Jews were killed and even more were enslaved by the Romans. We no longer ruled our land; we no longer had the *Beis HaMikdash*.

For almost 2,000 years we have been cast in the role of "the wandering Jew," ever moving, ever traveling, ever fleeing some new type of oppressive anti-Semitism. The forced conversions, expulsions, pogroms, plundering and genocide of the Crusades, the Spanish Inquisition, the Cossack uprisings, World War I, the Holocaust, and even the rocket attacks and suicide bombings of our day have their roots in the period of *Bein HaMetzarim*. Because of these many tragedies and misfortunes, the Sages established this three-week period as a time of mourning.

3. Two-Thousand-Year Exile

Rav Yaakov Emden writes about the length of our present *galus*:

Let us now expand upon this topic. Were this our only iniquity — that we do not properly mourn over [the destruction of] Jerusalem — it would be sufficient reason for Heaven to extend our present term of exile. In my eyes, it is the most immediate, most obvious, most formidable, most powerful cause of all the exceptionally great, frightful, bewildering devastation that has befallen us in exile; in all the places of our dispersion "we are pursued with a yoke upon our neck, there is no rest for us " (*Eichah* 5:5), to calm ourselves among the nations — from our degradation, our affliction, and our misery. And why? Because this mourning has departed from our heart. For our tranquility in a land that is not ours has caused us to forget Jerusalem; its loss did not penetrate our heart. Therefore, like the dead, we have been forgotten from the heart. From generation to generation travail increases upon our travail and pain upon our pain. And all who love the truth will agree with what we have said and with what experience will prove — especially on this bitter day of *Tishah B'Av*. Who is the person who properly mourns and moans from the depths of the heart over the destruction of the *Beis HaMikdash* and the desolation of our land? Are many tears spilled over this matter? And it goes without saying that during the rest of the year there is no one who mentions, there is no one who remembers, and there is no one who speaks a word about it. Its memory does not even enter one's thoughts, as if it were just a chance occurrence that befell us . . .

II.
Bein HaMetzarim — The Three Weeks Between the Seventeenth of Tammuz and the Ninth of Av

A. The Three Weeks

At the time of the Destruction of both the First *Beis HaMikdash* and the Second, the greatest calamities and most brutal defeats befell the Jewish nation during the weeks between the Seventeenth of Tammuz and the Ninth of Av (see Introduction, Section I). Accordingly, these weeks are observed as a period of commemoration and national mourning over the loss of our homeland, Eretz Yisrael, the holy city of Yerushalayim, and — especially — the two *Battei Mikdash*.

Halachah refers to this period as בֵּין הַמְּצָרִים, *Bein HaMetzarim* (literally, "Between the Confining Barriers"),[7] a name

---

7. הימים שבין צום שבעה עשר בתמוז לבין צום תשעה באב, נקראים ימי "בין המצרים", על שם הפסוק (איכה א פסוק ג) "כל רודפיה השיגוה בין המצרים". ואמרו חז"ל (במדרש רבה שם) שהם הימים שבין שבעה עשר בתמוז לתשעה באב, שבהם נכנסו האויבים

1: THE FAST DAYS AND THE THREE WEEKS 7

borrowed from the Book of *Eichah* (1:3). Colloquially, *Bein HaMetzarim* is known as The Three Weeks.

The laws of mourning are not uniform during the three-week period. Rather, there is a four-step intensification of mourning culminating on *Tishah B'Av* (the Ninth of Av), and a fifth, lesser level on the tenth of Av.

B. Five Levels of Mourning/Five Periods

1. From the Seventeenth of Tammuz until *Erev Rosh Chodesh Av* (29 Tammuz);
2. from *Rosh Chodesh* until 7 Av;
3. *Erev Tishah B'Av* (8 Av);
4. *Tishah B'Av* itself; and
5. the day after *Tishah B'Av* (10 Av) until noon.

The part of *Bein HaMetzarim* that falls in Av is referred to colloquially as "The Nine Days."

C. At What Time of Day Does Each Period Begin?

Most authorities rule that the mourning period of *Bein HaMetzarim* begins at nightfall preceding the Seventeenth of Tammuz.[8] Similarly, the Nine Days' restrictions begin at

---

לירושלים, ופרעו בית ישראל, עד יום תשעה באב, שבו החריבו את בית המקדש. ולכן נוהגים כמה מנהגי אבל וצער מיום שבעה עשר בתמוז עד אחר תשעה באב. והרוקח בסי׳ שט כתב כי ״השיגוה בין המצרים״ בגימטריא ״המה כ״א הימים מי״ז תמוז עד ט׳ באב״, עכ״ל.

8. בשו״ת חיים שאל ח״א סי׳ כד כתב וז״ל: אם מותר לברך שהחיינו ליל י״ז בתמוז שראית בס׳ חדש דשרי שמענה ואתה דע לך כמעט שעברתי על דבריו אביע אומר דלא כן אנכי עמדי, ולא אדקדק מה שיש לעמוד בדבריו רק לענין דינא שכתב דלא דמי לתשובת הרשב״א שהביא מהר״י אלפאנדארי במוצל מאש דת סי׳ י״ח, דהכא הטעם דבי״ו בתמוז ארעו מילי דפורענותא ואין לך בו אלא חידושו דמזמן הפורענות דוקא דביום י״ז הובקעה העיר דדרך המלכים לעשות מלחמה ביום וכו׳ והאריך בזה. ואני בעניי אומר דאף אי יהבינן כל דיליה הרי כתב הרמב״ן בס׳ תורת האדם בריש ענין אבלות ישנה וז״ל, ומסתברא דכולהו ד׳ צומות תענית צבור הן ונביאים גזרו אותם וכל חומרי תענית עליהן, מפסיקין בהם מבעוד יום ואסורין ברחיצה וכו׳ כת״ב, וקרא מקיש להו כט״ב, אלא האידנא כיון דבזמן דליכא צרה בטלין, ורצו נהגו להתענות בהן ולא רצו לנהוג בהן בחומרות הללו. אבל מעיקר התקנה ודאי אסורין הן בכולן, דלא גרע גזירת נביאים מגזרת בין דין וכו׳, עכ״ל ע״ש (הרמב״ן) באורך, והביא דבריו הר״ן פ״ק

nightfall of *Rosh Chodesh Av*; the respective stringencies of *Erev Tishah B'Av* and of *Tishah B'Av* itself begin at nightfall of the respective days; while the leniencies of the tenth of Av begin at nightfall following *Tishah B'Av*.

D. *Bein Hashemashos* — Twilight

Bein hashemashos [twilight] refers to the period of time between sunset and nightfall. Halachically the period of *bein hashemashos* has an indeterminate status: treated as possibly day and possibly night. That is, initially the period is subject to the stringencies of both the day just ending and the night about to begin. However, in case of necessity, the leniencies of either of those period may sometimes be followed.

E. Activities Restricted During the Three Weeks

The following activities are restricted (some partially, some completely) during The Three Weeks:

A. Haircutting/Shaving
B. Music/Singing/Dancing
C. Cutting One's Nails
D. Reciting *Shehecheyanu*/Buying New Items
E. Weddings/Engagements
F. Miscellaneous Activities

These restrictions are discussed at length in Chapter 2.

דר״ה. וכיון דתעני׳ י״ז בתמוז מעיקר תקנת וגזירת הנביאים היה להפסיק מבעוד יום כת״ב נהי דהשתא הקלו לאכול בלילה ולרחוץ וכו׳ מ״מ זמן פורענות הוא, וכך היתה התקנה מעיקרא לנהוג דתענית מבעוד יום כת״ב. והמאמר שכן למה שנהגו שלא לומר שהחיינו ודאי מתחילת ליל י״ז אין לומר שהחיינו, עכ״ל.

הרי מבואר מדבריו דהאיסורים של ג׳ שבועות מתחילים בלילה של י״ז בתמוז. וכן פסק הא״א מבוטשאטש סי׳ תקנא ס״ב והגאון ר׳ שלמה זלמן אויערבאך זצ״ל הובא בהליכות שלמה וכן פסק בשו״ת שבט הלוי ח״ח סי׳ קסח ס״ק ז, וח״י סי׳ פ״א אות ב, וכן הכריע בשו״ת דברי משה סי׳ לג וכן הכריע הגר״נ קרליץ שליט״א בספר חוט שני ח״ב עמוד שכה.

1: THE FAST DAYS AND THE THREE WEEKS

F. The Seventeenth of Tammuz

Chapter 3 discusses the laws of fasting.

Chapter 4 discusses the prayer service and Torah readings of fast days.

G. Activities Restricted during the Nine Days

These restrictions are discussed at length in Chapter 5.

H. *Erev Tishah B'Av*

See Chapter 6.

I. *Tishah B'Av*

Chapter 7 discusses activities restricted on *Tishah B'Av*.

Chapter 8 discusses the prayer service and Torah reading of *Tishah B'Av*.

Chapter 9 discusses *Tishah B'Av* that falls on Shabbos and the week that precedes it.

Chapter 10 discusses *Erev Tishah B'Av* and *Tishah B'Av* that falls on Shabbos and Sunday respectively.

Chapter 11 discusses the restriction that remain in force until noon on the tenth of Av.

2 / THE LAWS OF FASTING

I.
The Fast Day

A. The Time of the Fast

1. With the exception of Yom Kippur (not discussed in this volume) and *Tishah B'Av* (see Chapter 7 below), fasts begin at dawn (עֲלוֹת הַשַּׁחַר).[1]

2. Fast days end with nightfall. Eating is forbidden during *bein hashemashos* (twilight). There are various opinions regarding nightfall. According to Maran HaGaon Rav Moshe Feinstein *zt"l*, ideally one should not eat until 50 minutes after sunset; however, when necessary, the lenient opinion that permits one to eat 41 minutes after sunset may be relied upon.[2]

3. The fast begins at dawn and ends at nightfall in the place where a person is at that time, regardless of where that person was or will be the rest of the day. Thus, one who travels west on a fast day will increase the length of the fast, while one who travels east will shorten it.[3]

B. Eating Before Dawn

1. One who did not sleep שֵׁינַת קֶבַע, *a sound sleep*, may eat before dawn (but see paragraph 2 below).

However, one who has slept a sound sleep may not eat upon awakening, even before dawn, unless that was one's intention

---

1. שו"ע סי' תקסד.
2. שו"ת אג"מ או"ח ח"ד סי' סב. וע"ע בזה בשו"ת שבט הלוי ח"ו סי' עב.
3. שו"ת אג"מ או"ח ח"ג סי' צו, ושו"ת בצל החכמה ח"א סי' לא אות ב, ועיין עוד בזה בשו"ת שבט הלוי ח"ח סי' רסא.

(in word or thought) before going to sleep.[4] Regarding drink, halachah distinguishes between one who usually has something to drink upon arising and one who usually does not. In the latter case, no difference is made between drinking and eating: each requires intention. But in the former case, one's habit of drinking is considered as an intention to drink upon arising before dawn.[5] Nevertheless, it is preferable that before retiring one should have in mind that he would like to drink in the morning.[6]

2. A man who wishes to eat more than a *kebeitzah* (volume of an egg, variously reckoned between 2 and 3.5 fluid ounces) of bread, cake or cereal that has the halachic status of cake may begin eating until a half-hour before dawn. He may begin eating less than a *kebeitzah* of these foods, as well as other types of foods and drinks (except intoxicating beverages) until dawn, regardless of the amount consumed.[7] In any case, the half-hour restriction does not apply to women.[8]

II.
Who Must Fast

A. Adults

All adults are obligated to fast.[9] Likewise, healthy boys who have reached their thirteenth birthday and healthy girls

---

4. שו״ע סי׳ תקסד.

5. הרמ״א שם כתב ווי״א דבשתיה א״צ תנאי דמסתמא דעתו של אדם לשתיה אחר השינה, והוי כאלו התנה. והמ״ב בס״ק ה׳ כתב דדרך האדם להיות צמא אחר שינתו. ולכאורה לפ״ז אם אדם זה אינו שותה לעולם יהיה אסור לו לשתות אם לא שעשה תנאי.

6. מ״ב סי׳ תקסד ס״ק ו.

7. מ״ב סי׳ פט ס״ק כז.

8. אישי ישראל פי״ג הערה עא בשם הגרש״ז אויערבאך זצ״ל.

9. שו״ע סי׳ תקנ ס״א. ועיין בחזון עובדיה (ארבע תעניות) דף מג שכתב וז״ל: אפי׳ תלמידי חכמים שתורתם אומנותם, וכן מלמדי תינוקות חייבים להתענות בד׳ צומות אלו, עכ״ל.

who have reached their twelfth birthday are obligated to fast (see footnote).[10] Even though a groom and bride have fasted on the day of their wedding, they are not exempt from fasting on a public fast day that falls out during the week of *Sheva Berachos* (i.e., the first week after their wedding).[11]

B. Children

Unlike Yom Kippur, when children must fast for a few hours, even children who have reached the age of *chinuch* for mourning (i.e., 7 or 8) do not have to fast on other fast days. However, children who have reached the age of *chinuch* for mourning should eat only simple, basic foods so that they partake in some degree of mourning.[12]

C. Exception and Exclusions

Note: One who is exempt from fasting must follow the conditions set forth in paragraph 4 below.

1. The Sick and the Elderly

A sick person, even one in the category of *choleh she'ein bo sakanah* (one whose illness is not life threatening), is not permitted to fast.[13]

---

10. ביאור הלכה סי׳ תקנ ס״א ד״ה הכל כתב דאף שלא הביאו שתי שערות חייבים (פמ״ג בשם א״ר). ועיין בשו״ת שבט הלוי ח״ו סי׳ קכב שכתב דכוונת הא״ר דחייבים משום מנהג, אבל מדינא דעת המג״א (סי׳ תרטז) והא״ר שם להקל. ועל כן, אם הוא בריא היטב יעשה כהפמ״ג, אבל אי אפשר לחייבו כלל כשיטת המג״א וא״ר. וע״ע בזה בספר הלכות ומנהגי בין המצרים פ״ב הערה 3.

11. ביאור הלכה ריש סי׳ תקמט. ועיין בהליכות שלמה פרק יג הלכה יג שכתב: מי שיום חופתו חל בסמיכות ליום התענית, יסמוך על תענית זו שתעלה לו גם לשם התענית שלפני הנישואין, ולא יתענה שוב ביום החופה, עכ״ל.

12. מ״ב סי׳ תקנ ס״ק ה. אמנם יש שיטות שסוברים שחייב לחנך תינוק שהגיע לחינוך לתענית שעות (תשובות רמ״ע מפאנו סי׳ קיא הובא דבריו בספר תוספת יום הכפורים יומא דף פב:). ועיין בהליכות שלמה פרק יג הלכה ג שכתב: דאין הקטנים מתענים בתעניות הצבור עד הגיעם למצוות. ואף בתעניות הסמוכות ליום הגיעם למצוות לא ישלימו התענית אלא דינם ככל קטן שרשאי לאחר זמן אכילתו ותו לא, עכ״ל.

13. מ״ב סי׳ תקנ ס״ק ד וס״ק ה.

A weak, elderly person whose doctor feels that fasting would be detrimental to his health is not obligated to fast. Similarly, one who will suffer pain or great discomfort is not obligated to fast.[14]

When the fast has been postponed from Shabbos to Sunday, even one who is slightly ill does not have to fast.[15] Nevertheless, although such a person is permitted to eat, the meal should be limited to the necessary amount of simple food.[16]

An otherwise healthy adult who might become sick as a consequence of fasting should consult a halachic authority regarding whether and how to fast. In certain situations, one will be permitted to eat regular meals; in others, one will be permitted to eat or drink minimal amounts at specified intervals.[17]

2. During Pregnancy

[A pregnant woman should consult a halachic authority before deciding whether to fast.]

Halachah distinguishes between three levels of discomfort that a pregnant woman might suffer: a. no discomfort; b. mild discomfort; c. considerable discomfort.[18]

---

14. כף החיים סי׳ תקן ס״ק ו בשם הרוח חיים, וז״ל: נראה דה״ה נמי אנשים תשושי כח או זקנים שהתענית הוא צער גדול להם דיש להקל שלא יתענו בג׳ צומות הללו, דמה לי נשים עוברות ומניקות מה לי אנשים תשושי כח וזקנים, ובתנאי שיאמר להם הרופא שהתענית מזיק להם, עכ״ל. ועיין בערוך השלחן סי׳ תקן ס״א שכתב וז״ל: וכן החלוש בגופו לא יחמיר עליו להתענות לבד בט״ב, עכ״ל.

15. ביאור הלכה סי׳ תקנט ס״ט ד״ה ואינו.

16. מ״ב סי׳ תקן ס״ק ה.

17. הליכות שלמה פרק יג הלכה ה וז״ל: בריא הזקוק לאכול ביום התענית כדי שלא יחלה, נכון שיאכל פחות מכשיעור, עכ״ל. ועי״ש בדבר הלכה שהאריך בזה.

18. המחבר בסי׳ תקנד ס״ה כתב וז״ל: עוברות ומיניקות מתענות בט׳ באב כדרך שמתענות ומשלימות ביו״כ, אבל בג׳ צומות אחרים פטורים מלהתענות, עכ״ל.

אמנם הרמ״א בסי׳ תקן ס״א כתב וז״ל: מיהו עוברות ומיניקות שמצטערות הרבה אין להתענות, ואפי׳ אינן מצטערות אינן מחויבות להתענות אלא שנהגו להחמיר. והחיי אדם כלל קלג סעיף ו למד בכוונת הרמ״א דיש ג׳ חילוקים בדבר, דנשים בריאות שאינן מצטערות נהגו להחמיר, והמצטערות פטורות אך אין להם איסור להחמיר על עצמן, והמצטערות הרבה אסורות להתענות. וכן מבואר מהקיצור שלחן ערוך סי׳ קכא ס״ט. ועיין בסידור היעב״ץ (שער החרסית לי״ז בתמוז) שכתב דנשים פטורות מלהתענות אפי׳ אינן מצטערות.

a. According to the letter of the law, a woman who is more than three months pregnant is not obligated to fast, even if fasting causes her no discomfort. Nevertheless, it is customary for one who suffers no discomfort to fast.

b. After the fortieth day from conception, a woman who suffers even mild discomfort is not obligated to fast. However, if she wishes to fast, she may.[19]

c. Regardless of her stage, a pregnant woman is not permitted to fast if she suffers considerable discomfort from fasting.[20]

3. Postpartum and Nursing Mothers

During the first thirty days after childbirth, a woman is not required to fast, regardless of whether she is nursing.[21] A nursing mother has the same halachic status as a pregnant woman (see paragraphs 4a,b, and c, above).[22]

A woman who has suffered a miscarriage should consult a halachic authority about fasting.

4. Conditions for Those Exempt From Fasting

a. Those who are exempt from fasting should limit their intake to the simple, basic food they need to maintain their health.[23]

b. They are permitted to eat any time they feel the need. They are not required to refrain from eating even during the first few minutes of the fast.[24]

---

19. מ״ב סי׳ תקנ ס״ק ג. ויש להעיר בזה דלכאורה צריך ביאור הדמיון לווסתות, דשם תלוי בג׳ חדשים והוכר עוברה משום דבעינן מסולקת דמים, וקודם לג׳ חדשים אינו נחשב, משא״כ לגבי תענית לכאורה תלוי במציאות של עיבור וזה שייך אפי׳ קודם ג׳ חדשים, וצ״ע.

20. עיין ציון 18.

21. שו״ע סי׳ תקנד סעי׳ ה דאף שבתשעה באב יש מחמירים, בשאר תענית אין מקום להחמיר.

22. שו״ע סי׳ תקנד סעי׳ ה ורמ״א סי׳ תקנ ס״א. והמהרש״ם בדעת תורה נסתפק דאולי יש לה דין מינקת כל כ״ד חודש מהלידה אע״פ שגמלתו, אמנם פוסקי זמנינו לא סברי כהמהרש״ם.

23. שו״ע סי׳ תקנד סעי׳ ה.

24. שו״ת אבני נזר או״ח סי׳ תקמ.

c. Whenever possible, those who are exempt from fasting should eat in private (e.g., at home) and not in public (e.g., a restaurant).[25]

5. Medicine

Note: As mentioned above [paragraph C.1] a sick person is not permitted to fast. The halachos in this paragraph address people who are not sick, but must take medicine to maintain their health.

Bitter or tasteless medicine may be taken in any form (i.e., tablet, capsule, liquid). A patient who has difficulty swallowing the medication without water may drink as much water as necessary to swallow it.[26] But one should consult a halachic authority about flavored medicine.

6. Oral Hygiene

The mouth should not be rinsed on a fast day. If refraining from rinsing causes one discomfort, the mouth may be rinsed with less than a *revi'is* (three ounces) of water. While rinsing, one should lean forward to ensure that no water is swallowed.[27] If necessary, mouthwash may be used in this manner.[28]

Brushing the teeth with toothpaste, without water, has the same halachah as rinsing one's mouth.[29]

III. Additional Applications

A. Dentist Visit

One whose teeth are causing discomfort is permitted to

---

25. מטה אפרים סי׳ תרב סעי׳ כא, שו״ת מנחת אלעזר ח״ג סי׳ ג. וע״ע בזה בשו״ת תשובות והנהגות ח״ב סי׳ רסה, ובשו״ת אבני ישפה סי׳ קיא.

26. הליכות שלמה פרק טז הלכה ג, ושו״ת שבט הלוי ח״י סי׳ פא אות א.

27. מ״ב סי׳ תקסז ס״ק יא. ועיין בערוך השלחן סי׳ תקסז סעיף ג שמקיל לשטוף הפה אפי׳ בלי צער, וכן סובר הדעת תורה בסי׳ תקסז ס״ק ג.

28. שו״ת באר משה ח״ח סי׳ צד.

29. שו״ת מנחת יצחק ח״ד סי׳ קט.

go to the dentist, but should be careful not to swallow water while rinsing.[30]

One who usually studies Torah the entire day (e.g., a kollel member), who finds it difficult to concentrate on his studies while fasting, may make an appointment to have non-emergency dental work performed on a fast day. However, care must be taken not to swallow any water during the process.[31]

B. Restaurants

It is permitted to open a restaurant on a fast day, but a notice must be posted to remind people that it is a fast day.[32] [People who are permitted to eat should not eat in a restaurant on a fast day. See above.]

C. Forgetfulness

1. One Who Inadvertently Ate or Drank

One who inadvertently ate or drank on a fast day must stop immediately and continue to fast for the rest of the day.[33]

2. One Who Recited a Blessing Over Food or Drink

According to many Poskim, a person who forgot that it was a fast day and recited a *berachah* over food or drink should nibble or sip a tiny amount so that the *berachah* not be in vain.[34]

---

30. כן נראה פשוט דכיון דיש לו צער לא גרע ממה שמותר לשטוף פיו כשקם בבוקר. וע״ע בזה בספר הליכות שלמה מועדים ח״ב דף שכה.
31. כיון דהבאנו בציון 27 שיש שיטות שסוברים דמותר לשטוף הפה אפי׳ בלי צורך, כדאי במקום ביטול תורה לסמוך על שיטות אלו.
32. שו״ת שבט הקהתי ח״ד סי׳ קנד, וחזון עובדיה עמוד לז הלכה טז.
33. שו״ע סי׳ תקסח ס״א.
34. שו״ת הלכות קטנות ח״א סי׳ רנב, וברכי יוסף סי׳ תקסח ס״ק א׳ שו״ת התעוררות תשובה (הנדפס מחדש סי׳ שסה), שו״ת זה הים ח״ב סי׳ סט. אמנם המהרש״ם בדעת תורה או״ח סי׳ תקסח ס״א סובר שלא יאכל כלל.

3 / FAST-DAY PRAYERS AND TORAH READINGS

[Note: This chapter applies to all public fast days except *Tishah B'Av*. The prayers and Torah readings of *Tishah B'Av* are found in Chapter 8 below.]

I.
Prayers

On public fast days (other than *Tishah B'Av*) the regular *Shacharis* and *Minchah* services are modified with both additional and substitute prayers. These prayers are listed here and then discussed at length in the paragraphs that follow. They include:

A. The paragraph beginning עֲנֵנוּ added to the *Shemoneh Esrei*;

B. *Selichos* recited at *Shacharis*;

C. אָבִינוּ מַלְכֵּנוּ recited at *Shacharis* and *Minchah*;

D. אֱלֹקֵינוּ וֵאלֹקֵי אֲבוֹתֵינוּ (*Bircas Kohanim*) and שִׂים שָׁלוֹם at *Minchah*.

[*Krias HaTorah* (Torah reading) at *Shacharis* and *Minchah* is discussed in Section II below.]

A. עֲנֵנוּ — *Aneinu,* Answer Us

The עֲנֵנוּ prayer was composed specifically for fast days, thus it begins (in the Ashkenazic rite) עֲנֵנוּ ה׳ עֲנֵנוּ בְּיוֹם צוֹם תַּעֲנִיתֵנוּ, *Answer us, Hashem, answer us, on the day of our fast*. It is recited during *Shemoneh Esrei*, but the length of the prayer and its place in *Shemoneh Esrei* differ depending upon whether it is being recited during the silent recitation or during the *chazzan's* repetition.

1. During the Silent *Shemoneh Esrei*

a. At Which Point

According to Ashkenazic practice עֲנֵנוּ is not recited during the silent *Shemoneh Esrei* of *Shacharis*, lest an individual who recited it become afflicted with bulimia (an abnormal ravenous hunger) that forces him to break his fast and turns his words "the day of *our* fast" into an untruth. Therefore it is not recited by an individual until *Minchah*, when one has already fasted more than half the day.[1]

Unlike during the *chazzan's* repetition [see paragraph 2a (i) below], עֲנֵנוּ recited during the silent *Shemoneh Esrei* is incorporated into the *berachah* of שׁוֹמֵעַ תְּפִלָּה, before the words of כִּי אַתָּה שׁוֹמֵעַ. The individual ends עֲנֵנוּ with the words בְּכָל עֵת צָרָה וְצוּקָה and omits the closing phrase בָּרוּךְ אַתָּה ה׳ הָעוֹנֶה בְּעֵת צָרָה.[2]

b. An Individual Who Forgot to Recite עֲנֵנוּ

(i) One who forgot to recite עֲנֵנוּ, but reminded himself before saying the Name ה׳ at the end of the blessing (i.e., he did not say past בָּרוּךְ אַתָּה), should recite עֲנֵנוּ at that point, then return to כִּי אַתָּה שׁוֹמֵעַ.[3]

(ii) One who forgot to recite עֲנֵנוּ and reminded himself after saying בָּרוּךְ אַתָּה ה׳, but before concluding *Shemoneh Esrei*, should recite עֲנֵנוּ at the end of *Shemoneh Esrei*, just before the final יִהְיוּ לְרָצוֹן. In this case, he should conclude the prayer with the words בָּרוּךְ אַתָּה שׁוֹמֵעַ תְּפִלָּה, omitting Hashem's Name.[4]

---

1. שו״ע סי׳ תקסה ס״ג ומ״ב ס״ק י.

2. שו״ע ורמ״א סי׳ תקסה ס״א.

3. שעה״צ סי׳ תקסה ס״ק ה.

4. שו״ע סי׳ תקסה ס״א ומ״ב ס״ק ז. ומה שכתבנו שיאמר את זה קודם יהיו לרצון, כ״כ המ״ב שם. אבל יש לברר קודם איזה יהיו לרצון, דהנה יש נוהגים לומר פעמיים יהיו לרצון, הראשון לפני אלקי נצור, והשני לפני עקירת רגלים. ועיין בספר בירור הלכה ח״ב סי׳ קיט ס״ק יט, וח״ג סי׳ תקסה ס״ב שכתב דכוונת המ״ב שיאמרה לפני יהיו לרצון הראשון אך למעשה נשאר בצ״ע. אמנם עיין בערוך השלחן סי׳ תקכה סעיף ג שכתב שיש לאמרו קודם יהיו לרצון השני. ובספר גם אני אודך (תשובת הגר״ח קניבסקי שליט״א) כתב שיש לאמרו קודם יהיו לרצון הראשון. ועיין בזה בספר אגרת הפורים פרק ב הערה ו.

(iii) One who forgot to recite עֲנֵנוּ and did not remind himself until after concluding the entire *Shemoneh Esrei* need not return to it.[5]

c. An Individual Who Concluded the *Berachah* Incorrectly

(i) An individual who mistakenly concluded עֲנֵנוּ with הָעוֹנֶה (לְעַמּוֹ יִשְׂרָאֵל) בְּעֵת צָרָה, the ending reserved for the *chazzan's* repetition (see paragraph 2a(i) below), instead of שׁוֹמֵעַ תְּפִלָּה, and realized his mistake תּוֹךְ כְּדֵי דִיבּוּר (i.e., within the time it takes to say the words שָׁלוֹם עָלֶיךָ רַבִּי), can rectify his error by saying the words שׁוֹמֵעַ תְּפִלָּה immediately.[6]

(ii) An individual who concluded with the wrong ending and realized his mistake later than כְּדֵי דִיבּוּר, but before he took three steps back after *Shemoneh Esrei*, must return to the beginning of שְׁמַע קוֹלֵנוּ.[7]

(iii) According to some authorities, an individual who concluded with the wrong ending and has already taken three steps back must repeat the entire *Shemoneh Esrei*.[8]

d. An Individual Who Is Not Fasting

(i) According to Ashkenazic practice, one who is not fasting at all (e.g., because of a medical condition) does not recite עֲנֵנוּ.[9]

---

5. שו״ע סי׳ תקסה ס״ב.

6. שו״ת שבט הלוי ח״ח סי׳ קלב, ועי״ש שהסביר למה מהני לחזור רק על המילים ״שומע תפלה״ ואין צריך לחזור להמילים ״כי אתה שומע וכו״ ״וכן כתב בספר אשי ישראל פרק מד הלכה י. וע״ע בשו״ת רבבות אפרים ח״א סימן שצ.

7. הגאון ר׳ שלמה זלמן אויערבאך זצ״ל, הובא באשי ישראל פרק מד הערה לו. ועיין בשו״ת רבבות אפרים ח״א סי׳ שצ שהביא בשם הגר״ח קניבסקי שליט״א שאם סיים ״העונה בעת צרה״ ונזכר אחר תוך כדי דיבור, יסיים ״שומע תפלה״ אף שהפסיק. אמנם באשי ישראל פרק מד הערה לו הביא משמו איפכא.

8. כן פסק הגאון ר׳ שלמה זלמן אויערבאך זצ״ל, הובא באשי ישראל פמ״ד הערה לו, וכן הביא בספר מועדי ישרון בשם מרן הגר״מ פיינשטיין זצ״ל, והחיזוק למשכנות יעקב סימן יג סעיף א הביא שכן פסק החזון איש. וטעמם דכיון דשינה ממטבע שטבעו חכמים דינו כמו שדילג כל הברכה. ועיין בספר חזון עובדיה (ארבע תעניות) עמוד עד שפסק דאין צריך לחזור ולהתפלל. וע״ע בזה בשו״ת שבט הלוי ח״ח סי׳ קלב.

9. לכאורה יש סתירה בזה, דעיין בשו״ע סי׳ תקסח ס״א שכתב: נדר להתענות יום זה

(ii) One who is still fasting before *Minchah*, but knows that he will break his fast after *Minchah*, recites עֲנֵנוּ, nevertheless.[10]

(iii) One who forgot and broke his fast then realized his mistake is obligated to continue fasting. Therefore, even if the mistake took place before *Minchah*, he recites עֲנֵנוּ. However, he should replace the phrase בְּיוֹם צוֹם תַּעֲנִיתֵנוּ, *on the day of "our" fast*, with the Sephardic version, בְּיוֹם צוֹם הַתַּעֲנִית הַזֶּה, *on the day of "this" fast.*

(iv) A child who is fasting recites עֲנֵנוּ. A child who is not fasting at all does not recite עֲנֵנוּ. A child who began to fast, but ate before *Minchah*, may recite עֲנֵנוּ in the manner described in paragraph (iii) above.[11]

2. During the *Chazzan's* Repetition

a. An Independent Blessing

(i) The *chazzan* recites עֲנֵנוּ, during his repetition of *Shemoneh Esrei* at both *Shacharis* and *Minchah*. Unlike the individual, however, he recites it as an independent blessing between the seventh blessing (רְאֵה) and the eighth (רְפָאֵנוּ). He concludes עֲנֵנוּ with בָּרוּךְ אַתָּה ה׳ הָעוֹנֶה (לְעַמּוֹ יִשְׂרָאֵל) בְּעֵת צָרָה.[12]

(ii) Two requirements must be met before the *chazzan* may recite עֲנֵנוּ as an independent blessing: The *chazzan* must

---

ושכח ואכל משלים תעניתו, וה״ה אם היה תענית חלום או שהיה תענית ציבור וכו׳. ועי״ש במ״ב ס״ק ג שכתב: ונראה דבתענית ציבור אף על פי שאכל יכול לומר עננו בתפלתו, דשייך לומר עננו ביום צום התענית הזה כמו שתקנו חכמים להתענות, עכ״ל. ולכאורה מבואר להדיא דאפי׳ מי שאינו מתענה אומר עננו. אמנם הביאור הלכה ריש סי׳ תקסה כתב וז״ל: כתב החיי אדם יחיד שאינו מתענה ומתפלל עם הציבור יאמר בשומע תפלה עננו וכו׳ ובמאמר מרדכי חולק ע״ז, ודבריו נכונים דיחיד שאינו מתענה אין לומר עננו בשום פנים, עכ״ל. ולכאורה המ״ב סותר את עצמו.

ועיין בשו״ת שבט הלוי ח״ה סימן ס ס״ק ד שתירץ וז״ל: דבסי׳ תקסח מיירי ששכח ואכל, אבל עיקר התענית עדיין רובו עליו, כדאיתא שם, ובסי׳ תקס״ה איירי במי שאכל מאיזו סיבה ואינו מתענה כלל, עכ״ל. וע״ע בזה בשו״ת שבט הלוי ח״ח סי׳ קלא.

10. עיין הערה 9.

11. שו״ת שבט הלוי ח״ח סי׳ קלא.

12. שו״ע סי׳ תקסו ס״א ומ״ב ס״ק ב.

be fasting;[13] and, ideally, a total of at least ten men must be fasting; however, if there are not ten, seven will suffice.[14] If there are less than seven men fasting, the *chazzan* recites עֲנֵנוּ during the *berachah* of שׁוֹמֵעַ תְּפִלָּה like an individual.[15]

(iii) If there is nobody fasting who is able to serve as *chazzan*, one who is not fasting may be the *chazzan*. In this case, the *chazzan* should recite עֲנֵנוּ during the *berachah* of שׁוֹמֵעַ תְּפִלָּה like an individual, and should replace the phrase בְּיוֹם צוֹם תַּעֲנִיתֵנוּ for בְּיוֹם צוֹם הַתַּעֲנִית הַזֶּה.[16]

b. A *Chazzan* Who Omitted עֲנֵנוּ

(i) A *chazzan* who forgot to recite עֲנֵנוּ after the *berachah* of גּוֹאֵל יִשְׂרָאֵל, but reminded himself before reciting the Name ה׳ at the end of רְפָאֵנוּ, should stop, recite עֲנֵנוּ, and continue from the beginning of רְפָאֵנוּ.[17]

(ii) A *chazzan* who forgot עֲנֵנוּ, and reminded himself after he had already said בָּרוּךְ אַתָּה ה׳ at the end of רְפָאֵנוּ, should recite עֲנֵנוּ in the manner of an individual, during the *berachah* of שְׁמַע קוֹלֵנוּ. In this case, he does not conclude with the fast-day formula, בָּרוּךְ אַתָּה ה׳ הָעוֹנֶה (לְעַמּוֹ יִשְׂרָאֵל) בְּעֵת צָרָה; rather, he concludes בָּרוּךְ אַתָּה ה׳ שׁוֹמֵעַ תְּפִלָּה.[18]

c. A *Chazzan* Who Concluded the *Berachah* Incorrectly

(i) A *chazzan* who recited עֲנֵנוּ during the blessing of שׁוֹמֵעַ תְּפִלָּה [see paragraphs 2a(ii) and (iii) and 2b(ii) above], but mistakenly concluded הָעוֹנֶה (לְעַמּוֹ יִשְׂרָאֵל) בְּעֵת צָרָה, and realized his mistake תּוֹךְ כְּדֵי דִּיבּוּר [see paragraph A:1c(i) above], may rectify his error by saying the two words שׁוֹמֵעַ תְּפִלָּה immediately.[19]

---

13. שו״ע סי׳ תקסו ס״ה.
14. מ״ב סי׳ תקסו ס״ק יד. ועיין בערוך השלחן סי׳ תקסו ס״ז שכתב דדי במקצת מתענים.
15. מ״ב סי׳ תקסו ס״ק יג.
16. מ״ב סי׳ תקסו ס״ק יג.
17. שו״ע סי׳ קיט ס״ד ומ״ב ס״ק טז. וע״ע בזה בשו״ת תשובות והנהגות ח״א סי׳ קיח.
18. רמ״א סי׳ קיט ס״ה.
19. עיין ציון 6.

(ii) If the *chazzan* realized his mistake later than כְּדֵי דִיבּוּר, but before he completed the entire *Shemoneh Esrei*, he must return to the beginning of the *berachah* שְׁמַע קוֹלֵנוּ.[20]

(iii) If the *chazzan* did not realize his mistake until after he had concluded the *Shemoneh Esrei*, many authorities rule that he must repeat the entire *Shemoneh Esrei*.[21]

B. Selichos

1. What Are *Selichos*?

Selichos [literally, "Pardons"] are penitential prayers in which we plead for Divine pardon and forgiveness for the sins we may have committed. They are recited on public fast days, after the *chazzan's* repetition of the *Shemoneh Esrei* at *Shacharis*.[22]

The recitation of *Selichos* is not dependent upon the act of fasting. Therefore, even one who is not fasting should recite *Selichos*.[23] Although, ideally, *Selichos* should be recited with a *minyan*, when that is not possible, an individual may recite them;[24] however, one should either omit the Thirteen Attributes of Mercy[25] or recite them, but continue to the end of the verse that begins נֹצֵר חֶסֶד (*Shemos* 34:7) (i.e., one should add, לֹא יְנַקֶּה פֹּקֵד עֲוֹן אָבוֹת עַל בָּנִים וְעַל בְּנֵי בָנִים עַל שִׁלֵּשִׁים וְעַל רִבֵּעִים).

Additionally, if one is reciting *Selichos* without a *minyan*, he should not read the Thirteen Attributes with the chant used by the *chazzan* during the *Selichos* prayers; rather he should use the Torah cantillation or some other tune.[26]

---

20. עיין ציון 7.
21. עיין ציון 8.
22. שו"ע סי' תקסו ס"ד.
23. שערים מצויינים בהלכה סי' קכא ס"ב, וטעמו דכיון דעיקר הטעם של אמירת סליחות הוא לפשפש במעשיו ולעשות תשובה מי שאינו מתענה ג"כ חייב לעשות זה.
24. מ"ב סי' תקסה ס"ק יג.
25. מ"ב סי' תקסה ס"ק יג.
26. שו"ת אג"מ יו"ד ח"ג סי' כא.

There are various customs regarding the recitation of *Selichos* in the presence of a groom, the father of a child being circumcised that day or a *mohel*. Some congregations recite the entire *Selichos;* others recite until כִּי לַה׳ אֱלֹקֵינוּ הָרַחֲמִים וְהַסְּלִיחוֹת.[27]

The above-mentioned individuals themselves do not say *Selichos*.[28]

C. אָבִינוּ מַלְכֵּנוּ/ *Avinu Malkeinu*

Many customarily recite אָבִינוּ מַלְכֵּנוּ on fast days: once after *Selichos* at *Shacharis* and again after the *chazzan's* repetition at *Minchah*.[29] When a *minyan* is present, the Ark is opened during the recitation of אָבִינוּ מַלְכֵּנוּ. Nevertheless, it is recited even in the absence of a *minyan*.[30] Moreover, אָבִינוּ מַלְכֵּנוּ is recited even when *Tachanun* is omitted (e.g., in the house of mourning; in the presence of a groom during *Sheva Berachos* week; at a *bris*).[31]

D. שִׂים שָׁלוֹם

On a fast day at *Minchah*, שִׂים שָׁלוֹם is recited, even by those who usually say שָׁלוֹם רָב.[32] Additionally, the *chazzan* recites *Bircas Kohanim* during his repetition of *Shemoneh Esrei*.[33]

---

27. כתב המחבר בסי׳ קלא סעיף ה׳: אם חלה מילה בתענית ציבור מתפללים סליחות ואומרים וידוי ואין נופלין על פניהם ואין אומרים והוא רחום. והמ״ב בס״ק כח כתב וז״ל: מתפללים סליחות, שמניחין מקצת ואין צריך להניח לגמריה, עכ״ל. והמ״ב לא כתב בפירוש מה מניחין, ונחלקו בכוונתו, בשו״ת ציץ אליעזר ח״ז סי׳ ט ס״ק ו כתב דאולי כוונתו דמקצרין חלק מן הסליחות, אמנם הגר״ח קניבסקי שליט״א למד דפירוש מקצרין דקאי על תחנון.

28. שערי תשובה סי׳ קלא ס״ק טו.

29. ערוך השלחן סי׳ תקסו ס״ח.

30. דעת תורה סי׳ תקפד ס״א.

31. מטה אפרים סי׳ תרב סעי׳ יב.

32. רמ״א סי׳ קכז סעי׳ ב.

33. מ״ב סי׳ קכז ס״ק יב.

II.
Kerias HaTorah / The Torah Reading

On fast days the Torah is read at both *Shacharis* and *Minchah.* The same portion (*Exodus* 32:11-14 and 34:1-10) is read both times.[34] At *Minchah* the third *oleh* also reads the fast-day *Haftarah* (*Isaiah* 55:6-56:8).[35]

During the fast-day Torah reading, the reader and *oleh* pause at three points, while the congregation reads the following verse or phrase aloud in unison. The three are: (i) from שׁוּב until לְעַמֶּךָ in 32:12; (ii) from ה׳ ה׳ in 34:6 until וְנַקֵּה in 34:7; and (iii) וְסָלַחְתָּ לַעֲוֹנֵנוּ וּלְחַטָּאתֵנוּ וּנְחַלְתָּנוּ in 34:9.[36]

If the fast falls on Sunday, Tuesday, Wednesday or Friday, and there are not at least seven men in the congregation who are fasting, the fast-day Torah reading and *Haftarah* are omitted.[37]

On Monday or Thursday, the fast-day portion replaces the reading from the *parashas hashavua* (weekly portion) at *Shacharis*[38] if there are at least six men fasting. If less than six men are fasting, the *parashas hashavua* is read.[39]

One who is not fasting should not serve as a *baal keriah* (Torah reader).[40] One who is not fasting or does not expect to complete the fast should not be called to the Torah.[41] However,

---

34. שו״ע סי׳ תקסו סעי׳ א.

35. רמ״א סי׳ תקסו סעי׳ א.

36. מ״ב סי׳ תקסו ס״ק ג.

37. המ״ב בסי׳ תקסו ס״ק יד הביא שתי שיטות בזה, א) דבענין עשרה מתענים, ב) דסגי בשבעה. ועיין בערוך השלחן סי׳ תקסו סעי׳ ז שכתב: דבתענית ציבור הקבוע לכל ישראל הרי יום הוא שנתחייב בעננו ובקריאת התורה, וקורין אע״פ שאין עשרה מתענין ודי במקצת מתענים והמה יעלו לתורה. אבל כשאין כלל מתענים נראה שאין לקרות ויחל, עכ״ל. וע״ע בזה בשו״ת חלקת יעקב ח״ג סי׳ סט, ובשו״ת ישכיל עבדי ח״ז או״ח סי׳ לז.

38. שו״ע סי׳ תקסו סעי׳ א.

39. מ״ב סי׳ תקסו ס״ק יד.

40. מרן הגר״מ פיינשטיין זצ״ל, הובא במועדי ישורון עמוד 113. וע״ע בזה ביסודי ישרון ח״ב עמוד רטז.

41. שו״ע סי׳ תקסו סעי׳ ו.

3: FAST-DAY PRAYERS AND TORAH READINGS

if one who is not fasting has been called to the Torah at *Shacharis* of a fast day that falls on Monday or Thursday, he may accept the *aliyah*; but on another day, he should preferably decline the *aliyah*.[42] But if the man is too embarrassed to publicize the fact that he is not fasting by declining the *aliyah*, he may proceed to the Torah and accept the *aliyah*.[43]

If there are Kohanim in the shul, but none of them are fasting, they should leave the shul before the Torah reading so that a non-Kohen who is fasting may be called in their place.[44]

The honors of opening the Ark, *hagba'ah*, and *gelilah* may be awarded to one who is not fasting.[45]

During *Minchah*, half-*Kaddish* is recited before the Torah is taken out of the Ark, and again after it is returned to the Ark.[46]

---

42. מ״ב סי׳ תקסו ס״ק יט.
43. מ״ב סי׳ תקסו ס״ק כ.
44. מ״ב סי׳ תקסו ס״ק כ.
45. כף החיים סי׳ תקסו ס״ק מח.
46. קיצור שלחן ערוך סי׳ כג סעי׳ כו.

4 / ACTIVITIES RESTRICTED DURING THE THREE WEEKS

The following activities are restricted (some partially, some completely) during The Three Weeks:
I. Haircutting/Shaving
II. Music/Singing/Dancing
III. Cutting One's Nails
IV. Reciting *Shehecheyanu*/Buying New Items
V. Weddings, Engagements, and Other Parties
VI. Miscellaneous Activities

I. Haircutting/Shaving

A. The General Prohibition

Cutting the hair is prohibited during The Three Weeks.[1] This prohibition applies to cutting or shaving any hair on the body.[2] [See section C below for exclusions and exemptions.]

B. Who Is Included in the Prohibition?

1. Adults

Both men and women are included in this prohibition.[3]

2. Children

An adult may not cut a child's hair, regardless of the child's age.[4] However, in case of necessity (e.g., overly long hair is

---

1. רמ״א סי׳ תקנא סעי׳ ד.
2. שו״ע סי׳ תקנא סעי׳ יב.
3. מ״ב סי׳ תקנא ס״ק עט.
4. המחבר בסי׳ תקנא סעי׳ יד כתב דאסור לגדולים לספר לקטנים. והמ״ב בס״ק פא כתב

causing the child discomfort or distress), it is permissible to cut the hair of a child who has not reached the age of *chinuch* (i.e., 7 years old) until the week of *Tishah B'Av*.[5]

3. *Bar Mitzvah*

In his *bar-mitzvah* year, a boy who was born in the period of *Bein HaMetzarim* should take a haircut before The Three Weeks. If he didn't have his hair cut and its length is causing him distress or discomfort, he may have it cut, until the week of *Tishah B'Av*.[6]

4. *Upsherin* — Boy's First Haircut

It is customary not to cut a boy's hair until his third birthday. The *upsherin* of a boy born during The Three Weeks should be postponed until after *Tishah B'Av*.[7]

5. *Pidyon Haben*

Unlike the participants in a *bris* (see paragraph C6 below), those taking part in a *pidyon haben* may not cut their hair or shave in honor of the occasion.[8]

דקטנים נמי שייך בהו חינוך, אי משום אבילות או משום עגמת נפש. ובשעה״צ ס״ק צא כתב: ונפקא מינה בין הטעמים למי שהוא פחות משש דלא הגיע עדיין לחינוך, ומשום עגמת נפש אסור, עיין פמ״ג וח״א, עכ״ל. והחיי אדם כלל קלג הלכה יח כתב דאסור להתספר אפי׳ קטן שלא הגיע לחינוך, וטעמו משום עגמת נפש. והלבוש כתב דהאיסור מתחיל בן ג׳ וד׳ שנים. והפמ״ג נתקשה ע״ז דאם טעמו משום חינוך אמאי אסור בגיל ג׳ וד׳ הא עדיין לא הגיעו לחינוך, ואי החמיר משום עגמת נפש הא זה שייך אפי׳ בקטנים פחות מבן ג׳ שנים.

5. מ״ב סי׳ תקנא ס״ק פב. ויש להסתפק אם החיי אדם מקיל אפי׳ בקטן שהגיע לחינוך, וראיתי בספר אבלות החורבן עמ׳ 124 שהקיל רק בקטן שלא הגיע לחינוך.

6. בשו״ת משנה הלכות ח״ו סי׳ מה כתב לאיסור. ובשערים המצוינים בהלכה סי׳ קכ ס״ח בקונטרס אחרון מתיר.

7. ספר משנת יעקב סי׳ תקנא בשם האדמו״ר מסאטמר זצ״ל, ובספר חנוך לנער פכ״א ס״ק ג כתב שכן עמא דבר, והגם דיש פוסקים שסוברים שמותר להסתפר קטן כזה עד שבוע שחל בו ת״ב ויש מתירים אפי׳ בשבוע שחל בו ת״ב. ועיין בכל זה בשו״ת רבבות אפרים ח״א סי׳ שלו, וח״ב סי׳ קנה אות יט, וקובץ מבית לוי (יג) עמוד כ אות ב. ועיין בספרי חינוך בהלכה דף 13 הערה 1 בנוגע המנהג שלא להסתפר ילד עד מלאת לו ג׳ שנים.

8. שו״ת חת״ס או״ח סי׳ קנח.

6. In Honor of the Sabbath

The prohibition against cutting the hair during The Three Weeks includes shaving or cutting the hair in honor of the Sabbath.[9]

C. Exemptions and Exclusions

The following situations are not included in the prohibition.

1. The Eve of the 17th of Tammuz

The Three Weeks begin with sunset preceding the Seventeenth of Tammuz. Therefore one may not take a haircut after sunset of that day. However, in extenuating circumstances (e.g., one whose hair is embarrassingly overgrown but forgot to cut it), the hair may be cut until nightfall.[10]

2. *Tznius* — Modesty

A married women may cut her hair for purposes of *tznius*,[11] i.e., she may cut away hair that protrudes from under her hair covering or hair that does not allow her hair covering to fit comfortably on her head.

---

9. המ״ב בסי׳ תקנא ס״ק לב כתב וז״ל: אבל בתספורת אסור אפי׳ לכבוד שבת, דבלא״ה אין רגילין לספר בכל שבוע [מג״א] ועיין בביאור הלכה, עכ״ל. ושם בביאור הלכה ד״ה וכן לכבוד מביא דעת הגרע״א בשם התוספות דכביסה ותספורת שניהן שוין להקל, ולכבוד שבת מותר.

ועיין בשו״ת אבן ישראל ח״ז סי׳ כז שכתב דלפי המג״א צריך להיות שאותם אנשים המספרים זקנם כמה פעמים בשבוע יהיו מותרים להסתפר מיום חמישי לכבוד שבת, אלא שלא נהגו כן.

10. כיון שהבאנו שרוב פוסקים סוברים דבליל י״ז בתמוז כבר מתחילים לנהוג דיני בין המצרים, לכאורה ה״ה בבין השמשות. ועיין בא״א מבוטשטש סי׳ תקנא ס״ב שהסתפק בדבר. אבל נראה דלעת הצורך יש להקל כיון דמרן זצ״ל סובר דלענין נישואין מותר לעת הצורך (ראה לקמן הערה 65) ה״ה לגבי שאר דברים, וכן נקט בספר מקדש ישראל סי׳ יח.

11. המ״ב בסי׳ תקנא ס״ק עט כתב: וז״ל ואפשר שיש להתיר באשה [לגלח] ריבוי שער דצדעין פמ״ג, עכ״ל. ועיין בשו״ת שבט הלוי ח״י סי׳ פא אות ח דלענין אשה אפשר להקל להסתפר אם זה נוגע לרבוי שערות הראש והיא מסתפרת בעיקר מטעמי צניעות, וכל ה״אפשר״ של הפמ״ג הוא דוקא בשבוע שחל בו.

3. Shaving Legs

A married woman[12] or one of marriageable age may[13] shave her legs if not doing so will cause her embarrassment.

4. Tweezing Eyebrows

A woman is permitted to tweeze her eyebrows during the Three Weeks.[14]

5. *Sheloshim* That Ends During the Three Weeks

One whose thirty-day period of mourning (*sheloshim*) ends during The Three Weeks, before *Rosh Chodesh Av*, may take a haircut or shave. However, if the *sheloshim* end during the Nine Days, the hair of the head may be trimmed or thinned out with a razor, but not with a scissors.[15]

6. *Bris*

There are differences of opinions among the authorities regarding permitting the parents, the *sandek*, and the *mohel* to shave or take a haircut in honor of the *bris*. Some authorities are lenient until the week of *Tishah B'Av*.[16] While others permit it even during the week of *Tishah B'Av*,[17] HaGaon Rav Yosef Shalom Eliashiv, *shlita*, states that prevalent cus-

---

12. מועדי ישורון עמוד 128 בשם מרן הגר"מ פיינשטיין זצ"ל, וכן משמע משו"ת אג"מ יור"ד ח"ב סי' קלז. ובקובץ מבית לוי עמוד ה כתב וז"ל: ושער רגליים אינו בכלל תספורת ומותר עד ר"ח ללא הגבלה, ומר"ח ואילך יעשו רק הצריך כדי שלא תתגנה, עכ"ל.

13. מרן הגר"מ פיינשטיין, הובא בספר קיצור הלכות בין המצרים עמוד 4.

14. הגרש"ז אויערבאך זצ"ל, הובא בספר בין פסח לשבועות עמוד רמא. וטעמו דזה אינו בכלל תספורת.

15. שו"ע סי' תקנא סעיף טו. ועי"ש במ"ב שהביא מחלוקות הא"ר והט"ז כשחל שלשים קודם שבוע שחל בו ת"ב אם מותר לספור במספרים. ובשער הציון ס"ק צג כתב דאפשר במקום הדחק להקל.

16. א"ר סי' תקנא ס"ק כח, קיצור שלחן ערוך סי' קכב סעי' טו. ועיין בשו"ת נודע ביהודה מהדו"ק או"ח סי' כח שכתב הטעם בזה משום שבשבוע שחל בו ת"ב איסור תספורת הוא מדינא דגמרא, משא"כ לפני זה אינו אלא מנהג ולכן יכולים להסתפר.

17. שערי תשובה סי' תקנא ס"ק א שהביא כן בשם הפנים מאירות, שו"ת חת"ס או"ח סי' קנח.

tom follows the second view.[18] HaGaon Rav Shmuel Wosner, shlita, however, says that one should neither shave nor take a haircut before a *bris* anytime during The Three Weeks.[19]

7. Monetary Loss

One may take a haircut or shave during The Three Weeks if not doing so would result in monetary loss (e.g., a job applicant will be rejected because of his unkempt appearance).[20] [A halachic authority should be consulted regarding the week of *Tishah B'Av.*][21]

8. Trimming a Mustache

One may trim a mustache that interferes with eating. Some authorities permit this only until the week of *Tishah B'Av.*[22]

9. Cutting a Sheitel

A *sheitel* (wig) may be trimmed or cut for purposes of *tznius*. See paragraph 2 above.

II.
Music/Singing/Dancing

A. The General Prohibition

One may not listen to any musical instrument during The Three Weeks. This includes both live and recorded music.[23]

---

18. הובא בהליכות והנהגות עמוד 4.

19. קובץ מבית לוי (בין המצרים) עמוד ו.

20. שדי חמד אס״ד בפאת השדה מערכת בין המצרים בד״ה ובספר.

21. בשו״ת אג״מ או״ח ח״ד סי׳ קב כתב מרן זצ״ל דאם יהיה לאדם הפסד ממון מותר לגלח עד שבוע שחל בו, דכיון דאינו נאסר מצד הדין רק מטעם מנהג. אבל בשבוע שחל בו ט׳ באב שאסור מדינא דגמרא אין להתיר. ועיין באג״מ באו״ח ח״ה סי׳ כד ס״ק ט שביאר דבריו וגם כתב שם אופן דמותר להסתפר אפי׳ בשבוע שחל בו תשעה באב.

22. המחבר כתב בסי׳ תקנא סעי׳ יג: ובזקן כל שמעכב את האכילה מותר. והמ״ב בס״ק פ כתב ר״ל דהיינו השפה. ובספר קיצור שלחן ערוך סי׳ קכב סעי׳ ד התיר רק עד שבוע שחל בו תשעה באב. אמנם עיין במאמר מרדכי ס״ק יב שסובר שמותר אפי׳ בשבוע שחל בו תשעה באב.

23. שו״ת אג״מ או״ח ח״א סי׳ קסו, וח״ד סי׳ כא ס״ק ד, ויו״ד ח״ב סי׳ קלז שו״ת, שבט

The prohibition applies to men and women, as well as children who have reached the age of *chinuch* (i.e., 7 or 8).[24]

B. Recorded Singing Not Accompanied by Music

Most authorities prohibit listening to recorded singing even without musical accompaniment.[25]

C. Dancing

It is forbidden to dance during The Three Weeks.[26] (But see paragraph D5 below regarding dancing during *sheva berachos.*)

D. Exemptions and Exclusions

1. Singing Without Musical Accompaniment

Some authorities permit singing without musical accompaniment until *Rosh Chodesh Av.*

From *Rosh Chodesh Av* it is preferable not to sing,[27] except in the following cases:

הלוי ח״ב סי׳ נג, וח״ח סי׳ קכז ס״ק ב. ערוך השלחן סי׳ תצג סעי׳ ב, ובשו״ת שלמת חיים סי׳ תתפח, ושו״ת ציץ אליעזר חט״ז סי׳ לג אות ב.

24. מרן זצ״ל בשו״ת אג״מ או״ח ח״ד סי׳ כא אות ד כתב וז״ל: ויש להחמיר גם לקטנים שהגיעו לחינוך מאחר שאבילות דרבים הוא, עכ״ל.

25. שו״ת שבט הלוי ח״ח סי׳ קכז ס״ק ב, וז״ל: בענין שמיעות ניגונים מטעיפ רעקארדער בימי המצרים כבר בארתי דטעיפ הוא כלי שיר וכו׳, ודעתי אפי׳ אם הטעיפ נעשה משירת פה נהפך לכלי שיר, עכ״ל. ועי״ש שמלמד זכות להמקילים בזה. וכן פסק בשו״ת ציץ אליעזר חט״ו סי׳ לג אות ב. והגר״ח קניבסקי שליט״א בספר אשי ישראל עמוד תשסה תשובה תא כתב דמנהגינו ליזהר בכל שיר.

ועיין בספר מקדש ישראל פסקי הלכות פ״א הלכה ט, וז״ל: אבל ראוי להתריע על מה שלאחרונה יוצאים לשאר טעיפ״ס של ניגונים בעל פה מיוחד לימי הספירה ולימי בין המצרים, והוא מיוצר באופן שיהיה דומה לזמר של כלי שיר, והמציאות מורה שיש בו שמחה יתירה, והוא ההיפוך המכוון של תקנת חז״ל להתאבל בימים אלו על חורבן ציון וירושלים, עכ״ל.

26. מ״ב סי׳ תקנא ס״ק טז.

27. במקור חיים סי׳ כתב שמר״ח ואילך אין לשמוע קול זמרה אף בפה שהוא בכלל ״ממעטין בשמחה״, וממילא שאין לאסור אלא בהט׳ ימים שאז נאמר הכלל דממעטין בשמחה. ועיין בספר מועדי ישרון פרק 5 הערה 21 שמביא ממרן הגר״מ פיינשטיין זצ״ל שמותר לשיר בפה בסעודה המותרת בבין המצרים באופן שאינו גורם שמחה יתירה.

4: ACTIVITIES RESTRICTED DURING THE THREE WEEKS 35

a. On Shabbos.[28]

b. At a *seudas mitzvah* (i.e., *bris milah, sheva berachos, bar mitzvah).*[29]

c. Inspirational songs and songs of praise to Hashem.[30]

d. While learning or praying.[31]

2. Children

Children who have not reached the age of *chinuch* (i.e., 7 or 8) are permitted to listen to music until *Rosh Chodesh Av.*[32]

A child who cannot fall asleep without listening to music is permitted to listen to soothing music, even after reaching the age of *chinuch.*[33]

Children's story tapes accompanied by music are not included in the prohibition. Since the music is only secondary to

---

28. שו״ת אג״מ או״ח ח״ד סי׳ קיב אות טו, מועדים וזמנים ח״ז ס׳ רנו, וח״ח סי׳ שלח. ועיין בספר יוסף אומץ אות תרא שכתב וז״ל: בלילות ארוכות מצוה להאריך בסעודת שבת לפחות עד כדי שיהנה מאור נרות ההדלקה (שהיה מנהגם לאכול סעודת ליל שבת מבעוד יום) ולכן יאריך אז וינגן הזמירות יותר כדי להמשיך עד הלילה, ואפי׳ בין המצרים וכל שכן בימי העומר. נראה לי דיש לומר הזמירות בקול נמוך קצת או בניגון שאינו משמח, עכ״ל. הרי מדבריו דאפי׳ בשבת בין המצרים החמיר, וכן כתב בספר לקט יושר.

29. בסעודות שבע ברכות פשוט שמותר זמרה בפה, דהרי יש הרבה פוסקים שסוברים דריקודים ג״כ מותרים. ויש שסוברים שאפי׳ זמרה בכלי מותר.

ובסעודת בר מצוה ראיתי בספר אור לארבעה עשר עמוד קסא שכתב דמותר לזמר בפה.

ובסעודת ברית מילה מותר לזמר, דעיין בשו״ת שארית שמחה סימן טו שכתב, דאם המנהג לזמר בשעת הברית זמר מותר אפי׳ בתשעה באב, א״כ כל שכן דמותר לזמר קודם תשעה באב.

30. מרן הגרי״ש אלישיב שליט״א בהליכות והנהגות עמוד 6 כתב דכל האיסור לשיר ולזמר בפה החל מר״ח הוא דוקא כשעושין זאת לשם שירה בעלמא ולשמחת מריעות, אבל כל שכוונתם לשמים בשירה ולהתעררות לכבוד הבורא יתברך מותר.

31. עיין לעיל הערה 30.

32. שו״ת מקדש ישראל סי׳ כב, ב.

33. הטעם בזה משום דכיון דהקטן אינו יכול לישן בלי שמיעת הנגינה הרי השמעת הנגינה הוא נכלל בצרכי הקטן, ואנן פסקינן ברמ״א סימן שכח סעי׳ יז דסתם קטן כחולה שאין בו סכנה דמי, והרי חולה מותר לשמוע נגינה. ועיין בכל זה בשו״ת מקדש ישראל ס׳ כב, ב.

the story, it is not considered music.[34]

3. Hearing Music Without the Intention of Enjoying It

One is not required to leave a place where music is being played if one does not specifically intend to listen to the music.[35] For example, one may sit in a waiting room where music is playing.

4. Music for Health, Rehabilitation or to Stay Awake

Music is permitted when necessary to alleviate a health problem (e.g., an anxiety attack). Likewise, therapeutic exercise may be accompanied by music that enhances the performance or effect of the exercise.[36]

Listening to music for a reason other than enjoyment (e.g., in order to keep awake while driving) is permitted.[37]

5. *Sheva Berachos*

Many Poskim permit dancing (without music) during *sheva berachos*.[38]

6. Professional Musician/Musical Training

A professional musician may play at a non-Jewish function as long as his purpose is to earn his livelihood. Likewise, one studying to become a professional musician may practice

---

34. שו"ת מקדש ישראל סימן כב,ב.

35. הטעם בזה דכיון דאין כוונתו כלל לענין שמחה ואינו קובע עצמו כלל לשמוע לשם שמחה אין זה נכלל בהאיסור. וכן ראיתי שנקט בקונטרס שיעורי הלכה עמוד ד מהגר"ש פעלדער שליט"א.

36. פשוט, דאין זה מחמת שמחה אלא מחמת רפואה. וכדומה לזה מצינו במהרי"ל דהלוקה בנפשו המתרפא מיום ליום מותר בבשר ויין, וכן פסק בשו"ת דברי שלום ח"ד פסקי הלכות אות פ.

37. פשוט דמותר, דכיון דכוונתו מחמת שמרגיש שחבלי שינה נופלים עליו, והוא זקוק לדבר שיחזקנו ער, שמותר לשמוע כלי שיר.

38. מרן הגר"מ פיינשטיין זצ"ל, הובא במועדי ישורון עמוד 129, והובא גם בשו"ת משנה הלכות ח"ו סי' קט, והגרי"ש שליט"א הובא בשו"ת אבני ישפה ח"א סי' קיג, שו"ת להורות נתן ח"י סי' מט. ועיין בספר הליכות שלמה פרק יד הלכה ד שכתב שבמסיבת תנאים יש למעט בשירי שמחה, אבל אין לרקוד. וע"ע בזה במועדים וזמנים ח"ט ס' שלח.

during The Three Weeks, and a music teacher may teach music. However, a student of music who does not intend to earn a livelihood as a musician may not play music during The Three Weeks.[39]

III. Cutting One's Nails

A. The General Prohibition

All authorities agree that nailcutting is permitted until the week of *Tishah B'Av*. The authorities are in dispute regarding the week of *Tishah B'Av*.

---

39. מרן זצ״ל כתב באג״מ ח״ג סי׳ פז וז״ל: הנה באחד שרוצה ללמוד לשורר בכלי זמר, אם הוא לפרנסה מותר אף בימי ספירה דלדידיה אין זה ענין שמחה, ואם הוא להנאתו אסור אף ללמוד דגם זה הוא הנאה ואסור בימי ספירה בעניני שמחה לפי המנהג, עכ״ל. ולכאורה ה״ה מי שפרנסתו הוא לנגן בכלי שיר שמותר, דהא אינו מנגן לשמחה רק לפרנסתו. אמנם עיין בשו״ת זכר שמחה סי׳ סז שנשאל אם מותר לימוד מוזיק לתלמידים מר״ח אב, והוא העתיק דברי הפמ״ג (שהבאנו לקמן) וכתב וז״ל: דהוא (הפמ״ג) איירי במזמר לבית המשתאות שהוא תכלית שמחה שלהם, אבל להתלמד אינו בגדר זה כלל כיון דגם לענין הדין דסי׳ תקנט ס״ג דגזרו שלא לנגן בכלי שיר צריכין אנו להיתר זה, לכן אם יש הפסד ודבר האבד הן מצד התשלומים ההמה הן מצד איבוד זמן הלימוד ההוא נלענ״ד דאין להחמיר, רק בשבוע שחל בו ת״ב עכ״פ יש למנוע, עכ״ל.

ועיין בביאור הלכה סי׳ תקנא ס״ב (ד״ה ממעטים) שהביא מהפמ״ג דמי שפרנסתו ״כלי זמר״ אצל עכו״ם בבית המשתה יראה דכדי פרנסתו שרי, והביא מהדרך החיים דהיינו רק עד ר״ח אבל מר״ח עד התענית אסור. ולכאורה יש לדון אם הפמ״ג עצמו חולק וסובר דמותר עד תשעה באב. וראיתי בשו״ת מהר״ם שיק יו״ד סי׳ שסח בד״ה ולכאורה שהביא דברי הפמ״ג להתיר עד יום ט׳ באב, ועיין בערוך השלחן יו״ד סוף סימן שצא וז״ל: ודע שראיתי למי שכתב שהאבל תוך שלשים מותר לו לנגן בכלי זמר כדי שלא יפסיד פרנסתו, ובודאי כן הוא, שאצלו לא שייך שמחה דבעבידתיה טריד לצורך פרנסתו, עכ״ל. ועיין בשו״ת חלק לוי סי׳ קפד שנשאל בבעל אכסניא שבאים אצלו נכרים להתארח לפרנסתו, אם מותר לו לנגן בכלי שיר בשבוע שחל בו ט׳ באב לשמח הגוים כשהם רוקדים לקול הנגינה. והשיב, שמכיון שאין לו שמחה בשמחת הנכרים וריקודם ושמחתם, מותר לצורך פרנסתו באופן שאין שם מאנשי ביתו. ועיין בספר הליכות בת ישראל (פרק כד הערה יד) שהביא בשם כמה מורי הוראה שמותר למחנכת או מלמד דרדקי לרקוד עם הילדים או הילדות בדרך לימודם כיון דאין זה שמחה, ובלבד שיהיה בצנעא.

B. Exemptions and Exclusions

1. For a *Mitzvah*

When *Tishah B'Av* falls on Shabbos, nailcutting is permitted on *Erev Shabbos* in honor of Shabbos.

A woman is permitted to cut her nails prior to *tevilah*.[40] A *mohel* may cut his nails in preparation for a circumcision.[41]

2. Hygiene and Safety

One is permitted to cut a child's nails for non-cosmetic purposes (e.g., to remove ingrained dirt; to relieve pain caused by overgrown nails,[42] i.e. nails that protrude above the top of one's fingertip level).[43]

IV.
Reciting *Shehecheyanu*/Buying New Items

A. The *Shehecheyanu Berachah*

The blessing בָּרוּךְ אַתָּה ... שֶׁהֶחֱיָנוּ וְקִיְּמָנוּ וְהִגִּיעָנוּ לַזְּמַן הַזֶּה, *Blessed are You ... Who has kept us alive, sustained us, and has allowed us to reach this time*, is recited on certain auspicious occasions that arrive from time to time. Thus, it is recited when a person (i) eats seasonal fruits of a new season for the first time; (ii) wears a new garment of significant value to the wearer; (iii) performs a seasonal *mitzvah*; (iv) derives significant personal benefit from an event; or (v) hears

---

40. מ"ב סי' תקנא כ כתב וז"ל: ולענין נטילת צפרנים יש דיעות בין האחרונים אכן לצורך טבילת מצוה בודאי שרי. ולכן לכבוד שבת כגון שחל ט"ב בשבת שרי בערב שבת ליטול הצפרנים. ואינו מבואר להדיא אם הדיעות באחרונים הוא בכל ג' שבועות או דוקא בשבוע שחל בו. אמנם, פשוט שכוונתו היא דוקא על שבוע שחל בו דהמג"א בס"ק י"א הולך על המחבר שכתב דשבוע שחל בו ת"ב אסורים לספר, וע"ז כתב המג"א דמותר ליטול הצפרנים והט"ז בס"ק יג שחולק על המג"א כתב להדיא דאסור רק בשבוע זו אבל קודם לכן מותר.
41. כף החיים סי' תקנא ס"ק מט.
42. שו"ת ויברך דוד ח"א סי' ע.
43. שו"ת רב פעלים ח"ד סי' כט, ונחמת ישראל פ"ז הערה 136.

unusually good news of personal benefit. If the event or good news benefits other people as well, the blessing ... בָּרוּךְ אַתָּה הַטּוֹב וְהַמֵּטִיב, *Blessed are You ... Who is good [to me] and does good [for others]*, is recited in place of *Shehecheyanu*. This blessing is discussed in paragraph VI, D below.

B. The General Prohibition

It is customary to avoid reciting *Shehecheyanu* during The Three Weeks, because it is not considered appropriate to give thanks that we have been "allowed to reach this time," a time of tragedy and mourning.[44] According to many authorities this restriction does not apply on Shabbos.[45] However, the Arizal ruled that *Shehecheyanu* should not be recited during The Three Weeks, even on Shabbos.[46]

---

44. המחבר בשו״ע סי׳ תקנא סעי׳ יז כתב: טוב ליזהר מלומר שהחיינו בין המצרים על פרי או מלבוש וכו׳. והמג״א בס״ק מב כתב טעם בזה וז״ל: נ״ל כיון דהזמן ההוא זמן פורענות אין לברך שהחיינו לזמן הזה, אבל אין הטעם משום אבילות דהא לא מצינו שאבל אסור לברך שהחיינו, עכ״ל. אמנם במאמר מרדכי ס״ק יב הביא דברי האגודה שהטעם שאין אומרים שהחיינו הוא משום אבילות וצער. ולכאורה לפי טעמו של המג״א יהיה מותר לברך ברכת הטוב והמטיב, דטעמו הוא משום דאין לומר בזמן פורענות ״לזמן הזה״, וטעם זה אין שייך בברכת הטוב והמטיב. והרבה אחרונים כתבו דמותר לברך ברכת הטוב והמטיב בבין המצרים, והם: השערי תשובה סי׳ תקנא ס״ק י בשם היעב״ץ, החיד״א במחזיק ברכה סי׳ תקנא, ומרן זצ״ל באג״מ או״ח ח״ג סי׳ פ, שדי חמד מערכת בין המצרים סי׳ ב אות ג.

אמנם הכף החיים סי׳ קעה ס״ק יא הביא משום הלכות קטנות שלא לברך ברכת הטוב והמטיב דבמקום שהחיינו הוא, אלא שזה ליחיד וזה לרבים. ולכאורה הבעל הלכות קטנות סובר דהטעם דאין מברכים שהחיינו בין המצרים הוא משום השמחה בברכה זו, וא״כ טעם זה שייך גם בברכת הטוב והמטיב. וקצת יש לתמוה על הכף החיים דבסי׳ תקנא כתב דמותר לברך ברכת הטוב והמטיב בבין המצרים, ואולי בסי׳ קעה סתם כדברי הבעל הלכות קטנות.

אמנם הגר״א בביאורו חולק על דין זה וסובר שחומרא יתירה היא שלא לברך שהחיינו בבין המצרים. והערוך השלחן סי׳ תקנא סעי׳ לח כתב ״ומנהגינו לברך שהחיינו עד ר״ח אב״.

45. מג״א סי׳ תקנא ס״ק מב בשם מטה משה בשם ספר חסידים.

46. הובא במג״א סי׳ תקנא ס״ק מב. ויש הרבה פוסקים שסוברים בשיטת האריז״ל, דכשיום י״ז בתמוז חל להיות בשבת ונדחה לאחר השבת שמותר לברך שהחיינו. ועיין בזה בחזון עובדיה (ארבע תעניות) דף קל.

C. Practical Applications, Exemptions and Exclusions

1. New Fruits

In keeping with the custom of not reciting a *Shehecheyanu* during The Three Weeks, one should not eat a new fruit which requires the recital of *Shehecheyanu*. Rather, the fruit should be put aside until Shabbos when *Shehecheyanu* may be recited.[47] However, if the fruit will not last until Shabbos, one may eat it during the week and should recite *Shehecheyanu*.[48]

A sick person or a pregnant woman who craves a particular new fruit on a weekday may eat it, but should not recite *Shehecheyanu*.[49]

One who forgot and recited בּוֹרֵא פְּרִי הָעֵץ on a new fruit on a weekday should recite *Shehecheyanu*.[50]

2. *Bris/Pidyon Haben*/Newborn Girl

Those who customarily recite *Shehecheyanu* at a *bris* may do so during The Three Weeks.[51]

Shehecheyanu should be recited at a *pidyon haben*.[52]

Those who customarily recite *Shehecheyanu* upon seeing their newborn daughter for the first time may do so during the entire Three Weeks.[53]

---

47. מ״ב סי׳ תקנא ס״ק צח.

48. רמ״א סי׳ תקנא סעיף יז ומ״ב ס״ק קא.

49. מ״ב סי׳ תקנא ס״ק צט. ועיין בשו״ת התעררות תשובה או״ח ח״ג סי׳ שמז שכתב הטעם שיאכל בלי לברך שהחיינו דכיון שאין מברכין שהחיינו אלא כשיש שמחה. וכשאוכל הפרי משום החולי א״כ יש לו עגמת נפש ולא שמחה.

50. שערי תשובה סי׳ תקנא ס״ק יח.

51. מאמר מרדכי סי׳ תקנא ס״ק טז.

52. שו״ע סי׳ תקנא סעי׳ יז.

53. פשוט דאי אפשר לברך שהחיינו אח״כ, והרי זה דומה למה שמבואר ברמ״א בסי׳ תקנא סעי׳ יז במי שנזדמן לו פרי ושוב לא יזדמן לו אחר ט׳ באב, שמותר לברך ברכת שהחיינו ולאכול הפרי בימי בין המצרים. וכעין זה כתב היעב״ץ בסידורו שהרואה באלו הימים את חבירו הקרוב אליו שלא ראה אותו ל׳ יום שמברך שהחיינו. ולכאורה ה״ה בציור שלנו, שמי שנוהג לברך שהחיינו על לידת הבת מותר לברך כן כשנולדה לו בת בימי בין המצרים.

3. New Garments

New clothing that require *Shehecheyanu* should not be worn during The Three Weeks. However, clothing of lesser value (e.g., underwear, shoes, socks) that do not require *Shehecheyanu* may be worn.

Nowadays, when most people buy suits and dresses more frequently than in earlier times, they do not feel the same degree of pleasure that their forebears enjoyed when they obtained new clothing. Consequently, many people do not recite *Shehecheyanu* on new garments. Accordingly, many authorities permit buying such clothing until *Rosh Chodesh Av.*[54] However, others rule stringently.[55] In extenuating

---

54. המ״ב בסי׳ תקנא ס״ק מה כתב וז״ל: ובגדים שאינם חשובים כ״כ שאין צריך לברך עליו שהחיינו כגון מנעלים חדשים ואנפלאות וכיו״ב בודאי מותר לקנותו וללובשו, עכ״ל. הרי מבואר מדבריו דעיקר האיסור הוא משום ברכת שהחיינו ולא משום קניית דברים חדשים גרידא. ולכן דבר שאין מברכין שהחיינו בקנייתו אין איסור לקנותו וללובשו בימי בין המצרים ואפי׳ דבר שיש שמחה בקנייתו. וכן מבואר בשו״ת אג״מ או״ח חלק ג סי׳ פ. ועיין בהליכות שלמה פרק יד הלכה א שכתב: איסור כלים ובגדים חדשים בימי בין המצרים אינו אלא על השימוש בהם ומשום ברכת שהחיינו, אבל קנייתם מותרת. והסביר שהרי טעם האיסור מבואר במג״א משום דאין לומר שהחיינו וכו׳ לזמן הזה בימים אלו, ולכן לדידן שאיננו נוהגין לברך שהחיינו על כלים חדשים אלא בשעת השימוש והלבישה, אין לאסור קנייתם, עכ״ל.

ובאמת ידוע שיש נוהגים שלא לברך שהחיינו על בגדים חדשים בכלל. וטעמם, דבסי׳ רכג ס״ו כתב המחבר דעל דבר שאינו חשוב כ״כ כגון חלוק או מנעלים ואנפלאות אין לברך עליהם, ואם הוא עני ושמח בהם יברך. ומ״ב ס״ק כב כתב דה״ה שאר כלים שאין חשובים ואין דרך לשמוח בהם. ובס״ק יג כתב שמברך שהחיינו על כל דבר חדש בין מלבושים ובין כלי תשמיש ושתיה ואכילה וכיוצא בהם, אם הם דברים שלב האדם שמח בהם, עני בראוי לו ועשיר בראוי לו. אכן אם הוא עשיר גדול שאפי׳ כלים יקרים וחשובים אין נחשבים לו ואין שמח בהן לא יברך, עכ״ד. ולכן בזמנינו שאין הרגש שמחה כ״כ בבגדים וכלים חדשים נהגו שלא לברך. והפמ״ג (במש״ז ס״ק ד) כתב לענין בגדים וכלי תשמיש דעתה כמדומה אין נוהגים לברך, וסומכים על מש״כ הרמ״א דרבים מקילים באלו הברכות. ובשו״ע הרב (סדר ברכת הנהנין פרק יב אות ה) כתב דעל שאר תשמיש אדם או כלי כסף וזהב אין נוהגין לברך כלל, לא בקניתם ולא בתשמישם, וכן עיקר וכן בספרים, עכ״ל.

55. השעה״צ בסי׳ תקנא ס״ק מח הביא שיטת האליה רבה שסובר שאין לקנות בגדים חדשים משום שהוא שמחה גדולה. והשעה״צ כתב ע״ז דבאמת אינו יודע טעם הא״ר, דבגמרא לא נזכר כי אם משנכנס אב ממעטים בשמחה ולא קודם, וא״כ מנין לנו שאסור שמחה גדולה [ובאמת בזמנינו טעם זה בלא״ה אינו שייך, דאין לנו שמחה גדולה בקניית בגדים חדשים]. ובאמת יש הרבה פוסקים שסוברים כהא״ר הגם דהמ״ב לא סתם כוותיה,

circumstances one may rely on the lenient view.

4. A New Car

Maran HaGaon Rav Moshe Feinstein, *zt''l*, ruled that if someone other than the owner of a new car (e.g., a spouse, child, etc.) also will benefit from the car, it may be bought before *Rosh Chodesh Av*. Since other people will be having benefit, *Shehecheyanu* is not recited. Rather, that *berachah* is replaced by the *berachah Hatov Vehameitiv* which may be recited during The Three Weeks.

If, however, only the buyer will benefit from the new car, it requires a *Shehecheyanu*; therefore it may not be purchased during The Three Weeks. Nevertheless, one whose livelihood will be adversely affected by the lack of a new car may purchase one, but should not recite *Shehecheyanu*. However, the purchaser may recite a *Shehecheyanu* after *Tishah B'Av*, if he still feels the joy of owning a new car.[56]

5. A New Washing Machine, Dryer, Refrigerator

The halachah concerning these items is the same as that of a new car (paragraph 4 above).

והם: הדרך החיים, קיצור שלחן ערוך סי׳ קכב סעי׳ ב, ועיין בערוך השלחן סעי׳ יח כתב וז״ל: אמנם אנחנו מונעים עצמנו מללבוש בגד חדש חשוב מי״ז בתמוז ואפי׳ בשבת.

56. כ״כ מרן זצ״ל באג״מ או״ח ח״ג סי׳ פ. וטעמו דכיון דמברכין ברכת שהחיינו על מכונית חדשה אסור לקנות אותה בימי בין המצרים. אמנם כבר ידועים דברי הפמ״ג במש״ז סי׳ רכג ס״ק ד שכתב: לענין בגדים וכלי תשמיש דעתה כמדומה אין נוהגים (לברך ברכת שהחיינו) וסומכים על מה שכתב הרב סעיף א בהג״ה, עכ״ל. וכוונתו דהרמ״א כתב דיש שנהגו להקל בברכה זו שאינה חובה אלא רשות, ומזה נתפשט שרבים מקילים באלו הברכות. ולכאורה יהיה מותר לפי זה לקנות מכונית חדשה בבין המצרים כיון שאין העולם מברכים ברכת שהחיינו אפי׳ על דברים חשובים. וכן כתב בספר נטעי גבריאל פרק יז סעיף יג.

אבל נראה לומר דאין טעם זה מספיק להקל לקנות דברים חשובים, דכוונת הפמ״ג רק לומר טעם למה העולם נוהגים להקל בזה אבל באמת היה צריך לברך. וא״כ אפשר לומר דכיון דמעיקר הדין צריכין לברך, זה שהעולם אין מברכין אין זה סיבה להתיר לקנות דברים חשובים כיון דעצם הדבר צריך ברכת שהחיינו ורק מקילים ואין מברכין. וראיתי קובץ מבית לוי (דיני בין המצרים) שכתב וז״ל: ומ״מ כדאי להמנע במדת האפשר מקונים דברים חשובים שראוי לברך עליהם שהחיינו, אף אם הוא אינו מברך, עכ״ל. ולכאורה זהו כסברתינו.

4: ACTIVITIES RESTRICTED DURING THE THREE WEEKS 43

6. A New *Tallis*

A new *tallis gadol* requires *Shehecheyanu*, so it may not be worn for the first time during The Three Weeks.[57] However, one may purchase a *tallis gadol* to which the *tzitzis* have not yet been attached.[58]

One may buy or wear a new *tallis katan* until *Rosh Chodesh Av*.[59]

7. New *Tefillin*

One may buy or wear new *tefillin* during The Three Weeks.[60]

8. Shopping for a New Home

A homeowner may show a house or apartment to a prospective buyer or tenant and, conversely, a prospective buyer or tenant may shop around during The Three Weeks. However, a written agreement should not be signed, unless the buyer fears that someone else may buy or rent the house before him.[61]

9. Moving Into a New Home

One who has nowhere else to live may move into a new home during The Three Weeks; nevertheless, because this is an inauspicious time, some Poskim discourage such a move if any other alternative is available.[62]

---

57. כן כתב מרן זצ״ל באג״מ או״ח ח״ג סי׳ פ. אמנם מרן הגרי״ש אלישיב שליט״א הובא בהליכות והנהגות עמוד 5 כתב שמותר לקנות.

58. מרן הגר״מ פיינשטיין זצ״ל הובא בספר מועדי ישורון עמוד 130.

59. מרן זצ״ל באג״מ או״ח ח״ג סי׳ פ.

60. מרן זצ״ל באג״מ או״ח ח״ג סי׳ פ.

61. מרן הגרש״ז אויערבאך זצ״ל, נדפס בספר מעדני שלמה דף נז, וז״ל: אמר מרן זצ״ל בנוגע לאדם שפירסם מודעה שרוצה למכור דירתו, ומתקשרים אנשים שרצונם לראותה בתשעת הימים, א״צ לדחותם עד אחרי ת״ב, אלא יכולים לבוא ולראות, דאין בראיה זו כלום כיון שאינם קונים את הדירה. אבל עצם הקנין וכתיבת שטרי קנין וכדו׳ כדאי לדחות עד אחרי ת״ב. וכן רשאי הוא עצמו לראות דירות אחרות בזמן זה, אולם ידחה את הקנין עד אחר ת״ב. וכל זה כאשר ליכא חשש שימכרו לאחר, אבל אם יש חשש כזה פשיטא דשרי דומיא למה דמצינו אצל כלה שרשאי לארס אף בעיצומו של יום ת״ב שמא יקדמנו אחר, כמ״ש בשו״ע (תקנא ס״ב) והוא הדין הכא, עכ״ל.

62. בשו״ע בס׳ תקנא מבואר דאם אדם צריך הבית לדירתו מותר לבנות ולקנות אפי׳ בתוך תשעת הימים. אמנם אף על פי כן מצינו בפוסקים שכתבו שבימי הספירה לא

V.
Weddings, Engagements, and Other Parties

A. Weddings

Weddings are prohibited during The Three Weeks,[63] even if no meal will be served.[64] Most authorities rule that the prohibition begins at nightfall preceding the Seventeenth of Tammuz. However, Maran HaGaon R' Moshe Feinstein, *zt''l*, ruled that, in certain urgent situations, a *chuppah* (marriage

---

יעקור אדם דירתו ממקום למקום בשו״ת אבני צדק יו״ד סי׳ מד, ובשו״ת מחזה אברהם (מהדו״ג סוף סי׳ יג).

וראיתי בשו״ת מקדש ישראל (ימי הספירה) סי׳ צז שכתב ביאור הדבר וז״ל: שוב נתתי אל לבי שי״ל שמקור המנהג הוא על פי המקובל מצדיקים דכשנכנס לדירה חדשה יכנס בכי טוב בימים שמסוגלים לסימן טוב, ואמרו חז״ל דשינוי מקום הוא א׳ מן הדברים המשנים את מזלו של האדם (״משנה מקום משנה מזל״), על כן רוצים שיהי׳ זה בכי טוב, וכמו שמקפידין נמי מהאי טעמא ליכנס בימים מסויימים המסוגלים לטובה (כמובא בספ״ק הימים המסומנים לטובה), וממילא שאף במקום מצוה יש מקום למנוע מחמת דלא מסמנא מילתא עשו״ת שבות יעקב (ח״ב סי׳ לב), ועל כן בימים אלו שהן ימי אבילות נמנעין מחמת דלא מסמנא מילתא לטובה. דומה למה שלא נהגו לישא נשים בימי בין המצרים מהאי טעמא משום דלא מסמנא מילתא, כמו שכ׳ הב״י (בסי׳ תקנא). ועשו״ת כפי אהרן (אפשטיין, סי׳ נ״ב) אלא שזה יהא תלוי אם ימי הספירה הם ימי דין או דילמא הם ימי רצון. עי׳ בדברינו לעיל בסימן מה.

או י״ל דטעם הקפידא מטעם שו״ת לבושי מרדכי (מהדו״ק או״ח סי׳ קא) שכ׳ בנוגע ליכנס לדור בדירה חדשה בהט׳ ימים שמעיקר הדין מותר (שרק לבנות בנין להרווחה אסור משום שמסיח דעתו מן האבלות), אלא שיש לאסור מחמת הא דקיי״ל בסי׳ רכג שהנכנס לדור בדירה חדשה מברך ברכת שהחיינו והלא בימי בין המצרים אין לברך שהחיינו כמבואר בשו״ע (סוס״י תקנא), וכמו כן בנוגע ימי הספירה להפוסקים דאין לברך שהחיינו בימי הספירה.

וידידי החוב״ט מוה״ר חיים צבי כהן נ״י העיר שיש לחלק מסברא דדוקא באותה העיר הוא שיש להקפיד שלא ישנה מדירה לדירה חדשה שאז בדרך כלל הולך מדירה קטנה לדירה גדולה ויותר רחבה שזהו שמחה לאדם, משא״כ לעקור דירתו מעירו לעיר אחרת שעל פי רוב סיבה חיצוני קשור בדבר (ואדרבה לפעמים במקום השני עוד יהי׳ לו דירה צרה וקטנה מהראשונה) ואין שמחה בדבר. על כן בכה״ג אין לאסור, ובזה מובן שפיר מעשה רב של כ״ק מרן זי״ע, ואף שמשמעות סי׳ הנ״ל אינו כן, אבל החילוק כשהוא לעצמו חילוק נכון הוא.

עוד י״ל דאף את״ל שאין ליכנס לדור בדירה חדשה דזה דוקא בדירה חדשה השייכה לו, אבל בדירה שכורה שפיר דמי וצ״ע, עכ״ל.

63. בשו״ע סי׳ תקנא סעי׳ ב וברמ״א שם.

64. מ״ב סי׳ תקנא ס״ק טו.

ceremony) may take place on the sixteenth of Tammuz, even if the wedding banquet would not be served until after nightfall.[65] [One should consult a halachic authority before resorting to this leniency.]

B. *Tena'im*/Engagements

An engagement (*shidduch, vort, tenai'm*) may be celebrated with a meal until *Rosh Chodesh Av*.[66]

C. Goodbye Parties; Birthday Parties

One should consult a halachic authority regarding a goodbye party.

Birthday parties should not be made after *Rosh Chodesh Av*.[67]

VI.
Miscellaneous Activities

A. Giving Presents

It is permitted to give presents until *Rosh Chodesh Av*.[68] However, one should not give an expensive gift that would necessitate reciting *Shehecheyanu*.[69]

---

65. נשאל מרן זצ״ל באג״מ באו״ח ח״א סי׳ קסח אם מותר לעשות נישואין באור לי״ז תמוז וכתב דזה תלי׳ במחלוקת הראשונים אם התענית מתחיל בלילה, ולבסוף מסיק דיש להקל. אמנם באו״ח ח״ד סי׳ קיב אות ב כתב דרק לצורך גדול יש להתיר.

ועיין בשו״ת רבבות אפרים ח״א סי׳ שעה שכתב דמרן זצ״ל אמר לו דכוונתו היתה בתשובתו דהא שמותר לעשות נישואין בליל י״ז בתמוז היינו דוקא אם החופה תהיה מבעוד יום והסעודה תהיה בלילה, עי״ש. ומרן הגרי״ש אלישיב שליט״א [בהליכות והנהגות] סי׳ תקנ כתב ג״כ דבליל י״ז בתמוז אין לערוך נישואין, שתחילת בין המצרים מהלילה, ובשעת הדחק אפשר לערוך חופה וקידושין לפני ליל י״ז, ובלילה יהיה מותר לערוך נישואין, ולשמח חתן וכלה בריקודים ומחולות, עכ״ל. וע״ע בזה בספר הלכות ומנהגי בין המצרים פ״א הערה 2.

66. מ״ב סי׳ תקנא ס״ק יט, ובשער הציון שם אות כו, וקובץ מבית לוי עמוד ג.

67. עיין בזה בקונטרס מקדש ישראל דף יג.

68. שערי תשובה סי׳ תקנא ס״ק י.

69. עיין בכל זה בציון 56.

B. Swimming

Swimming is permitted until *Rosh Chodesh Av*. However, one should avoid very deep water.[70]

C. Disciplining Children

One should not strike one's child or student during The Three Weeks even lightly.[71] Other Poskim are lenient regarding this halachah.[72]

D. The *Berachah Hatov Vehameitiv* (הַטּוֹב וְהַמֵּטִיב)

See paragraph IV, A above. It is permitted to recite the *berachah hatov vehameitiv* during The Three Weeks.[73]

---

70. קובץ מבית לוי עמוד ח. ואומרים העולם שאם לא הלך לשוט קודם בין המצרים שלא ילך בפעם הראשונה בבין המצרים. וראיתי שמביאים ראיה לזה ממה דאיתא בספר מנהג טוב (לחד מקמאי) שמנהג טוב שלא ליהנות מדבר חדש שלא נהנה ממנו באותה שנה. ובמקור חיים סי׳ תקנא ס״ד כתב דנמנעין מלרחוץ בנהרות מפני הסכנה. וראיתי בספר אבילות החורבן דף 133 שהביא מאחד מגדולי ההוראה בירושלים שסבור שבימי בין המצרים אין ללכת לים, אלא למי שכבר הלך באותה שנה ג׳ פעמים לפני כן, שאז אין התענוג גדול. והביא שם משו״ת רבבות אפרים שאין לחדש גזירות מעצמנו. וראיתי בספר בין המצרים דף לד שכתב סברא בזה וז״ל: ונראה דוודאי אין האיסור משום תענוג עצמו דלא מצינו איסור תענוג בימים אלו. אלא בשכבר הלכו כמה פעמים קודם לכן הוי בכלל דשו בה רבים ושומר פתאים השם, אבל להתחיל לילך בבין המצרים אינו נכון מפני הסכנה. וסברת התענוג הוא צירוף, דמה״ט אין ראוי לילך למקום חשש ספק סכנה שהשטן מקטרג רק כשכבר רגיל לילך מקודם, עכ״ל.

71. שו״ע סי׳ תקנא סעי׳ יח. וגם הורים נכללים בזה, כדאיתא בלבוש ס׳ תקנא סעי׳ א. והפמ״ג במשב״ז ס״ק יח כתב דיש ליזהר מד׳ שעות עד ט׳ שעות.

72. בא״א מבוטשאטש סי׳ תקנא כתב בזה: ונראה שהקפידא דוקא בהכאה במקום סכנה נגד איברים הפנימים ממש, ומ״מ ברצועה דוקא כי ביד אפשר לפלס נתיב לאפו, ולזה ראינו שאין העולם מקפידין בזה עכשיו ולית דחש בזה כיון שנהגי להכות במקום שאין סכנה, עכ״ל. ובספר דעת תורה כתב שמצא בכתבי דעת קדושים (הוא אותו המחבר של א״א מבוטשאטש) דכל האיסור להכות הוא דוקא בחדר שאין בו מזוזה, אבל במקום שיש בו מזוזה הוי המזוזה שמירה ואין מזיק ההכאה, עכ״ד. אבל המעיין שם יראה דלא קאי מש״כ בבית שיש בו מזוזה על הכאה ברצועה, רק על הליכה יחידי.

73. סידור יעב״ץ שער החמישי דיני בין המצרים אות ט, שדי חמד מערכת בין המצרים סי׳ ב אות ג, ושו״ת אג״מ או״ח סי׳ פ. אמנם הכף החיים בסי׳ קעה ס״ק יא הביא משו״ת הלכות קטנות שאין מברכין ועיין הערה 44 בזה.

4: ACTIVITIES RESTRICTED DURING THE THREE WEEKS

E. House Decorating

Even though painting, wallpapering, and the like are permitted until *Rosh Chodesh Av*, it is preferable to refrain from these activities the entire Three Weeks.[74]

F. Surgery

Non-emergency surgery should be avoided during The Three Weeks.[75]

---

74. בקובץ מבית לוי עמוד ח כתב דסיוד הבית עד ר"ח אב מותר, וטוב אם יעשה קודם י"ז בתמוז.

75. קובץ מבית לוי עמוד יא הלכה ח.

5 / ACTIVITIES RESTRICTED DURING THE NINE DAYS

The following activities are restricted (some partially, some completely) during the Nine Days:
I. Eating Meat or Drinking Wine
II. Purchasing New Items
III. Making and Repairing Garments
IV. Laundering and Cleaning Clothing
V. Wearing New or Laundered Clothing
VI. Bathing and Swimming
VII. Building, Decorating, and Related Activities
VIII. Wearing Shabbos Clothing

I.
Eating Meat or Drinking Wine During the Nine Days

A. Reason for Prohibition

According to the Talmud, the prohibition against eating meat (including fowl) or drinking wine applies only to the last meal that one eats before the fast of *Tishah B'Av*. This meal is called *seudah hamafsekes* (the meal that separates). Nevertheless, it is our centuries-old custom to refrain from eating meat or drinking wine from *Rosh Chodesh Av* until after *Tishah B'Av*.[1] One who eats meat or drinks wine during that period is in violation of a prohibition comparable to a vow.[2]

---

1. הרשב״א בתשובות ח״א סי׳ שו כתב וז״ל: וכבר נהגו רבותינו נוחי הנפש שלא לאכול בשר משנכנס אב, ואע״פ שאין כאן איסור מדין התלמוד עד סעודה המפסקת, מ״מ מי שאוכל בשר בכל המקומות שנהגו בו איסור הרי הוא פורץ גדר של הראשונים ופורץ גדר ישכנו נחש, עכ״ל. וכן פסק המחבר בסי׳ תקנא סעי׳ ט.

2. ערוך השלחן סי׳ תקנא סעי׳ כג.

Moreover, one who disregards this custom demonstrates a lack of concern about the Temple that lies in ruins.

The Poskim offers two reasons for this prohibition:

1. Both eating and drinking wine are pleasurable — and, to a degree — self-indulgent activities that are inappropriate for the intense national nine-day mourning period.[3]

2. The Gemara (*Bava Basra* 60b) states: When the Second Temple was destroyed, many Jews adopted ascetic mourning practices. They would not eat meat or drink wine. R' Yehoshua engaged them [in conversation], "My sons, why do you not eat meat or drink wine?" They replied, "Shall we then eat meat, which used to be brought as offerings on the *Mizbei'ach*, when those offerings have ceased? Shall we then drink wine, which used to be poured as libations on the *Mizbei'ach*, when those libations have ceased?" R' Yehoshua responded, "We do not impose a decree upon the public unless the majority of the public is able to comply with that decree" (*Bava Basra* 60b).

Now, being that the majority of people would be unable to refrain from eating meat and drinking wine throughout the year, the Rabbanim would not promulgate such a prohibition. However, most people will not find a nine-day period of abstinence too difficult to handle. Thus, the Rabbanim promulgated the custom of refraining from meat and wine from *Rosh Chodesh Av* until after the fast, in order to remember and to mourn over the animal offerings and wine libations that ceased with the destruction of the Temple.[4]

B. When Does the Prohibition Begin?

The prohibition begins with sunset preceding *Rosh Chodesh Av*.[5] One who began eating or drinking wine before

---

3. ערוך השלחן סי' תקנא סעי' כג.

4. ביאור הגר"א סי' תקנא סעי' ט.

5. מ"ב סי' תקנא ס"ק נח וז"ל: ור"ח בכלל וכן המנהג במדינותינו, עכ"ל. והגאון בעל שואל ומשיב בספרו יוסף דעת (יו"ד סי' שמא דף רסד ע"ג) כתב להוכיח מהגמרא דאסור מר"ח, דאיתא במסכת תענית דף כט: דרבי מאיר סבר אסור לספר ולכבס מיום

sunset must stop at sunset, even in the middle of a meal.[6]

One who recites *Maariv* before sunset on the evening before *Rosh Chodesh Av* may not eat meat or drink wine after *Maariv*, even though the sun has not yet set.[7]

C. When Does the Prohibition End?

It is customary not to eat meat or drink wine until halachic noon (i.e., halfway between sunrise and sunset) on the tenth of Av. However, if a *seudas mitzvah* is held before noon, all invited guests may eat meat and drink wine.[8]

D. Children

All authorities agree that a healthy child who has reached the age of *chinuch* regarding mourning (i.e., 7 or 8) is not permitted to eat meat or drink wine,[9] and all agree that a

---

ר״ח עד התענית, שנאמר והשבתי כל משושה חגה חדשה ושבתה, וקי״ל אין שמחה אלא בבשר, וסתם אמרו משנכנס אב ממעטין בשמחה, עכד״ת. וראיתי שמביאים משו״ת מצפה אריה תניינא סי׳ יב שכתב על דברי השואל ומשיב שהם דברי תימה, דהא מדינא דהש״ס אין איסור באכילת בשר כלל אלא בסעודה המפסקת, ואיך כתב דיש סמך לזה מהש״ס.

אבל יש באחרונים שנהגו בכמה מקומות לאכול בשר בר״ח (בעיקר במקומות ספרד), דעיין בשיורי כנה״ג (סי׳ תקנא ס״ק כז) שכתב שאע״פ שהמהרי״ל כתב להחמיר מ״מ המנהג פשוט בקושטא לאכול בשר ולשתות יין בר״ח אב, אף שנוהגים להמנע מהם מר״ח ואילך, ומכח הסברא נראה שאין ראוי להחמיר בר״ח. וכ״כ החיד״א במורה באצבע (אות רלג) שאנו נהגנו לאכול בשר לכבוד ר״ח, וכ״כ בספר בן איש חי פרשת דברים אות טו.

ובספר דרכי חיים ושלום (אות תרסו) כתב דהנוהג בכל השנה לעשות סעודה בר״ח לדידיה נחשב סעודת מצוה ומותר אף בר״ח זה לאכול בה בשר. ובספר נזירות שמשון סי׳ תקנא כתב שנהגו איסור אף בר״ח ואפי׳ סעודת מצוה, מפני שמת בו אהרן הכהן, ויש שמתענים כדאיתא בסי׳ תקפ.

6. קובץ הלכות לימי בין המצרים פסקי הלכות פ״ב אות קיח.

7. מגן אברהם סי׳ תקנא ס״ק כו.

8. בשו״ע סי׳ תקנח כתב המחבר: בת״ב לעת ערב הציתו אש בהיכל ונשרף עד שקיעת החמה ביום עשירי, מפני כך מנהג כשר שלא לאכול בשר ושלא לשתות יין בליל עשירי ויום עשירי. והוסיף הרמ״א דיש מחמירין שלא לאכול עד חצות היום ולא יותר. והמ״ב בס״ק ב כתב ופשוט דבסעודת מצוה מותרים כל הקרואים לאכול בשר אפי׳ איננו קרובו וכו׳.

9. זה פשוט דקטנים שהגיעו לחינוך באבילות אסורים לאכול בשר ולשתות יין.

child younger than 3 is exempt from the prohibition.[10] Some authorities exempt a child between the ages of 3 and 7; the *Mishnah Berurah*, however, does not.[11]

---

10. השערים מצויינים בהלכה הובא בשו״ת רבבות אפרים ח״א סי׳ שעא ובספר קרא עלי מועד דף מ הערה י בשם הגר״ש וואזנער שליט״א כתבו דבקטנים עד גיל שנתיים אין מנהג זה נוהג לכל השיטות, אפילו לפי שיטת הדגול מרבבה הובא בציון 11, ועי״ש שהסביר דבריו וז״ל: ונראה לי דטעמו משום דהרמ״א כתב בסי׳ שכח סעי׳ יז לענין שבת דסתם צרכי קטן כחולה שאין בו סכנה דמי, ודעת הגאון הנ״ל דהיינו עד גיל שנתיים או שלש, וכבר נתבאר דלחולה קצת אין מנהג להחמיר בבשר ויין אחרי ר״ח, לכן דעתו להקל בזה לגמרי. אולם י״א דלענין שבת קטן נקרא עד בן שש וי״א עד תשע, ואפ״ה מבואר כאן במ״ב דקטן הבריא אסור בבשר ויין. וצריך לומר הטעם משום דמיירי שאין לו צורך לאכול בשר אבל במקום הצורך יש להקל. ועיין בשו״ת שבט הלוי חלק ו סי׳ עב דאם יש צורך אפשר להקל. ועיין באז נדברו ח״ז סי׳ סא שדעתו דבעת הצורך אפשר להאכיל לקטן פחות מבן ט׳ בשר עוף בלא שום פקפוק. וע״ע בזה בשו״ת דברי יציב או״ח ח״ב סי׳ רלח.

11. המג״א בסי׳ תקנא ס״ק לא כתב על דברי הרמ״א דנותנים לתינוק לשתות יין של הבדלה וז״ל: משמע דמותר ליתן לתינוק בשר ויין בשבת זו דמעיקרא לא נהגו איסור להחמיר בתינוק, ודוקא בתינוק שאינו יודע להתאבל על ירושלים, עכ״ל.

הרי מבואר מדברי המג״א דמותר לקטן שלא הגיע לחינוך לאכול בשר ולשתות יין. וכדבריו פסק המקור חיים סי׳ תקנא סעי׳ י, והחיי אדם כלל קלג סעי׳ טז. אמנם הדגול מרבבה חולק על המג״א וז״ל: מהרמ״א סי׳ תקנא סעי׳ ט משמע דגם לקטנים אסרו לאכול בשר דאם לא כן למה סתם וכתב שמצניעין סכין של שחיטה, ולא כהמג״א בס״ק לא, עכ״ל. וכדברי הדגול מרבבה פסקו הא״ר ס״ק כד והמ״ב בס״ק ע, והערוך השלחן ס״ק כו, והאג״מ באו״ח ח״ד סי׳ כא ס״ק ד. ועיין בא״ר שכתב דטעמו דהך איסור דומה להא דאסור לגדול לספר לבניו. ועיין במ״ב בס״ק פא שהסביר הך איסור בתרי טעמי, או משום אבילות או משום עגמת נפש. ובשעה״צ בס״ק צא כתב ונפ״מ בין הטעמים למי שהוא פחות משש שנים דלא הגיע עדיין לחינוך ומשום עגמת נפש אסור. עכ״פ כל הני פוסקים שאסרו לגדול להאכיל לקטן שלא הגיע לחינוך ע״כ נקטו דטעם האיסור משום עגמת נפש (ר״ל כדי שיהיה עגמת נפש לגדול).

ועיין בשו״ת אור לציון ח״א סי׳ לח שכתב לתמוה על המשנה ברורה שפסק להחמיר כדברי הדגמ״ר והניח דעת המג״א שהוא גדול האחרונים, בדבר שאין איסורו אלא מחמת מנהג. ואע״פ שהרמ״א בהג״ה כתב שנהגו להצניע הסכין של השחיטה מר״ח אב ואילך, י״ל דהיינו משום דאין דרך לשחוט ולבשל במיוחד לצורך הקטנים, כל שהגדולים אינם אוכלים. ומ״מ לענין הלכה נראה שאין לאסור בשר לקטנים בני עדות הספרדים. ורק לאשכנזים אפשר שאחר המג״א החמיר בזה לקטנים היודעים להתאבל על החורבן, אפשר שנהגו אח״כ כמותו, אבל לדידן (הספרדים) שלא מצינו למי שכתב שנהגו להצניע הסכין, וגם לא מצאנו למי שכתב שנהגו לאסור אכילת בשר גם לקטנים, לכן נראה דלדידן גם קטן שהגיע לחינוך ויודע ענין אבילות מותר להאכילו בשר, שכל שיש ספק במנהג יש להעמידו על עיקר הדין.

וראיתי בשו״ת התעוררות תשובה ח״ב סי׳ קעב שכתב, שאף שלכתחילה אין לתת לקטן שהגיע לחינוך לאכול בשר בימים אלה, מ״מ אם אוכל בעצמו אין צריך להפרישו,

A frail child who would benefit from eating meat may do so, regardless of age.[12]

E. Prohibited Foods

1. Meat, Fowl

The meat of an animal (e.g., beef, lamb) or fowl (e.g., chicken, turkey [all references to chicken that follow include turkey, duck, etc.]) or food that was cooked with meat or chicken are included in the prohibition.

Pareve food cooked in a clean meat pot is not included in the prohibition, even if the pot had been used for meat within the previous twenty-four hours.[13]

2. Wine, Grape Juice

Wine[14] and grape juice [15] are forbidden. Diluted wine or grape juice that retains its flavor is prohibited, even if it has been diluted to the point that the *berachah* בּוֹרֵא פְּרִי הַגָּפֶן can no longer be recited over it.[16] Beer[17] and other non-grape alcoholic beverages[18] are not included in the prohibition.

3. Cooking or Baking With Wine

One may not cook a dish with wine if the wine enhances the dish. However, it is permitted to add wine to a dough even though the wine enhances the dough.[19]

אע״פ שהגיע לחינוך, כיון שאין איסור על הבשר עצמו ורק הזמן גורם למניעתו, ובזה לא שייך מצות חינוך עכ״ד. ובפנים כתבנו כדברי המ״ב.

12. עיין ציון 10. ועיין בקונטרס שיעורי הלכה דף כא שהביא השאלה אם מותר ליתן לקטן מאכלי בשר שנשארו להם מלפני ר״ח.

13. שו״ע סי׳ תקנא סעיף ט־י ומ״ב סי׳ תקנא ס״ק סג.

14. שו״ע סי׳ תקנא סעי׳ י׳.

15. מרן הגר״מ פיינשטיין זצ״ל, הובא בספר מועדי ישורון עמוד 130.

16. שערי תשובה סי׳ תקנא ס״ק יא, ועי״ש שהקיל לאדם חלוש.

17. רמ״א סי׳ תקנא סעי׳ יא.

18. שו״ת אור נעלם סי׳ ח.

19. בנוגע לתבשיל שיש בו תערובות יין אם מותר לאכול בתשעת הימים עיין בט״ז סי׳ תקנא ס״ק יט שמתיר, כמו ששנינו בנדרים דף נב הנודר מן היין מותר בתשביל שיש

4. Grape-Juice Ices

Ices made from wine or grape juice are prohibited.[20]

F. Exclusions and Exemptions

1. A Mistake

One who forgot the prohibition and mistakenly recited a *berachah* over meat or wine should taste or sip a tiny amount in order that the *berachah* not be in vain.[21]

2. The Sick

A sick person (even a *choleh she'ein bo sakanah,* i.e., one whose malady is not life threatening) may eat meat until the *seudah hamafsekes.*[22]

3. Limited Diet

A healthy person who is unable to eat dairy foods may eat

בו טעם יין, וכן כתב בביאור הגר״א בסעי׳ ט דיש לדמותו לנדרים. אך המג״א בס״ק כט כתב דהאידנא דנהוג עלמא איסור אפי׳ בתבשיל של בשר, וכתבו האחרונים דה״ה דאסור בתבשיל שיש בו תערובות יין (א״ר סי׳ תקנא ס״ק כב, מקור חיים סי׳ תקנא בגדי ישע סי׳ תקנא, ובשו״ת שבט הלוי ח״ט סי׳ קלב).

אמנם בעוגה או דבר מאפה שנילוש עם יין או מיץ ענבים מותר לאכלו בתנאי שלא ניכר בעוגה טעם היין, הגם שהוא משפר הטעם. וכן סובר הגרי״ש אלישיב שליט״א הובא בספר הלכות ומנהגי בין המצרים דף עט, וכ״כ בספר קרא עלי מועד דף לט בשם הגר״נ קרליץ שליט״א. וע״ע בזה בשו״ת תשובות והנהגות ח״ב סי׳ רנט.

20. שו״ת מקדש ישראל פ״ב הלכה קכ־ב.

21. שדי חמד פאת השדה בין המצרים סי׳ א אות ד.

22. הרמ״א בסי׳ תקנא סעי׳ ט כתב שאין שוחטים כי אם לצורך מצוה כגון לחולה או שבת או מילה, עכ״ל. והרמ״א לא כתב באיזה חולה מיירי. אמנם המ״ב בס״ק סא כתב אפי׳ חולה קצת. ולא כתב חילוק בין בשר בהמה לבשר עוף, ומשמע מדבריו דאפי׳ בשר בהמה מותר לחולה במקצת לאכול. וכדבריו כתב המקור חיים בס׳ תקנא שאפי׳ לחולה כל דהו מותר לאכול בשר, וכן פסק בשו״ת שבות יעקב ח״א סי׳ כז. והיעב״ץ בסידרו (עמוד ריד) התיר יותר מזה, שכתב אודות תלמיד חכם שנתארח בבית בעל הבית ומשום חולשא דאורחא צריך הוא לאכול בשר, שמותר לבעל הבית לאכול עמו בשר ולשתות יין, שאין לך סעודת מצוה גדולה מזו, עי״ש.

וראיתי בכמה פוסקים דאם אפשר להחולה להסתפק בבשר עוף עדיף טפי. ומה שכתבנו שמותר עד סעודה המפסקת עיין בזה הלכות ומנהגי בין המצרים פרק ד הלכה מו.

chicken,[23] but not on the seventh or eighth of Av.[24]

4. During Pregnancy

A pregnant woman may eat chicken if necessary.[25] However, if possible she should not do so on the seventh or eighth of Av.[26]

5. Nursing Mothers; Postpartum; Miscarriage

A nursing mother may eat chicken or meat until the *seudah hamafsekes* if refraining will be detrimental to her milk.[27]

During the first thirty days after childbirth, a woman may eat meat. However, if she does not feel weak, she should not do so on the seventh or eighth of Av.[28]

A woman who has miscarried should consult a halachic authority.

6. *Seudas Mitzvah*

Meat and wine are permitted at a *seudas mitzvah*.[29] The

---

23. המ״ב בסי׳ תקנא ס״ק סד כתב וז״ל: ומכל מקום מי שאי אפשר לו לאכול מאכלי חלב מותר לו לאכול בשר עוף או בשר מלוח ג׳ ימים. ומה שכתב המ״ב דכדי לאכול בשר בהמה בעינן מליח ג׳ ימים אינו ברור כ״כ, ועיין בזה סי׳ בספר הלכות ומנהגי בין המצרים פ״ד, הערה 64.

24. מ״ב סי׳ תקנא ס״ק סא.

25. ערוך השלחן סעי׳ כו, וכתב שם דאם אי אפשר בבשר עוף מותרת לאכול בשר בהמה.

26. מ״ב סי׳ תקנא ס״ק סא.

27. מ״ב סי׳ תקנא ס״ק סד. ומה שכתבנו שמותר עד סעודה המפסקת עיין הלכות ומנהגי בין המצרים פרק ד׳ הלכה מו.

28. המג״א בסי׳ תקנד ס״ק ט כתב: נוהגות קצת יולדות למנוע מבשר ויין מז׳ באב ואילך, ונכון, שבאותו היום נכנסו העכו״ם להיכל, עכ״ל. ועיין בא״א (מבוטשאטש) שכתב וז״ל: מ״ש בסי׳ תקנד באו״ח סתם שיולדות נמנעות מלאכול בשר מז׳ באב והלאה, ולא נתפרש הגבול, ומשורת הלכה עד ל׳ הו״ל יולדות גם לגבי הלכה קבועה בסי׳ תקנד וכל שכן בזה. אך כיון שהן נוהגות להחמיר על עצמם כל שלא עמדו ממה שקורין קינדבעט, עד השבת ההוא ודאי בכלל יולדת היא, וגם אחר כך כל שעושים שאלה בזה מסתמא לא הובראה כל כך, וכל שכן שנוהגות לאכול רק עוף ובעוף יש להקל לגמרי. אך כשאוכלת של בהמה ואין עוף מצוי להן כל כך גם כן יש להתיר עד ל׳, וכל שעושות שאלה ועד שעומדת כנ״ל יש להקל ביותר בזה, עכ״ל.

29. הרמ״א בסי׳ תקנא סעי׳ י כתב: ובסעודת מצוה, כגון מילה ופדיון הבן וסיום מסכת

number of people who may partake is dependent upon the date of the *seudas mitzvah*.

Until the week of *Tishah B'Av*, anyone who would normally be invited to the *seudas mitzvah* (e.g., relatives and friends) may be invited and may partake of meat and wine.[30]

During the week of *Tishah B'Av*, the celebrant, his close family (i.e., relatives who are not permitted to testify in court on his behalf), and a maximum of ten other men may partake of meat and wine. Other guests may participate in the meal, but may not eat meat or drink wine.[31]

On *Erev Tishah B'Av* the meal must begin before halachic noon and preferably be finished before noon.[32]

The exemption for a *seudas mitzvah* includes four celebrations:
a. *bris*
b. *pidyon haben*
c. *siyum*
d. *bar mitzvah*

a. Bris

i. Wine for the Berachos at the Bris

At a *bris*, a *berachah* is recited over a cup of wine. Usually, the one who recites the *berachah* drinks the wine. During the Nine Days it is preferable that a child (below 7 or 8) drink the wine. If no such child is present then the mother, the father or

וסעודת אירוסין, אוכלים בשר ושותין יין.

30. הרמ״א שם כתב "כל השייכים לסעודה, אבל יש לצמצם שלא להוסיף" (ר״ל המותרין לאכול בשר ולשתות יין). והמ״ב בס״ק עה כתב וז״ל: היינו כל מי שהיה הולך בזמן אחר לסעודה זו, הן מחמת קורבה או מחמת שהוא אוהבו, ונשים השייכות לסעודה במקום שדרך לזמנן לסעודה ג״כ מותרין ע״כ. ובס״ק עו כתב ע״ד הרמ״א שלא להוסיף וז״ל: היינו מי שלא בא מחמת קורבה או אהבת רעים רק לאכול ולשתות, ועבירה הוא בידו.

31. הרמ״א שם כתב: ובשבוע שחל ת״ב בתוכה אין לאכול בשר ולשתות יין רק מנין מצומצם. והמ״ב בס״ק עז כתב וז״ל: היינו מלבד הקרובים הפסולים לעדות, ומלבד הבעלי מצוה מותר להוסיף עשרה משום ריעות, והשאר אוכלים מאכלי חלב, עכ״ל. ובשעה״צ ס״ק פט כתב דאם נמשך הסעודה לאחר חצות אין כאן בית מיחוש, רק שלא יהיה יותר מעשרה, ואפשר דוקא לאלו הלומדים בעצמם.

32. מ״ב סי׳ תקנא ס״ק עח.

the *mohel* should drink the wine.[33]

ii. Meat and Wine at the Meal

The meal eaten in honor of a *bris* is considered a *seudas mitzvah.* Therefore it is permitted to serve meat and wine at the meal, but only within the parameters delineated in the opening paragraphs of this section (F.6). This is true even if the *bris* was delayed and was performed after the eighth day.[34] Some authorities rule that permission to serve meat at a *bris* applies only to someone who usually serves meat at a *bris;* one who does not usually serve meat at a *bris,* yet wants to do so now in order to circumvent the Nine Days' prohibition, is not permitted to serve meat.[35]

Some families customarily serve a *seudah* on the night before a *bris* (*Vachnacht*). Meat and wine are not permitted at that *seudah.*[36]

iii. Wine for *Bircas Hamazon*

It is permitted to recite *Bircas Hamazon* over a cup of wine. Moreover, it is permitted to drink from the wine.[37]

b. *Pidyon Haben*

As mentioned above a *pidyon haben* is considered a *seudas mitzvah* and one is permitted to serve meat and wine at the

---

33. כמו שכתב הרמ״א בסי׳ תקנא סעי׳ י לגבי כוס הבדלה ה״ה בכוס של מילה דצריך לכתחילה לתת לקטן לשתות. ועיין בספר אוצר הברית (ח״א עמוד ר״צ) שהביא מהגרי״ש אלישיב שליט״א דכיון דכוס של מילה אינו מדינא דגמרא ולא בא אלא בשביל כבוד הברכה אין דינו כיין של מצוה, ולכן מדינא צריך ליתן לתינוק. ועכ״פ יתן להיולדת או לבעלי הברית ולא ישתה המברך בעצמו.

34. שערי תשובה סי׳ תקנא ס״ק טו.

35. שו״ת התעוררות תשובה או״ח ח״ג סי׳ שמג. מ״מ מסתבר דמי שבשאר ימות השנה אינו אוכל בשר בהשתתפו בסעודת ברית מילה משום שרוצה לשתות קאווע וכדומה, שמ״מ מותר לו לאכול בשר בסעודת ברית בימים הללו.

36. מ״ב סי׳ תקנא ס״ק סב בשם היד אפרים. ויש פוסקים שמקילין מר״ח אב עד שבוע שחל בו ת״ב (ספר החיים בהשמטות לסי׳ תקנא), בשו״ת שבות יעקב ח״ג סי׳ לו הובא בשע״ת ס״ק כח, דמותר רק באחד, או בבשר או ביין.

37. מ״ב סי׳ תקנא ס״ק עב.

meal,[38] even if the *pidyon haben* is not in its proper time.[39]

It is permitted to recite *Bircas Hamazon* over a cup of wine. Moreover, it is permitted to drink from the wine.

c. *Siyum*

i. What Is Considered a Valid *Siyum*

A *siyum* is celebrated upon the completion of the study of certain sacred volumes. The meal served in conjunction with a *siyum* is a *seudas mitzvah* at which meat and wine may be served. A *siyum* is made at the completion of any one of the following:

A tractate of either *Talmud Bavli*[40] or *Talmud Yerushalmi;*[41]any of the six *Sedarim* (Orders) of the *Mishnah* (some authorities permit even less than a full *Seder*, see footnote);[42] any of the twenty-four Books of the *Tanach* that has been studied in depth;[43] any of the four volumes of the

---

38. רמ״א סי׳ תקנא סעי׳ י.

39. שערי תשובה ס׳ תקנא ס״ק טו.

40. מקור לדין זה הוא במסכת שבת דף קיח: דאמר אביי תיתי לי דכי חזינא צורבא מרבנן דשלים מסכתא עבידנא יומא טבא לרבנן.

ואפי׳ אם למד המסכתא שלא כסידרה נמי חשוב סיום מסכת (שו״ת בצל החכמה ח״ב סי׳ כח, שו״ת מנחת יצחק ח״ב סי׳ צג). ויש דיון בפוסקים אם סיום על מסכת ממסכתות קטנות, כגון מסכת כלה וכדומה אם זה נחשב סיום. ועיין בשו״ת האלף לך שלמה או״ח סי׳ שפו דנחשב סיום רק אם עומד שם דרך לימודו, אבל כשלומד מסכת קטנה בכוונה כדי שיעשה סיום לא נחשב סיום במסכתות קטנות. וע״ע בזה בשו״ת בית ישראל ח״א או״ח סי׳ מז, ובשו״ת בית אבי ח״ב סי׳ נב.

41. סידור פסח כהלכתו פרק יד סעי׳ ו.

42. בדין זה כמה משניות צריכין ללמוד כדי לעשות סיום אינו ברור כ״כ בפוסקים. בספר מועדי ישרון דף 132 הביא בשם מרן הגר״מ פיינשטיין זצ״ל דעל ג׳ מסכתות כבר אפשר לעשות סיום. ויש כמה פוסקים שסוברים שאפי׳ על מסכת אחת יכולים לעשות סיום אם למדו עם הרע״ב ותוספות יו״ט (וכמובן היינו דוקא אם בשאר ימות השנה הוא עושה סעודה בבשר ויין בשביל לימוד מסכת אחת). ויש שכתבו שבבדי לעשות סיום על משניות יש ללמוד סדר שלם (שו״ת פני מבין או״ח סי׳ קג, שו״ת בצל החכמה ח״ד סי׳ צט, הגר״י קמינצקי זצ״ל הובא בספר אמת ליעקב עמוד רכה הערה 511).

ולמעשה מקובל להורות דלא מהני סיום על לימוד מסכת אחת של משניות, רק כשמסיים סדר שלם. אמנם ראיתי בשו״ת מקדש ישראל סי׳ קמא דלגבי קטן מהני סיום מסכתא אחת של משניות.

43. בשו״ת אג״מ או״ח ח״א סי׳ קנז כתב וז״ל: וא״כ ודאי יש ללמוד מזה שגם לימוד

Shulchan Aruch.[44]

The celebrant of a *siyum* must understand to some degree what he has studied.[45] It is questionable whether a meal served after one has completed a course of study by merely listening to a prerecorded lecture qualifies for this exemption.[46]

The *siyum* celebrated by a child who has completed one of the above-mentioned volumes, and who understands what he has studied, qualifies for this exemption. Even adults may eat meat at his *siyum.*[47]

Meat and wine may not be served at a collective *siyum;* i.e., a *siyum* celebrated after each person of a group studied a different section of the same *sefer.* Even though every word of the *sefer* was studied, no one individual studied the entire volume.[48]

מקרא בחבורה שנמשך איזה זמן שלא גרע מכל מצוה שיש לעשות שמחה ומשתה והיא נחשבת סעודת מצוה כשגומרין איזה ספר כשלמדו בעיון. אבל פשוט שהוא רק כשלמדו כפי פירוש אמת שהוא כאחד מפירושי רבותינו הראשונים, ולא בפירושים מאנשים דעלמא שרובן בדואים ואינם אמת, והרבה יש גם כעין מגלה פנים שלא כהלכה, עכ״ל. וע״ע באג״מ או״ח ח״ב סי׳ יב.

44. שו״ת בית אבי ח״ב סי׳ נב. ועיין בספר מנהגי קול אריה (תולדות אות לג) משם בעל לבושי מרדכי משם הגר״א שכתב להגיה בדברי הרמ״א סעי׳ י שכתב דמותר לאכול בשר בסעודת סיום מסכת וסעודת אירוסין דזהו טעות הדפוס וצריך לכתוב ״ספרים אחרים״. וטעמו משום דיש סתירה, דאיך כתב הרמ״א דמותר לשתות בשר בסעודת אירוסין, הא המחבר פסק בסעי׳ ב דאין עושין סעודת אירוסין בכלל בימים הללו, ואם הגירסא הוא ״ספרים אחרים״ אין כאן סתירה, והביא שם דהקול אריה עשה סיום בהט׳ ימים על ספר עשרה מאמרות.

45. שו״ת אפרקסתא דעניא ח״א סי׳ קנד אות ג.

46. עיין בספר שו״ת מקדש ישראל בקובץ הלכות לימי בין המצרים (פסקי הלכות פרק ב הלכה קמד שכתב ובנוגע לעשות סיום על שיעור שלמד בשמיעה מן טעי״פ תלוי אם יוצא מצות ת״ת בהרהור הלב, ואולי דלכו״ע (אף דלמ״ד דיוצא מצות ת״ת בהרהור) לא מהני לענין זה, שיש לומר דשמחה לאיש במענה ״פיו״ (משלי טו:כג) דייקא, עכ״ל.

47. שו״ת בצל החכמה ח״ד סי׳ ק.

48. שו״ת ויברך דוד ח״א סי׳ כד בהגה שם כתב וז״ל: אמנם נראה דהא דסעודת סיום חשוב סעודת מצוה וכן הא דאין אומרים תחנון, היינו כשאדם אחד סיים מסכת כולו, אבל מה שנהוג כעת לחלוק מסכת אחת בין כמה אנשים ובצירוף כולם מסיימים, אף שבודאי ענין גדול הוא, מ״מ אינו נכנס בגדר הנ״ל, שלאו שמחה גדולה הוא כמובן. וראיתי בשו״ת קנין התורה בהלכה (ח״ה ס׳ נב) שתפס בפשיטות דגם בכה״ג חשוב סעודת סיום מצוה ומותר לאכול על ידה בשר בט׳ ימים ולא ידעתי מנ״ל הא, עכ״ל.

Some authorities rule that only one who usually serves meat and wine at a *siyum* is permitted to do so during the Nine Days.[49] Accordingly, one who does not make a *seudah* during the year after studying one of the six Orders of *Mishnah* or one of the Books of *Tanach* may not do so during the Nine Days.

Likewise, some authorities permit meat and wine at a *siyum* only if the volume was studied at its usual pace, and the completion happened to coincide with the Nine Days. If, however, the completion was hurried or delayed, a *siyum* may be made, but meat or wine may not be served.[50] After the sixth day of Av one should refrain from celebrating a *siyum*.[51]

Some authorities rule that a *siyum* should be postponed until after *Tishah B'Av*.

On the other hand, however, some Chassidic masters encourage the celebration of a *siyum* during the Nine Days. Since Torah study serves as a means of protection against the influence of sin and impurity, it is hoped that this study and joyous celebration of it will facilitate and hasten the final redemption. Furthermore, since a *siyum* is frequently arranged

49. המ״ב בסי׳ תקנא ס״ק עג, וגם אם לא היה עושה סעודה בשאר הימים אפשר שלא יעשנה גם עתה. ומקור לזה הוא בא״ר ס״ק כו. ועיין בחיי אדם כלל קלג הלכה טז שנקט כדברי הא״ר. אמנם עיין בשו״ת רמ״ט ס׳ מא שכתב וז״ל: והרי כפי ששמעתי רבים מקילין לעצמם בסיום מסכתא וכו׳, וגם כשאינו רגיל לעשות סעודה בזמן אחר, עכ״ל.

50. מ״ב סי׳ תקנא ס״ק עג בשם הא״ר. ועיין בערוך השלחן סי׳ תקנא סעי׳ כח שכתב וז״ל: ודע שיש שמניחים הסיום מסכת על ימים אלו כדי לאכול בשר, ודבר מכוער הוא, דאע״ג דבמ״א מוכח דמותר לשייר מקצת הגמרא לסיום מצוה וכו׳ מ״מ להניח לכתחילה בשביל אכילת הבשר לא נאה ולא יאה. ויש שלומדים לכתחילה מסכת כדי לעשות סיום בימים אלו, ודבר זה אפשר כדאי לעשות שעל ידי זה יעסוק בתורה, מיהו אין לבקש על הסיום רק ת״ח השייכים ללימוד התורה, עכ״ל.

אמנם כתוב בסידור יעב״ץ וז״ל: ואף הממהר לסיים לימוד ספר יותר מלימודו בשאר ימות השנה לית לן בה כי מ״מ הוא זריז ונשכר שהקדים עצמו למצוה, ובתנאי שלא יגרע מעסק הלימוד היטב כראוי להבין ולהשכיל, משא״כ בדלא ידע מאי קאמר רטין ולא ידע מאי רטין, ע״כ.

51. מרן הגר״מ פיינשטיין זצ״ל, הובא במועדי ישרון דף 132, ובשו״ת דברי יציב או״ח ח״ב סי׳ רלח אות ב, כתבו דאין נכון לעשות סיום אחר ו׳ אב. ועיין בערוך השלחן סי׳ תקנא סעי׳ כח וז״ל: ואנחנו לא נהגנו בסיום ואפי׳ כשאירע סיום בימים אלו. אנו מניחין הסיום עד אחר ט״ב כדי שנוכל לשמוח בשמחת הסיום לכבוד התורה כראוי, עכ״ל.

by relatives and friends, it is also a demonstration of camaraderie, a gesture of friendship, which in some measure serves as a rectification of the unwarranted hatred that was the underlying cause of the Destruction of the Second Temple and the present long and bitter exile.[52]

ii. Who May Eat Meat at a *Siyum*

Each of those who completed the *sefer* for which the *siyum* is celebrated may partake of meat and wine at the meal. His immediate family (i.e., his wife and children), as well as those relatives and friends he would usually invite to a *siyum* celebrated during the rest of the year, may also partake of meat and wine. In addition, people who support the celebrants in their Torah study may eat meat or drink wine with them.[53]

Many summer camps and yeshivos celebrate *siyumim* during the Nine Days. HaGaon Rav Moshe Feinstein, *zt''l*, ruled that since the entire yeshivah or camp eat their regular meals together, they are permitted to eat meat at the *siyum*.[54] Although this logic is valid for a boys camp, it is not necessarily valid for a girls camp. Likewise, a hotel in which the guests are total strangers to one another may not serve meat or wine at a *siyum*, except to the celebrants and their families, as noted above.[55]

---

52. בספר באוצר החיים הביא שהה״ק מצאנז היה עושה סיום מר״ח אב בכל יום עד ז׳ אב.

ובספר שיח שרפי קודש הביא בשם החי׳ הרי״ם שמנהג בין חסידים לעשות סיום מסכת בימים אלו שבית המקדש נחרב משום שנאת חינם ובסיום מסכת עבידנא יומא טבא לרבנן ושמחין זה עם זה והוא היפך שנאת חינם ותיקון לזה. ובספר שלחן מלאכים כתב ששמע מבעל קדושת יו״ט מסיגעט שהמנהג שמסיימים מסכת ועושין סעודה בבשר ויין כי חובה ומצוה עלינו לעשות פועל דמיוני על לעתיד שימים אלו יתהפכו לששון ושמחה.

ובקובץ האהל (מנחם אב שנת תשיח) העיד הגאון ר׳ אברהם סופר שאביו בעל התעוררות תשובה נהג ללמוד מסכתא ובכוונה השאירו סוף המסכת לימים שבין ר״ח אב לט׳ באב.

53. ביאור הלכה סי׳ תקנא סעי׳ י ד״ה וסיום.

54. מרן הגר״מ פיינשטיין זצ״ל, הובא בקיצור הלכות בין המצרים עמוד 8 אות 9. וע״ע בזה בשו״ת שבט הלוי ח״ו סי׳ עב.

55. דלכאורה כל הסברא שמותר במחנה קיץ של בנים שאחד עושה סיום וכל הקעמפ

An invited guest who arrived during the *seudah*, but after the *siyum* ritual was finished, may still partake of meat and wine at the meal.[56]

d. *Bar Mitzvah*

One who usually serves meat and wine at a *bar-mitzvah seudah* may do so on his son's birthday during the Nine Days. Some Poskim consider a *bar-mitzvah* celebration as a *seudas mitzvah* if the boy delivers a Torah discourse at the *seudah*, even if it is celebrated on a day other than the boy's actual birthday. Other Poskim consider a *bar-mitzvah seudah* as a *seudas mitzvah* only if it takes place on the actual birthday, even if the celebrant does not deliver a Torah discourse. For a final ruling one should consult a halachic authority.[57]

אוכל היינו משום דכיון שכל הילדים והבחורים אוכלים בכל הקיץ ביחד ולומדים ומשחקים ביחד נקראין כולן כבני בית אחד, ושייכים כולם להסעודה. משא״כ במחנות הקיץ לבנות שאם גבר אחד יעשה סיום להאכיל על סמך זה לכל הבנות, ודאי דהבנות אסורות לאכול בשר, שהרי אין להם הכירות עם הגבר המסיים. ועוד שבשאר ימות השנה לא שמענו להזמין בנות רבות להשתתף בסעודת סיום, מלבד הנשים השייכים להסעודה והדרך להזמינן בשאר השנה מותרין לאכול בשר. ולפיכך צ״ע על מה סומכין העולם שעושים סיום במחנות הקיץ לבנות.

וכן לא נכון מה שעושין בבתי מלון, שהבעל הבית מזמין אחד שיעשה שם סיום מסכת במשך הט׳ ימים, ועל סמך זה הוא מאכיל כל האורחים שם סעודת בשר, אע״ג שהאורחים אינם מכירים את המסיים ובשאר ימות השנה לא היו באים להשתתף אצל סעודת סיום שלו. ולכאורה באופן שהם אינם מכירים ואוהבים זה את זה לא מהני כלל להתיר שאר המסובים לאכול בשר, וצ״ע בזה.

56. מרן הגר״מ פיינשטיין זצ״ל, הובאו דבריו בספר מועדי ישורון עמוד 132, שו״ת מהר״ם בריסק ח״א סי׳ קעג.

57. הרמ״א בסי׳ תקנא סעי׳ י כתב ״ובסעודת מצוה כגון מילה ופדיון הבן וסיום מסכת וסעודת אירוסין אוכלים בשר ושותין יין״, והרמ״א לא כתב אודות סעודת בר מצוה. אבל אין זה הכרח דהוא סובר דבסעודת בר מצוה אסור לאכול בשר דהא כתב לשון ״כגון״. אבל קצת פלא דאין עוד סעודת מצוה ששייר וא״כ למה כתב ״כגון״. אמנם היד אפרים על המג״א סי׳ תקנא ס״ק לג כתב וז״ל: ועיין לעיל במג״א סימן רכה דסעודת בר מצוה הוי סעודת מצוה ביום שנכנס לשנת י״ד, ואם הנער דורש הוי סעודת מצוה אף שלא באותו היום. ונראה שאם אין אמנם היום אין לעשות הסעודה בימים אלו בכוונתו בשביל תאוה, עכ״ל. הרי מבואר להדיא בדבריו דבר מצוה נכלל בסעודת מצוה, וכן פסק בשו״ת מהר״ם בריסק ח״ב סי׳ סח, ובהליכות שלמה עמוד תטו, ובשו״ת יד יצחק ח״א סי׳ רל. וקצת פלא שהמשנה ברורה לא העתיק דברי היד אפרים. וכן משמע מדבריו דכל האיסור לעשות הסעודה שלא בזמנו הוא דוקא אם הוא עושה הסעודה

7. Shabbos During the Nine Days

a. Shabbos Meals

Meat and wine are permitted at all meals on Shabbos during the Nine Days.

b. *Erev Shabbos*

Some people customarily taste the Shabbos food before Shabbos, a custom alluded in the *Mussaf* of Shabbos, טוֹעֲמֶיהָ חַיִּים זָכוּ. Some Poskim prohibit tasting meat dishes on *Erev Shabbos Chazon.* However, one may taste the Shabbos meat to determine whether it is properly spiced, but may not swallow the food. Since the food will not be swallowed, a *berachah* should not be recited.[58]

c. Early Shabbos

During the summer many people accept the stringencies of Shabbos upon themselves earlier than the time dictated by halachah. Those who do so may eat meat and drink wine during the meal even though the sun has not yet set, as long as it

---

בכוונה בשביל הבשר תאוה, אבל מי שעושה הסעודה בלא כוונה בשביל הבשר מותר, וצ״ע בזה. ועיין בשו״ת מהר״ם בריסק בח״ק סי׳ סח שנטה לפסוק בדרך כלל שלא לעשות סעודה שלא בזמנה מכח זה שהנער דורש, מפני דהרי יכול לדחותה לאחר תשעה באב, עיי״ש.

58. המ״ב בסי׳ רנ ס״ק ב כתב וז״ל: מצוה לטעום מכל תבשיל בערב שבת כדי לתקנן יפה כהוגן [מג״א]. ועיין בספר שלחן שלמה דהטעימה בשבת מכל מין בודאי היא מצוה ורמז לזה טועמיה חיים זכו, עכ״ל. ובשער הציון ס״ק ח כתב דמשלחן שלמה משמע דעצם הטעימה היא מצוה. ביאור דבריו, דלהמג״א הטעימה אינה מצוה רק היכי תמצא לדעת עם התבשיל נתבשל כהוגן, ואילו אליבא דשלחן שלמה עצם הטעימה מצוה היא. ובערב שבת חזון כתב בשו״ת התעוררות תשובה או״ח ח״ג סי׳ שמב דמותר לטעום התבשיל אבל צריך לפלוט התבשיל אח״כ, והוא הולך בשיטת המג״א דעצם הטעימה אינה מצוה רק היכי תמצא, וא״כ מספיק אם יטעום התבשיל ויפלוט אח״כ. וכדבריו פסק ג״כ בשו״ת עין אליעזר סי׳ מח. אמנם בשו״ת אור לציון ח״ג פרק כו עמוד רמד הולך בשיטת השלחן שלמה דמותר לטעום התבשיל שעצם הטעימה היא מצוה [ויש לעיין בזה].

ובספר לקט יושר (עמוד קי) כתב וז״ל: אמר ששמע בשם מהר״ר אהרן הקדוש וכו׳, ועוד אמר שנראה לו היתר לנשים לטעום הקדירה אחר חצות, אבל מהר״ר אנשיל מרפוק מיחה בידם, עכ״ל.

is after the *plag haMinchah* (i.e., an hour and a quarter before sunset).[59]

Note: The hour and a quarter referred to here is calculated in terms of שָׁעוֹת זְמַנִיּוֹת, "seasonal hours." A seasonal hour is one-twelfth of the daylight period of that day. This is derived by dividing the interval between sunrise and sunset of that day by twelve. Thus the amount of time in standard minutes will vary according to the day and season (e.g., midsummer in New York City, the *plag haMinchah* will vary between 85 and 92 minutes before sunset).

d. Children Eating Meat on *Erev Shabbos*

Some authorities rule that children who find it difficult to stay awake to eat the Shabbos meal at the proper time may eat it on Friday after midday.[60]

e. Ending Shabbos Late

Many congregations do not take leave of Shabbos until some time after the time permitted by halachah. Those who follow this custom may eat meat or drink wine after nightfall since it is still Shabbos for them. However, the authorities differ regarding a person who is eating at home after the congregation has already begun davening *Maariv*. Some prohibit the continued eating of meat and drinking of wine; others permit it.[61]

f. Wine From *Havdalah*

The *Shulchan Aruch* (561:10) states that during the Nine Days one may recite *Havdalah* over a cup of wine and drink it, because the prohibition against drinking wine does not apply when a *mitzvah* is involved. The *Rema*, however, states that since a child can drink the wine, an adult should

59. שו״ת רבבות אפרים ח״א סי׳ קסז אות ב.

60. א״ר סי׳ תקנא ס״ק כד, הגהות ברוך טעם על המג״א סי׳ תקנא ס״ק לא. אמנם מרן זצ״ל באג״מ או״ח ח״ד סי׳ כא ס״ק ד כתב שאין שום היתר ליתן לקטנים בשר ויין ערב שבת רק כשעה או שתים קודם קבלת שבת.

61. מ״ב סי׳ תקנא ס״ק נו.

not. In such a case, the child who drinks the wine should not recite his own בּוֹרֵא פְּרִי הַגָּפֶן, for the adult has already recited the *berachah* on the child's behalf. The child who drinks the wine must have reached the age of *chinuch* in reciting *berachos* (approximately 6 or 7), but not the age of understanding the concept of mourning (approximately 7 or 8). If there is no child of this age present, a child under *bar mitzvah* should drink the wine. If no child is present, the adult himself may drink the wine.[62] Some authorities rule that the adult who recites *Havdalah* may drink the wine even if a child is present.[63]

---

62. המחבר בסי׳ תקנא סעי׳ י כתב דמותר לשתות יין הבדלה, והרמ״א כתב דנוהגין להחמיר שלא לשתות יין בברכת המזון ולא בהבדלה אלא נותנין לתינוק, ובמקום דליכא תינוק מותר בעצמו לשתות הבדלה. והמ״ב בס״ק ע כתב וז״ל: אלא נותנים לתינוק שהגיע לחינוך וכו׳ ודוקא אם לא הגיע עדיין להתאבל על ירושלים.

מבואר מזה דצריכין ליתן הכוס לשתות לקטן שהגיע לחינוך דהיינו בן שש או בן שבע, כדאיתא במ״ב סי׳ רסט ס״ק א. אבל בעינן שיהיה פחות מגיל האבילות על ירושלים, והמ״ב לא כתב מתי הגיע הגיל של חינוך באבילות.

ומרן זצ״ל פסק באג״מ יו״ד ח״א סי׳ רכד שהוא בן ז׳ וח׳, והמקור חיים בסעי׳ י כתב שהוא כבן ט׳. ובילקוט מעם לועז פרשת דברים כתב שהוא כבן י׳. ובארחות רבינו ח״ב עמוד קלה כתב שהבעל קהלות יעקב אמר שאפשר לתת לשתות כוס הבדלה עד גיל שלש עשרה שנה ושכן נוהגין. וראיתי בספר קרא עלי מועד עמוד לח ששאל את הגר״ח קניבסקי שליט״א שלכאורה זה כנגד דברי המ״ב והשיב ע״ז שבזמנינו גם בן י״ג אינו יודע להתאבל.

ובקונטרס הליכות והנהגות עמוד 11 פסק מרן הגרי״ש אלישיב שליט״א דאם אין לו ילד קטן יתן לילד גדול עד בר מצוה, ולא ישתה בעצמו. [ובאמת הא״א (מבוטשאטש) נסתפק היכא דליכא קטן שלא הגיע להתאבל אם עדיף ליתן לקטן שהגיע להתאבל או בכה״ג ישתה בעצמו, וטעם הספק, די״ל דסוף סוף כל קטן קיל יותר ואף אם הגיע לחינוך, או י״ל דבכה״ג עדיף שישתה בעצמו כיון דמצוה בו יותר.]

ואם אין לו קטן אבל יש לו קטנה שהגיעה לחינוך בברכות ולא לאבילות, כתב מרן הגרי״ש אלישיב שליט״א בקונטרס הליכות והנהגות (עמוד 11) שיותר טוב שישתה בעצמו, דכיון דמעיקר הדין מותר לשתות בעצמו עדיף יותר לקיים המנהג שלא ליתן לנשים לשתות מיין הבדלה. ולא כתבנו בפנים דאם הוא מבדיל בעצמו שיבדיל דוקא על חמר מדינה ולא על היין, דכן איתא בספר דינים והנהגות (ממרן החזו״א) פרק י אות טז, וכ״כ בארחות רבינו ח״ב עמוד קלו בשם בעל קהלות יעקב.

63. מרן הגר״מ פיינשטיין זצ״ל, הובא בספר מועדי ישורון עמוד 155 ציון 64 וז״ל: שהיום נוהגים דהמברך שותה היין אף שיש תינוק שם, ומה שמובא ברמ״א אינו אלא משום דבזמנו נהגו להבדיל על שכר אבל היום נוהגים להבדיל דוקא על היין, עכ״ל.

g. *Melaveh Malkah*

HaGaon Rav Moshe Feinstein, *zt''l,* ruled that during the Nine Days meat and wine are prohibited at *seudas melaveh malkah,* even for one who always eats meat at this *seudah.*[64]

G. Buying Meat or Wine During the Nine Days

One may sell or buy meat during the Nine Days to eat after the Nine Days. The prohibition of *maris ayin* (the appearance of wrongdoing) does not apply here, because in certain instances (i.e., sick person, *seudas mitzvah*) meat and wine may be eaten. One who sells meat should consult a halachic authority regarding selling meat to a non-observant Jew who eats meat during the Nine Days.[65]

II.
Purchasing New Items
During the Nine Days

A. Clothing

1. The Prohibition

Purchasing new clothing is prohibited during the Nine Days.[66] The prohibition includes shoes, socks, suits, shirts, underwear, linen, towels, pants, yarmulkes, *tallis, tzitzis,* hats, wigs, etc., even if the garments are for children.[67]

The prohibition applies even if the person does not intend to wear the new garments until after *Tishah B'Av.*[68]

---

64. שו"ת אג"מ או"ח ח"ד סי' כא ס"ק ד. ועיין בספר פסקי תשובות ס"ק לד שהביא שיש דס"ל דמותר לאכול בשר במי שנוהג כן בכל שבוע.

65. שו"ת אג"מ או"ח ח"ד סי' קיב ס"ק ג.

66. רמ"א סי' תקנא סעי' ז. ועיין ביד אפרים שנתקשה בטעם האיסור וכתב וז"ל: דכיון דאיכא שמחה בקניה הוי כמו תחילת עשיית בגדים שיש לו שמחה ודמי לתיקון האבן השתיה ולכך אסור, עכ"ל. ובביאור הגר"א הובא בביאור הלכה ד"ה ונהגו כתבו דהוא דומה עכ"פ לכיבוס.

67. לכאורה הטעם לאסור קניית בגדים לקטנים הוא מטעם שמחה.

68. מ"ב סי' תקנא ס"ק מט.

Secondhand clothing are included in the prohibition if they will give the buyer pleasure.[69]

Window-shopping should be avoided the Nine Days.[70]

2. Exclusions and Exemptions

a. Newborn

One may buy clothing for a baby born during the Nine Days, if there are no other clothes available.[71]

b. Sale Items

Clothing that are on sale at a considerable discount may be purchased if the item will not be available at that price after *Tishah B'Av*.[72]

c. Tallis

A *tallis katan* needed for wear during the Nine Days may be purchased during the Nine Days. But a *tallis gadol* should not be purchased unless no other one is available.[73]

d. Travelers

If someone needs a particular item that can only be purchased in a certain location comes to that location during the Nine Days, he does not have to wait until after *Tishah B'Av*, but may purchase it while he is in that vicinity.[74]

---

69. שערי תשובה סי׳ תקנא ד״ה וה״ה דאסור לקנותן.

70. שו״ת מקדש ישראל סימן סט, קובץ דרכי הוראה (תמוז תשס״ה), דף לב.

71. פשוט הוא.

72. לכאורה המקור להתיר לקנות באופן שהוא בזול הוא בהמ״ב סי׳ תקנא ס״ק יא שכתב: לענין איסור משא ומתן דאם יש יריד הוי כדבר האבד ושרי אם מוצא אז בזול יותר ע״כ. אולם אפשר לחלק ולומר דבבגדים חדשים אסור לקנות בכל ענין. דלכאורה אין האיסור רק מדין משא ומתן של שמחה בלבד, אלא יש איסור מיוחד לקנות בגדים. אכן שמעתי בשם הגר״י גוסטמאן זצ״ל דגם בבגדים מותר אם הוא דבר האבד. ומ״מ נראה דזה דוקא באופן שהוא זול הרבה ושלא יזדמן מחיר כזה אח״כ. ועיין בזה בשו״ת וישב משה חלק א סימן טו ובשו״ת אבני ישפה ח״א סי׳ קיב ענף ג.

73. שו״ת אג״מ או״ח ח״ג סי׳ פ.

74. לכאורה נחשב זה כיריד שמותר לקנות בתשעת הימים.

e. Children

As mentioned earlier, laundering clothing for children who constantly soil themselves is permitted. Likewise, one may buy new garments for them if necessary.[75]

f. Footwear for *Tishah B'Av*

One who forgot to procure appropriate footwear for *Tishah B'Av* may buy some during the Nine Days, but should not buy an expensive pair unless nothing else is available.[76]

g. Groom and Bride

A groom or bride may purchase wedding clothing during the Nine Days.[77] However, furniture or other expensive items should not be purchased.[78] One who becomes engaged during the Nine Days is permitted to buy the gifts usually exchanged on that occasion.[79]

h. Buying Clothing or Gifts for Newborns/*Bar Mitzvah* Presents

Presents may be given on the occasion of a birth or a *bar mitzvah* during the Nine Days. Such gifts may be purchased during the Nine Days.[80] Expensive gifts, however,

---

75. משנת יעקב, הובא בספר נחמת ישראל פרק יג הערה 51 וטעמו הוא ע״פ המג״א בסי׳ תקנא ס״ק כה דקניית בגדים חדשים לא גרע מכיבוס, דכיבוס מוזכר בגמרא משא״כ קניה, ומדהתירו כיבוס בגדים ה״ה דהתירו קניית בגדים חדשים. ולפ״ז כתב בספר אמת ליעקב סי׳ תקנא שלקנות עדיף מלכבס.

76. מרן זצ״ל באג״מ או״ח ח״ג סי׳ פ. ובספר זה השלחן ח״ב סי׳ תקנא כתב ומידהו אסור לקנות מנעלים טובים שהדרך לילך בהם גם בכל השנה, וכן כתב הגר״ש וואזנער שליט״א בקובץ מבית לוי עמוד יג הלכה ו.

77. המ״ב בסי׳ תקנא ס״ק יד כתב דמותר לעשות בית חתנות או לעשות בגדים חדשים לצורך נשואין שיהיה אחר תשעה באב. והמ״ב מתיר רק לקנות בגדים לצורך נשואין, וצ״ע אם כהיום שנוהגים שקודם החתונה לקנות בגדים להחתן ולהכלה גם שלא לצורך הנשואין אם גם זה מותר בתשעה הימים.

78. קונטרס מקדש ישראל דף לד.

79. שלמי מועד עמוד תפז.

80. לכאורה יש ראיה לזה ממאי שכתב המ״ב בסי׳ תקנא ס״ק מא בשם הפוסקים דבתשעה באב לא יתן מתנה לחבירו משום דהוי כשאילת שלום משמע דבשאר ימים

should not be given.

B. Other Items

1. The Prohibition

Halachah is more lenient regarding purchasing other items than it is regarding clothing. Inexpensive items of minor importance (i.e., pots, pans, dishes) may be purchased if needed.[81] Expensive items (e.g., silver or gold vessels or jewelry)[82] and furniture[83] may not be purchased. Major appliances (e.g., refrigerator, stove, air conditioner) should not be purchased during the Nine Days unless there is a special need for them.

Vehicles that are needed for one's livelihood or for transportation may be purchased, but not recreational vehicles.[84]

2. Exclusions and Exemptions

a. Items on Sale

Items that are on sale at a considerable discount may be purchased during the Nine Days if the item will not be available at that price after *Tishah B'Av*.[85]

מותר ליתן מתנה. ועיין בשו״ת מקדש ישראל סי׳ פג שהביא ראיה זו, ועי״ש עוד שכתב שמתנה יקרה לא יתן.

81. הליכות והנהגות ממרן הגרי״ש אלישיב שליט״א דף 5.

82. פמ״ג א״א סי׳ תקנא ס״ק ז.

83. שו״ת אג״מ או״ח ח״ג סי׳ פב.

84. כתב מרן זצ״ל באג״מ או״ח ח״ג סי׳ פ וז״ל: ומכונית חדשה אם הוא לתענוג פשוט שאסור גם מי״ז בתמוז דהא צריך לברך שהחיינו, ואם הוא באופן שמברכין הטוב ומטיב כגון שיש לו אשה ובנים דגם הם נהנים מזה אסור מר״ח דהוא כמו בנין של שמחה שאסור. ואם הוא מכונית לפרנסה כמו טראק, וגם מכונית קטנה אפשר ג״כ שהוא לפרנסה, הוא רק בדין ממעטין במשא ומתן שבזמננו נהגו להקל ואין זה מו״מ של שמחה שכתב בשעה״צ שטוב להחמירו ומצד שהחיינו יברך אחר ט״ב כי בשביל זה אין עליו ליבטל ממלאכתו, עכ״ל.

הרי מבואר מדברי מרן זצ״ל דדברים שצריכין ואינם בשביל תענוג אין איסור לקנותם א״כ לכאורה ה״ה כלי כביסה, וכדומה. וע״ע בזה בשו״ת מקדש ישראל סימן סה וסו־וסז.

85. מ״ב סי׳ תקנא ס״ק יא. ראה גם ציון 72 לעיל.

b. Ordering Items

Items may be ordered during the Nine Days for delivery and payment after *Tishah B'Av*.[86]

c. Window-Shopping

Window-shopping should be avoided during the nine days.[87]

d. Eyeglasses

Eyeglasses may be purchased if they are needed during the Nine Days.

e. *Mitzvah* Items

Tefillin may be purchased if they are needed during the Nine Days; likewise, a *tallis katan*. A *tallis gadol* should not be purchased unless no other one is available.[88] *Sefarim* may be purchased.

f. Wholesalers

Wholesalers may do business with storekeepers during the Nine Days, even regarding items that may not be sold to or purchased by the consumer.[89]

g. Returning or Exchanging Bought Items

One may return a bought item for a refund or store credit (to be redeemed after *Tishah B'Av*) during the Nine Days. However, returned items may not be exchanged for other new items until after Tishah B'Av.[90]

---

86. נחמת ישראל פרק יד הלכה ב. ועיין בשו"ת אבני ישפה חלק א' סימן קיב דכתב: דאסור ליתן דמי קדימה על חפץ שאסור לקנות בהתשעה ימים אמנם כתב שם שיש עצה שיתן למוכר כסף ויאמר לו שזה בשכר שהמוכר שומר לו החפץ עד אחרי תשעה באב, ואז יכול המוכר מעצמו לנכות לו את הסכום הראשון מהמחיר של החפץ, עכ"ל.
87. שו"ת מקדש ישראל סימן סט, קובץ דרכי הוראה (תמוז תשס"ה) פסקי הוראה דף לב.
88. שו"ת אג"מ או"ח ח"ג סי' פ.
89. עיין בזה בקובץ דרכי הוראה (תמוז תשס"ה) פסקי הוראה דף לג.
90. כן נראה פשוט.

III.
Making and Repairing Garments During the Nine Days

A. The Prohibition

One may not sew, weave, knit or otherwise make, alter, repair or tailor a new garment during the Nine Days,[91] even

91. הטור בסי׳ תקנא הביא בשם רבינו שב״ט: אסור לתקן בגדים חדשים בשבוע שחל בו תשעה באב דגרסינן בירושלמי בפרק מקום שנהגו, נשי דנהיגי דלא למשתי עמרא מגו דעייל אב מנהגא, ופירש רבינו ניסים מלשון או בשתי או בערב, וכיון שהשתי אסור כל שכן תיקון בגדים חדשים, וראוי להחמיר בזה מראש חודש דהיינו נמי בכלל מיעוט שמחה, עכ״ל. ועיין בב״י בד״ה ודע שביאר דברי הטור בשם רבינו שב״ט דלכאורה קשה איך כתב רבינו שב״ט דאסור לתקן בגדים והא בירושלמי איתא דאסור רק מטעם מנהג, דמשום דבירושלמי אמרי דמדעייל אב הוי מנהגא דלא למשתי עמרא. וע״ז מתרץ הב״י: ונראה לי דבירושלמי קאמר דמדעייל אב הוי מנהגא למד רשב״ט דבאותו שבת איכא איסורא, דאי לאו הכי לא היו מחמירין לנהוג איסור מר״ח, והיה מספיק שהיו אוסרים רק באותה שבת, אלא ודאי מדינא אסור באותה שבת והם החמירו לנהוג איסור מדעייל אב מטעם מיעוט שמחה. ומה שאסור בשבוע שחל בו תשעה באב מדינא היינו משום שנלמד במכל שכן מחוטי השתי, דבחוטי השתי אסרו מטעם שפסקה אבן השתיה, וממילא כל תיקון בגדים הוא בכלל זה, עכ״ל. אמנם עיין בדרכי משה ס״ק ד שתמה וז״ל: ולפי טעם הירושלמי זה צריך עיון דמנא ליה ללמוד דכל שכן תיקון בגדים חדשים דאסור דילמא דוקא שתי אסור מטעם אבן שתיה אבל שאר תיקונים שרי, עכ״ל.

ועיין בב״ח שפי׳ דברי הטור וז״ל: פירוש כמו שאסור לספר ולכבס בשבוע זה מפני שהוא מלאכה לצורך תענוגי הגוף הוא הדין נמי כלים חדשים, ומפני שנראה כמוסיף על התלמוד שלא אסרו אלא לספר ולכבס לכן הביא ראיה מהירושלמי לפי פירוש הר״ר ניסים גאון שאפילו בשתי יש מנהג לאיסור כל שכן תיקון בגדים חדשים, ומעתה סברא לומר דבכלל האיסור תספורת וכביסה נמי איסור תיקון כלים חדשים, ואע״ג דלפי הסברא היה ראוי לאסור אף תיקון כלים ישנים כמו לענין כיבוס דישנים דאסור, אלא דמאחר דלא אתי מכל שכן דשתי דאיכא למימר שאני שתי שהוא תיקון מחדש והוי נראה כמוסיף על התלמוד הלכך לא אסרו רשב״ט. ומשום הכי נמי לא אסר רשב״ט מראש חדש מפני שלא אסרו בתלמוד מראש חדש אלא דברים המוסיפים שמחה, וכמו שלא אסרו לספר ולכבס מראש חדש, וכמו שנתבאר בתחילת סימן זה. אח״כ כתב ״וראוי להחמיר בזה מראש חדש וכו׳ ״ כלומר אע״פ שבתספורת וכביסה אין איסור מראש חדש מפני שאינו בכלל מיעוט שמחה, אבל תיקון בגדים חדשים יש בהן משום מיעט שמחה ונ״ל קצת סמך לדבריו, שהרי הקונה כלים חדשים מברך שהחיינו וזה פשוט דברכת שהחיינו אינה באה אלא על דבר שמחה. ונראה לי לפי מנהגינו לאסור כיבוס מראש חדש אפילו בישנים וכדעת הרמב״ן, ולאו מדינא, הוא הדין נמי תיקון כלים יש לאסור מראש חדש אפילו בישנים ואע״פ שאינו בכלל מיעוט שמחה כתספורת וכביסה, עכ״ל. הרי מבואר מדברי הב״ח דהטעם דאסור לתקן בגדים חדשים

if the garment will not be completed until after *Tishah B'Av*.[92]

B. Exclusions and Exemptions

1. Needlepoint, Embroidery

Some Poskim prohibit embroidery and needlepoint of non-clothing items (e.g., wall-hangings, tablecloths and the like) if they are valuable and of artistic importance. However, the inexpensive needlepoint or embroidery done as a summer-camp activity may be done during the Nine Days.[93]

הוא משום דדומה לתספורת וכביסה, והחמיר גם לתקן בגדים ישנים. ועיין בכף החיים בס״ק צט שהביא עוד אחרונים שסוברים כהב״ח.

וכן כתב הגר״א דאיסור תיקון כלים חדשים בשבוע שחל בו תשעה באב הוא מדינא, מכל שכן מכיבוס דאסור אפי׳ להניח. והמחבר בשו״ע סי׳ תקנא סעי׳ ז כתב ״יש אומרים שאסור לתקן בגדים חדשים וכו׳ ויש להחמיר בזה מר״ח״, ולא הזכיר כלל איסור תיקון בגדים ישנים, וכן המ״ב בכלל לא הביא שיטת הב״ח לאסור תיקון בגדים ישנים.

ומרן זצ״ל באג״מ או״ח ח״ג סי׳ עט התיר לתקן בגד ישן, רק אסר שם באופן מסוים וז״ל: בדבר אם מותר מר״ח מנ״א להתיר בגד ישן ולחזור ולתפרו לעשותו חדש שאסור, אבל פשוט לענ״ד דלאו כללא הוא לומר דכל עשיה מבגד ישן לחדש הוא כחדש, אלא אם הוא באמת כן, דהיינו כשבגד הישן נתקלקל באיזה מקום והסירו מקום המקולקל ועשאו מחתיכת בגד הנשאר מלבוש שלם זהו חדש שאסור, עכ״ל. הרי מבואר מדבריו דסתם לתקן בגד ישן מותר, ולפיכך בגד שנקרע או שהותרו תפירותיו ובגד שצריך טלאי מותר לתקנו בתשעת הימים.

ועיין בארחות רבינו ח״ב עמוד קכט בשם החזו״א, דאפי׳ להב״ח שהחמיר לתקן בגדים ישנים היינו דוקא תיקון גמור, דהיינו להפכו, שנהגו בימיהם שהיו פורמים כל תפירות הבגד והיו הופכין את הבגד והצד הפנימי עשו לצד חיצוני, דפנים חדשות באו לכאן, דומיא דכיבוס דמשם יליף הב״ח את איסורו, אך לעשות טלאי מותר.

92. מ״ב סי׳ תקנא ס״ק מט.

93. בנוגע אם מותר לעשות רקימה (needlepoint) וכדומה, ראיתי מה שכתב ידידי הגר״ש פעלדער שליט״א בשיעורי הלכה עמוד לה וז״ל: כתב השו״ע (ס״ח) נשי דנהיגי דלא למשתי (פי׳ לסדר ולערוך החוטין שהולכין לארכו של בגד והוא מלשון או בשתי או בערב) עמרא מדעייל אב, מנהגא, ע״כ. ומבואר בב״י דיסוד האיסור הוא משום תיקון בגדים שאסרו משום שמחה, וגם בזה אסרו אף שאינו אלא התחלת האריגה. והנה המ״ב (ס״ק נד) הביא מהמג״א דמותר לעשות קרוני״ן שאורגין בעצים, דלאו בכלל בגד הוא. ובאג״מ (או״ח ח״ג סי׳ פב) ביאר דאף דהוא ג״כ טלית ואריגת חוטין מ״מ מותר כיון דלאו בכלל בגד הוא. ומבואר דלא אסרו כל דבר שהוא אריגה ותפירה ורק בדבר שיש בו עשיית בגדים. ולפ״ז פשוט דה״נ רקימה מותר כיון שאינו בגד כלל ועשוי לתלות על הכותל לנוי.

ובשו״ת בצל החכמה (ח״ד סי׳ נד אות ג) כתב לאסור מטעם אחר, דהנה קי״ל דמשנכנס אב ממעטין במשא ומתן של שמחה, וכתב הפמ״ג (א״א סק״ז) שלא יקנה כלי

2. A Jewish Tailor

Although a layman is not permitted to make or repair new clothes during the Nine Days, it is customary to permit a craftsman (e.g., tailor or seamstress) who earns a livelihood from these activities to make clothes for others. However the material or the clothing to be worked on should be given to the tailor before *Rosh Chodesh Av*. During the week in which *Tishah B'Av* occurs it is preferable that the tailor refrain from such activities.[94]

כסף שהוא שמחה. ולפ״ז ה״ה אסור לעשות בעצמו כלי כסף. ועפ״ז כתב לאסור בנידון דידן כיון שהוא דבר יקר הערך ועשויה לכבוד והדר, ע״כ. ומ״מ נראה שעכ״פ אלו מעשה רקמה שעושין הנערות והקטנות לבלות הזמן ואינם בכלל דברים יקרי הערך, שפיר יש להתיר. וראיתי בס׳ מועדי ישרון שכתב בשם מרן הגר״מ פיינשטיין זצ״ל לאסור לעשות needlepoint או hook rug , וכן הביא הגר״ש איידער זצ״ל בחיבורו בין המצרים דאסור, ואולי הכונה ג״כ לאותן שהן יקרי הערך, עכ״ל.

ולכאורה יש ראיה לדבריו, דעיין בשו״ת אגרות משה או״ח ח״ג סי׳ פב שהובא לעיל שכתב מרן זצ״ל וז״ל: הנה בדבר לעשות הבוקקייס (ארון ספרים) כפי שמשמע במג״א סי׳ תקנא ס״ק כג הוי האיסור דעשיית בגדים רק בבגדים ולא בכלים של עץ וכדומה, דאין שייכים לאיסור השתית עמרא שמזה ילפינן לאסור כל תקון בגדים, שלכן כתב שמותר לעשות אותן שקורין קרונין שאורגין בכלים דלא בגד הוא אף שהוא ג״כ טלית ואריגת חוטין כיון דלאו בכלל בגד הוא כל שכן שאין לאסור עשיית העצים, עכ״ל. ולכאורה מבואר להדיא מדברי מרן זצ״ל דכל דבר שאינו בגד אין כאן איסור משום עשיית בגדים, וא״כ איך הביא המועדי ישורון בשם מרן זצ״ל דאסור, אלא ע״כ יש לחלק בין דבר שהוא יקר ערך ועשוי לכבוד והדר בין שאינו יקר ערך ואינו עשוי לכבוד והדר.

ועיין בספרי שלמי מועד עמוד תפט שכתב היתר אחר למה מותר לנערות הלומדות תפירה בבית ספר שאין צריכין לשנות סדר הלימודים בתשעת הימים, וז״ל: שנשאל על מה שנהגו בחוץ לארץ במחנות קיץ לתת לנערות עבודות רקמה וכיו״ב, אם מותרות גם בתשעת הימים, או שמא הוי פירצה לרבים. והשיב, לדעתי אין בזו פירצה לרבים, כי גם כאן בארץ ישראל הרבנים מחפשים היתר לקייטנות וכיו״ב, ואם נחמיר עליהן ולהחזיק אותן פעם אחת בלי עבודת רקמה, מ״מ אתה מכשילן לעתיד, שיש לחוש שתלכנה למקומות גרועים חילונים, עכ״ל. וע״ע בזה בשו״ת להורות נתן ח״ב סי׳ לה, ובשו״ת ויען יוסף ח״ג סי׳ שמח.

94. הרמ״א בסי׳ תקנא סעי׳ ז כתב וכן אומן ישראל אסור לעשותן לאחרים בין בשכר בין בחנם, ונהגו להקל בזה. והמ״ב בס״ק נא כתב ומשמע דאפי׳ לישראל נהגו להקל, ומיירי שנתנן לו קודם ר״ח דאטו אחר ר״ח פשיטא דאסור ליתן. ועיין בביאור הלכה בד״ה ונהגו להקל שהביא דהגר״א מפקפק על ״מנהגו״ של הרמ״א, וסיים ע״ז הביאור הלכה ונראה לי פשוט דאין להחמיר כי אם בשבוע שחל תשעה באב ולא קודם, דביכבוס גופא אינו אלא מנהגא, וכיון דנהגו להקל בזה תו אין להחמיר, עכ״ל.

A Jewish tailor who is making or repairing clothes for a non-Jew, and it is common knowledge that he is working for a non-Jew, may accept the non-Jew's garments even after *Rosh Chodesh*.[95]

3. A Non-Jewish Tailor

During the Nine Days, one may ask a non-Jewish tailor to make or repair a new garment that will be ready to wear after *Tishah B'Av*.[96]

A Jewish clothing-manufacturer may permit his non-Jewish workers to work the entire Nine Days.[97] [However, one should consult a halachic authority for a final ruling.]

4. Torn Garments and Shoes

Garments or shoes that have become torn, worn or otherwise damaged may be mended during the Nine Days.[98] But heels and soles may not be replaced.[99]

5. Teaching Sewing

Sewing lessons and practice are permitted during the Nine Days, if the material used in the practice will never be completed as a usable garment.[100]

6. Wedding Clothing

Wedding clothing for a *chasan* or *kallah* may be made

---

95. רמ"א סי׳ תקנא סעי׳ ז.
96. רמ"א סי׳ תקנא סעי׳ ז.
97. עיין בחזון עובדיה עמוד רח שכתב וז"ל: בעל בית חרושת לנעלים או לבגדים שיש לו פועלים שמקבלים שכרם מדי חודש בחודשו, ואם ישבית אותם ממלאכתם בימים אלו יצטרך לשלם להם משכורתן בשלמות מכיסו, נראה שדינו כמלאכת דבר האבד שהתירו חז"ל אף בתשעה באב, ורשאי בעל המפעל לתת לפועליו לעסוק במלאכתם, וטוב לעשות הכל בצינעא עד כמה שאפשר, עכ"ל.
98. עיין הערה 91 בזה. ויש להוסיף בזה עוד מראי מקומות: הבגדי ישע בסי׳ תקנא ס"ח כתב שבבגדים ישנים מותר לתקן, וכ"כ הגרש"ז אויערבאך זצ"ל בספרו הליכות שלמה (בדבר הלכה עמוד תכב אות כב).
99. דעת תורה סימן תסח סעיף ב.
100. שו"ת בצל החכמה ח"ד סי׳ נד.

during the Nine Days, if there is not sufficient time to do it after *Tishah B'Av*.[101]

IV.
Laundering and Cleaning Clothing

A. The Prohibition

1. Adult's Clothing

An adult's clothing may not be laundered during the Nine Days, even if the clothing will not be worn until after *Tishah B'Av*,[102] because such activity appears to be a purposeful distraction from mourning the Destruction of the Temple.[103] The prohibition against laundering includes dry cleaning and ironing.[104]

The prohibition against laundering extends to giving clothing to a non-Jew to launder during the Nine Days, even if the clothing will not be worn until after *Tishah B'Av*.[105] Therefore, people who have non-Jewish domestics in their homes must instruct them not to do the laundry and not to bring clothing to the dry cleaner during the Nine Days.[106]

However, one may send clothing to a non-Jewish laundry before *Rosh Chodesh*, even though the non-Jew will launder them during the Nine Days.[107]

2. Items Included in the Prohibition

---

101. מ״ב סי׳ תקנא ס״ק יד, מו.
102. רמ״א סי׳ תקנא סעי׳ ג.
103. מ״ב סי׳ תקנא ס״ק כא. ועיין בשו״ת שואלין ודורשין ח״ב סי׳ טו שהעיר דבימינו שהאדם אינו כובס הבגדים בעצמו רק שם הבגדים בתוך מכונה והוא בעצמו אינו עוסק במעשה הכביסה איך שייך לומר שהוא מסיח דעת מהאבילות, עי״ש.
104. שו״ע סי׳ תקנא סעי׳ ג.
105. רמ״א סי׳ תקנא סעי׳ ג ומ״ב ס״ק לד. ונחלקו הפוסקים אם מותר ליתן להם הבגדים בתוך התשעה ימים כדי לכבסם אחר תשעה באב, עי״ש במ״ב ס״ק לד.
106. שו״ת רבבות אפרים ח״א סי׳ שסח.
107. רמ״א סי׳ תקנא סעי׳ ג.

All garments, towels, dishcloths, rags, sheets, tablecloths are included in this prohibition.[108] Washing and setting a wig is also prohibited.[109]

B. When Does the Prohibition Begin?

The prohibition of laundering begins at sunset preceding *Rosh Chodesh Av*. Ideally, one should not put a load in the washing machine on *Erev Rosh Chodesh* if it will not be finished before sunset. Nevertheless, if it has not finished by sunset, one may let the machine continue until nightfall.[110]

C. When Does the Prohibition End?

Because the Destruction of the First Temple continued through the tenth of Av, the prohibition against laundering remains in effect until halachic noon of the tenth of Av.[111]

See Chapter 11, Section II:5, regarding one who must travel early in the morning on the tenth of Av doing laundry before noon of that day.

---

108. שו״ע סי׳ תקנא סעי׳ ג.

109. הגרי״ש אלישיב שליט״א, הובא בהליכות והנהגות עמוד סו, קובץ מבית לוי דף יד. ועיין בשו״ת רבבות אפרים ח״ו סי׳ רצא אות ג שמביא בשם הגרח״פ שיינבערג שליט״א פסק שפאה נכרית אין לה דין בגד ומותר, אבל מוסיף שם דזה מותר רק בשעת הדחק ויותר טוב להמנע עד אחר תשעה באב, אבל המקילין יש להן על מי לסמוך.

110. אינו מבואר בפוסקים מתי מתחיל איסור כיבוס בר״ח אם משקיעת החמה או מצאת הכוכבים. והנה המג״א בסי׳ תקנא ס״ק כו כתב: ״דיש נמנעין אחר שקיעת החמה״, הרי מבואר דרק יש נמנעין ולא הכל נמנעין. וראיתי בקובץ מבית לוי (בין המצרים) עמוד יד שכתב דאין ליתן במכונת כביסה בער״ח כדי שיגמור לכבס בלילה אבל אם יגמור בבין השמשות אפשר להקל. והנה יש להוסיף דכיון דאיסור כיבוס מר״ח הוא רק מצד מנהג ולא מעיקר הדין, נמצא דבין השמשות הוי במנהג גרידא. ובפנים כתבנו דטוב לגמור קודם בין השמשות משום דכן כתב המג״א דיש נמנעים, ואם לא נגמר הכביסה קודם בין השמשות אפשר לסמוך על ה״אפשר״ של הגר״ש וואזנר שליט״א. וכ״כ להתיר בשו״ת מקדש ישראל סי׳ פח.

111. רמ״א סי׳ תקנח סעי׳ א. ובמקום צורך יש להקל, דעיין בביאור הלכה בסי׳ תקנח דכתב דיש שיטות שסוברים דהאיסור נאמר רק בבשר ויין ולא בשאר דברים.

D. Exclusions and Exemptions

1. A Jewish Cleaner Servicing Non-Jews

A Jew may launder a non-Jew's garments until the week of *Tishah B'Av*. Therefore, a Jewish laundryman or dry cleaner whose regular clientele includes non-Jewish customers may keep his shop open in order to serve them.

The halachah is more stringent during the week of *Tishah B'Av*: One who will not have sufficient income for food unless his store will remain open may keep it open.[112] [One who has a cleaning store in a non-Jewish neighborhood or a majority of non-Jewish customers should consult a halachic authority regarding the permissibility of remaining open during the week of *Tishah B'Av*.]

The operator of a self-service Laundromat may keep it open the entire Nine Days.[113]

2. Removing a Stain

Many authorities permit removing a stain with water.[114] A

---

112. בשו״ע סי׳ תקנא סעי׳ ה׳ כתב: אסור לעבריות לכבס בגדי העובד כוכבים בשבוע זו. והמ״ב בס״ק מב כתב וז״ל: ואף על גב דמדינא שרי, שהרי אין אסור כיבוס משום דאסור במלאכה אלא כדי למעט בשמחה ולהראות האבלות, והא לא שייך בכיבוס בגדי נכרים, אפי׳ הכי אסור מפני מראית העין, שאין ניכר שהם של עכו״ם, אמנם במקום שהעכו״ם יש להם מלבושים אחרים דניכר לכל שהם של עכו״ם יש להקל. ובאין לו מה לאכול ודאי כדי חיינו שרי על כל פנים, עכ״ל. ובס״ק מג כתב המ״ב וז״ל: בזה אף לדידן לא נהיגין מר״ח מדלא כתב הרמ״א דנוהגין אף בזה מר״ח, עכ״ל. הרי מבואר מדברי המ״ב דכל הטעם דאסור לכבס בגדי נכרים הוא משום מראית עין. ועי״ש בשעה״צ ס״ק מד שהביא מהמג״א דאפשר דבצנעא נמי שרי, עי״ש.

ולכאורה בזמנינו דהכביסה נעשית בפנים אחורי החנות צריך להיות מותר אפי׳ בשבוע שחל בו, דאין כאן מראית עין דהכל נעשה בצנעה. ועיין בשערים מצויינים בהלכה סי׳ קכב ס״ק י שכתב וז״ל: ובשבוע שחל בו ת״ב אסור גם זה, וזהו מטעם מראית עין, ולכן בצנעה יש להקל וכמו שכתב במג״א ס״ק יט. וכתב בערוך השלחן סעי׳ יז דאם נתפרסם שהיא כובסת שלהם, מותרת לכבסן. ונראה דמכאן יש לסמוך על המסחר מכבסה (לאונדרי) אע״ג שעומדת ברשות הרבים, שנתפרסם ששם כובסים גם בגדי גוים, וגם אם רואים שנכנסים לשם יהודים, יש לתלות שהם חיתולים של תינוקות, שמותר לכבסן, ועי״ש.

113. מועדי ישורון דף 133 בשם מרן הגר״מ פיינשטיין זצ״ל.

114. הגאון ר׳ שלמה זלמן אויערבאך זצ״ל ויבלח״ט הגאון ר׳ י.ש. אלישיב שליט״א הקילו בזה. והגאון ר׳ שמואל וואזנר שליט״א הובא בקובץ מבית לוי (בין המצרים דף

stain or dirt that could cause permanent damage to the garment if not treated before *Tishah B'Av* may be laundered in order to protect the garment.[115]

3. Laundering for a *Mitzvah*

It is permitted to launder for *mitzvah* purposes.[116] Nevertheless, it is preferable that one try to anticipate any situation that might arise during the Nine Days and launder whatever will be needed for that period before it begins, e.g., a woman who does not have enough white undergarments for her clean days; a man whose *tallis* became dirty before *Rosh Chodesh*. A caterer who has a number of *seudas mitzvah* to serve and runs out of tablecloths is permitted to wash the dirty ones. However a halachic authority should be consulted first.[117]

When washing for *mitzvah* purposes, one may not add other garments, even though all the garments will be washed in the same load.

4. Hygiene

It is permitted to launder for health reasons. Thus, hospitals and nursing homes, where clean linen is essential and a full nine days' supply is not available, are permitted to wash

---

יד) פסק וז״ל: ולגבי כתם אמר שאם הכתם ניכר מותר לנקותו ואם לאו אסור, עכ״ל. אמנם עיין בארחות רבינו ח״ב עמוד קלב שכתב בשם הגר״ח קניבסקי שליט״א שהוא שאל את החזון איש או את אביו ופסק שאסור לרחוץ כתם משום כיבוס.

115. לכאורה טעם ההיתר בזה משום שאין זה כיבוס של היסח הדעת מהאבילות רק כדי למנוע הפסד דשרי, כמו שמצינו שמותר לבנות כותל בבנין של שמחה למנוע שלא יפול ויפסד. ואין זה סותר מה שכתב מרן זצ״ל באו״ח ח״ד, סי' קב להחמיר בתספורת אף במקום הפסד, דיש לחלק דבתספורת אין ההפסד בדבר שעושה בו המלאכה, משא״כ כיבוס בגד שייפסד הבגד אם לא יכבסוהו מותר לכבסו.

116. רמ״א סי' תקנא סעי' ג.

117. בשו״ת שבט הלוי ח״י סי' פג כתב וז״ל: קייטרינג שעושה סעודת ברית כל יום בתשעת הימים האם מותר להם לכבס מפות השולחן, דלא שייך שיהא מספיק לכל הסעודות, ושמא להוי בגדר צורך מצוה. וע״ז השיב: אם אפשר לעשות בלי כבוס המפות היה נראה לעשות כן, אבל אם א״א בשום אופן בלי זה יש לדקדק רק הנצרך ביותר למצוה ולמעט מהרגיל כל השנה, עכ״ל.

during the Nine Days. Likewise, a hotel, where clean linen must be supplied for each new guest, is permitted to have the linen washed[118] by a non-Jew.[119]

A guest who has been provided with clean linen should request that the linen not be changed during the Nine Days.[120]

5. Children's Clothing

Some authorities prohibit adults from laundering children's clothing during the Nine Days. Others permit clothing needed for a child of any age to be laundered until the week of *Tishah B'Av*. When necessary, one may rely on the lenient view. All authorities agree that the clothing of children who constantly soil and wet their clothing may be washed during the week of *Tishah B'Av*.[121] Although many Poskim give various age

118. בשו״ת ציץ אליעזר חי״ג סי׳ סא, שו״ת עמק התשובה ח״א סי׳ צב אות ט, ושו״ת מנחת יצחק ח״י סי׳ מד מתירים מי שמתאכסן בבית מלון בט׳ הימים שמותר שיחליפו עבורו מצעות המטה שישן עליהם איש אחר ולשים לו מצעות אחרות מכובסים. וכן ראיתי בספר נחמת ישראל פרק יז הלכה י. ועיין אריכות בזה בשו״ת להורות נתן ח״ז סי׳ לו-לז.

119. שו״ת קנין התורה ח״ז סי׳ קכו.

120. פשוט. הוא ועיין בזה בשו״ת להורות נתן ח״ז סי׳ לו-לז.

121. בשו״ע סי׳ תקנא סעי׳ יד כתב המחבר: אסור לגדולים לספר לקטנים ולכבס כסותם בשבת שחל תשעה באב להיות בתוכה. והמ״ב בס״ק פב הביא מהחיי אדם דלצורך קטנים אין להחמיר אף לפי מנהגינו אלא בשבת זו. אמנם הרמ״א הוסיף וכתב וז״ל: מיהו בגדים שמלפפין בהם הקטנים לגמרי שמוצאים בהם רעי ומשתינין בהם הני ודאי משרא שרי, ואפי׳ בגדי שאר קטנים נוהגים להקל, עכ״ל. ובפשטות מבואר מדברי הרמ״א דמותר לכבס בגדי קטנים אפי׳ כשאינן משתינין בהם, דהרמ״א הוסיף דאפי׳ בגדי שאר קטנים נוהגים להקל. וכן מבואר בפמ״ג בא״א סי׳ תקנא ס״ק לט. אמנם הרמ״א לא פירש עד איזה גיל מותר לכבס בגדי קטנים, ועיין לקמן בזה.

איברא מכמה אחרונים מבואר דלא התירו לכבס רק בגדי קטנים שמלפפין אבל לא בגדי שאר קטנים. דעיין בלבוש סי׳ תקנא סעיף יד שכתב וז״ל: וכן אסור לכבס כסותן של קטנים שלא יסיח דעתו מן האבל ודוקא כסות של קטנים כגון בני ג׳ וד׳ שנים אבל בגדי הקטנים המטנפים עצמם ומוציאין רעי ומשתינים אותן הנהו משרי שרי לכבס שאין בכיבוס זה משום שמחה, עכ״ל. הרי מוכח דהלבוש לא התיר רק לקטנים המטנפים עצמם ולא שאר בגדי הקטנים. וכן מבואר מדברי הערוך השלחן שכתב בסעיף טו וז״ל: דאסור לגמרי לעסוק בכיבוס מן ר״ח ואילך לבד בגדי קטנים שמלפפין אותן דבהכרח לכבס בכל יום, עכ״ל.

וע׳ בחיי אדם כלל קלג סי״ח שכתב וז״ל: אבל בגדים שמלפפין בהם קטנים לגמרי שמוציאין רעי ומשתינין בהם מותר, וכן שאר בגדי קטנים בני ב׳ וג׳ שנים נוהגים להתיר,

limits for this exemption, HaGaon Rav Moshe Feinstein, *zt''l*, ruled that it is valid for any children who constantly soil their clothing with dirt, mud, and the like.[122] Whenever possible, such laundering should be done in private (e.g., at home rather than in a public Laundromat).[123]

This permission to launder children's clothing does not extend to ironing.

When washing children's clothing, one may not add other garments, even though all the garments will be washed in the same load.[124] Washing children's soiled clothing is preferable to buying new ones.[125]

6. All One's Garments Are Dirty

One whose garments all became dirty, leaving him nothing clean to wear, may wash a garment until the week of *Tishah B'Av*. However, it is preferable that the garment not be ironed.[126]

A person who has only one garment and it has become dirty is permitted to wash the garment until the week of *Tishah B'Av*.[127] [If it becomes dirty during the week of *Tishah B'Av*, a Torah authority should be consulted.]

One who travels during the Nine Days must take along as

עכ״ל. ולכאורה משמע מדברי החיי אדם דזה שכתב הרמ״א דאפי׳ בגדי שאר קטנים נוהגים להקל היינו לומר דבהני קטנים שמלפפין את בגדיהם מותר לכבס שאר בגדיהם, אבל הרמ״א אינו בא להתיר לכבס בגדיהם של שאר קטנים שאינם מלפפין את בגדיהם וצ״ע, ובפרט שלא משמע כן מלשון הרמ״א.

122. והנה בפוסקי זמנינו מצינו כמה שיעורים עד מתי מותר לכבס בגדי קטנים. מרן הגר״מ פיינשטיין זצ״ל, הובא בספר קיצור הלכות בין המצרים עמוד 9 פסק שכל זמן שהם עדיין בגיל שמלכלכים בגדיהם מותר לכבסם. ועיין בהלכות ומנהגי בין המצרים שהביא מהגרי״ש אלישיב שליט״א שיש להקל אף בגיל שמונה וכיו״ב. ובשו״ת עמק התשובה ח״א סי׳ צב אות ח כתב שאפי׳ בבן ט׳ מותר.

123. מ״ב סי׳ תקנא ס״ק פג.

124. כן פסק מרן זצ״ל הגר״מ פיינשטיין זצ״ל.

125. כן פסק הגאון ר׳ ישראל זאב גוסטמאן זצ״ל, הובא בקובץ צהר (חי״ד עמוד נא) והגאון ר׳ יוסף שלום אלישיב שליט״א, והגאון ר׳ ח.פ. שיינבערג שליט״א.

126. קובץ מבית לוי עמוד יד הלכה ב.

127. מ״ב סי׳ תקנא ס״ק כט. ועיין בקונטרס מקדש ישראל דף כב דעדיף לכבס מלקנות בגד חדש דהוי שמחה טפי.

5: ACTIVITIES RESTRICTED DURING THE NINE DAYS 81

much clothing as will be needed, even if one finds this burdensome. One may not take along just a few garments and then rely on the fact that he has no other garments to wear to permit himself to launder his dirty clothing.[128]

7. Shabbos Clothing

One who does not have clean clothes to wear for Shabbos during the Nine Days may launder for Shabbos on Thursday or Friday, but should preferably have the laundering done by a non-Jew.[129]

8. Polishing Shoes

Polishing scuffed shoes (i.e., applying liquid or wax polish to shoes that have lost their color) is permissible during the Nine Days. However, shining shoes is forbidden during the week, but is permitted in honor of Shabbos.[130]

9. Cleaning the House

Prevalent custom permits light housecleaning. Nevertheless, if the house is very dirty, it may be cleaned in the usual manner. Similarly, one may do a regular cleaning in honor of Shabbos.[131]

---

128. כן סובר הגרש״ז אויערבאך זצ״ל ויבדלחט״א הגרי״ש אלישיב שליט״א הובא בספר נטעי גבריאל פרק לה הערה מו, וטעמם משום דלא מצינו שהתירו לכבס במקום טירחא.

129. מ״ב סי׳ תקנא ס״ק לב. ועיין בהלכות בין המצרים דף 10 שכתב דשמעתי מפי מרן הגר״מ פיינשטיין שמי שנתלכלכו כתונותיו שהכין וצריך ללכת לעבודתו מותר ללבוש המכובסים אם מוכרח.

130. שו״ת אג״מ או״ח ח״ג סי׳ פ, וכן פסק בקובץ מבית לוי עמוד כח אות י. וע״ע בזה בשו״ת עמק התשובה ח״א ס׳ צב אות ב, ובמועדים וזמנים ח״ה סי׳ שלח וחלק ח הערות לסימן שלח.

131. בדין זה יש הרבה דיעות וכתבנו עפ״י הגאון ר׳ שמואל וואזנר שליט״א הובא בקובץ מבית לוי עמוד יא הלכה ט. ועיין בשו״ת התעוררות תשובה ח״ג סי׳ שלט שכתב וז״ל: שאלה בא לפני, חדרי דירה שהקרקע מרוצף בקרשים ובכל השנה מנקים ורוחצים אותם הקרשים מהרפש וטיט וקיא, אם מותר לעשות כן מר״ח אב עד התענית. תשובה: לא נמצא דבר זה בשו״ע לאיסור, רק בשו״ע (סי׳ תקנא סעי׳ ז) ובהג״ה שם איתא שאנו נוהגין איסור לכבס מר״ח עד התענית, והטעם איתא שם במגן אברהם (ס״ק יב) דנראה כמסיח דעתו מאבילות, וטעם זה שייך ג״כ בזה. אבל לפי מה שאיתא שם

10. Polishing Silver

Silver should not be polished during the Nine Days, but may be polished for use on Shabbos.[132]

11. Wet Clothing

It is permitted to put a wet garment in the dryer to dry.[133]

12. Brushing Clothing

It is permitted to brush garments to remove dust or lint.[134]

13. Picking Up Clean Clothes From Cleaner

Although it is forbidden to give clothes to the cleaners during the Nine Days, clothes that were there from before may be picked up.[135]

ברמ״א (סעי׳ א) שאפילו אנו שנוהגין שלא ללבוש בגדי שבת אפילו בשבת חזון אך הכתונת מחליפין, וכתב המגן אברהם (ס״ק ד) וז״ל: והמחמיר שלא להחליפו מנהג שטות הוא, שאינו לבוש רק מפני הזיעה, עכ״ל, מכש״כ בזה שהוא רק מחמת נקיון ושלא יהי׳ האויר מעופש שרי.

מ״מ בשבוע שחל ת״ב להיות בתוכה שאסור להלביש כתונת מכובס כלל כמבואר שם בשו״ע (סעי׳ ג) א״כ אסור לנקות ולרחוץ הקרשים בשבוע שחל ת״ב להיות בתוכה. אבל יש להתיר מטעם זה שלא יהיה חמור מת״ב עצמו שאסור ברחיצה, מ״מ אם היו ידיו מלכולכות בטיט ובצואה מותר לרחוץ להעביר הליכלוך (כיון שאינו מכוון להנאת רחיצה), כמבואר בשו״ע (סי׳ תקנד סעי׳ ט), א״כ גם זה שרי. וכ״ז למי שמקפיד בזה כל השנה, אבל מי שבלאו הכי כמה פעמים אינם רוחצים ומנקים תמיד בכל שבוע וממתינים לפעמים שתי שבועות אסור. וראי׳ לזה ממה שהובא במג״א (סי׳ תקנב ס״ק מא) שמותר לטבול בע״ש לשם מצוה, וכל זה במי שטובל בכל ערב שבת, אבל מי שמבטל לפעמים משום טירדא או משום צינה גם עכשיו אסור. חוץ אם מתרבה הרפש והטיט בהחדר מאוד ע״י שירדו הגשמים ביותר או ע״י דבר אחר, או שנתלכלך ע״י קטנים וכדומה יש להתיר, חוץ מת״ב עצמו שאין לנקות ולרחוץ רק מקום מטונף לבד. ופשיטא שלצורך חולה שצריך אויר טוב מותר לנקות ולרחוץ אבל לבריא אין להתיר. ומה שנוהגין בבית העשירים הנכבדים לסוך הקרקע באיזה מיני שמן מעורב בשעוה ושפין ובועטים לשפשף כדי שיזהר ואין זה מחמת נקיות רק להתנאות, לענ״ד אסור ודומה לציור וכיור שאסור מר״ח עד התענית כדמוכח גם במג״א (סי׳ תקנא סק״ז) וק״ל, עכ״ל.

132. עפ״י שו״ת אג״מ או״ח ח״ג סי׳ פ, נחמת ישראל פרק יז הלכה יח.

133. נחמת ישראל פרק יז ציון 175.

134. נחמת ישראל פרק יז הלכה ו׳.

135. לכאורה צריך להיות מותר ליקח בגדיו המכובסים מהכובס בט׳ הימים, ואין לאסור מפני מראית עין שיאמרו שהוא נתן הבגדים לכובס בימים שאסורים ליתן להם, כיון שהכל יודעים שאין הדרך לילך וליטול הבגדים מהכובס מיד שנגמר הכיבוס, וא״כ

14. Dust Rags

Dust rags, sponges, and the like may be washed during the Nine Days, if necessary.

15. Ironing Tablecloth or Shirt for Shabbos

One who does not have an ironed tablecloth for Shabbos may iron one. Likewise, one whose only Shabbos shirt is creased may iron it for Shabbos.

V.
Wearing New or Laundered Clothing During the Nine Days

A. The Prohibition

New clothing may not be worn at any time during the Nine Days. Freshly laundered clothing may not be worn on weekdays during the Nine Days (even if the clothing were laundered before the Nine Days began), but they may be worn on Shabbos (see Section VIII below). This prohibition was enacted as a sign of mourning[136] and applies to men, women, as well as children who reached the age of *chinuch* (i.e., 7 or 8). The prohibition applies to shirts, pants, skirts, blouses, dresses, coats, sweaters, jackets, towels, tablecloths, and bed linen.[137] Most Poskim include undergarments, socks, and pajamas in the prohibition,[138] but some exclude such

---

שפיר יתלו ויאמרו שנתנם לכובס קודם ר״ח. אמנם עיין בערוך השלחן סי׳ תקנא סעי׳ טו שכתב שאם מסר הבגדים לכובסת קודם ר״ח שיזהר שלא תביא הבגדים לביתם עד אחר ט״ב. וזה לכאורה שלא כדברינו, ויש לומר דבזמנו היה דרך להביא בגדים לביתם אחר הכיבוס מיד, משא״כ בזמנינו.

136. שו״ע סי׳ תקנא סעי׳ ג. ובגדים חדשים אסור כמבואר במ״ב סי׳ תקנא ס״ק מה.

137. בשו״ע סי׳ תקנא סעי׳ ג כתב ״וכן המכובסים מקודם בין ללבוש בין להציע בהם המטה ואפי׳ מטפחות הידים והשלחן אסור״.

138. טעם האוסרים לבישת בגדים המכובסים גם בבגדי זיעה, בשו״ע סי׳ ג כתב המחבר דבגדי פשתן אין בהם משום גיהוץ ומותר לכבסן, אבל ללובשן אסור. והביאור הלכה הביא בשם הרמב״ן והטור דהטעם דמותר לכבס בגדי פשתן הוא משום שאין מתגהצים ואין זיעה וטינוף יוצא מהם, וכתב דמיירי בכלי פשתן הקרובים לבשר, ע״ש. והנה מנהג שלנו, כמו השיטה המבואת בהלכה דאין מכבסין כלי פשתן, והמתירים לכבס בגדי פשתן התירו רק הכיבוס ולא הלבישה.

clothing.[139] If possible one should follow the stricter opinion

עוד ראיה מצינו מהרמ״א בסי׳ תקנא סעי׳ א שהתיר חליפת הכתונת לכבוד שבת חזון, וכתבו האחרונים דההיתר הוא משום זיעה. והמ״ב בס״ק ו הוסיף להתיר גם חליפת הפוזמקאות מטעם זיעה, ומבואר מזה דרק לשבת מותר להחליף בגדי זיעה אבל בחול אסור להחליף.

וכן כתב להדיא הכף החיים בסי׳ תקנא ס״ק צא שאף בגדי זיעה והגרביים יש להכין ע״י שילבשם לפני ר״ח, וכן כתב באורחת רבינו ח״ב עמוד קלב בשם הבעל קהלות יעקב. וכן הביא הגר״ש פעלדער שליט״א דכן הוא דעת פוסקי זמנינו שליט״א.

וראיתי בספר פסקי תשובות ס״ק יז חידוש גדול בזה, וז״ל: ואין האיסור אמור אלא במחליף בגדים לתענוג או להתנאות, אבל מחמת לכלוך או ריח רע דזיעה מותר להחליף, ולכן כתבו הפוסקים שבארץ ישראל ובשאר מדינות שהחום וההבל בימים אלו רב יש להקל למי שסובל מאד מזיעה להחליף הלבנים והגרביים, וכן מטפחות אף ומגבות שנתלכלכו, עכ״ל.

ובציון 107 ציון לפתחי תשובה יו״ד סי׳ שפט ס״ק ב בשם שו״ת לחמי תודה לענין שבעת ימי אבילות. וזהו תוכן דבריו, דהא דלא התירו באבל ללבוש בגד מכובס אלא לאחר שבעה היינו דוקא במחליף בגדיו לתענוג, אבל אם מחליף לצורך כגון שהחלוק מלוכלך בזיעה או משום עירבוביא (לכלוך דזיעה), שרינן אפי׳ בחול בתוך שבעה. ובשו״ת מנחת יצחק ח״י סוף סי׳ מד העיר דהמעיין בלחמי תודה יראה דלא התיר אלא ע״י שאחר ילבשנו קודם, ולכן גם לענין ט׳ הימים אין להתיר בגדי זיעה אלא ע״י שילבשם קודם או שיניחם על הקרקע שיתלכלכו קצתם. אמנם בערוך השלחן יו״ד סי׳ שפט סעי׳ ו כותב שנהגו להקל להחליף בגד זיעה אף בלי שילבשם אחר, עכ״ל.

ולכאורה אף אם נאמר דהלחמי תודה הקיל בזה, הא המחבר כתב להדיא דגם בגדי זיעה אסור כדהבאנו לעיל.

וחוץ מזה, כנראה כוונת הלחמי תודה דמיירי בחלוק שנתלכלך כל כך עד שאינו ראוי ללובשו כלל, וממילא הוי כאין לו חלוק כלל דודאי מותר לכבס. וא״כ אין ראיה לנידון דידן, דהגם דהבגד יש לו זיעה מ״מ ברוב פעמים עדיין ראוי ללבישה. וגם בציור של אבילות לא היה זמן להכין הבגדים קודם השבעה, דברוב פעמים אינם יודעים בדיוק מתי יהיה הפטירה. משא״כ בדידן שכל אחד יודע שבכל שנה יהיה תשעת הימים שאסור ללבוש בגדים מכובסים, ויש לו האפשרות להכין הבגדים.

139. בשו״ת רבבות אפרים ח״א סי׳ שעג, וח״ג סי׳ שמ, הביא בשם מרן הגר״מ פיינשטיין זצ״ל דבגדים הסמוכים לבשר שהם בגדי זיעה מותר להחליף בט׳ הימים גם בלי להכינם קודם. וכן הביא בספר מועדי ישורון עמוד 134 בשם הגר״מ פיינשטיין זצ״ל. ובקובץ מבית לוי (בין המצרים) עמוד יד כתב דאפשר להקל בבגדי זיעה לבנים וגרביים. אמנם הגר״ש אידער זצ״ל בספרו הביא בשם מרן הגר״מ פיינשטיין זצ״ל דבגדים שלובשים סמוך לבשר מותר להחליפם רק אם יש לו אי נוחות וגירוד.

ולכאורה מבואר לפ״ז דגם דעתו דאסור להחליף בכל יום אף למי שרגיל בכך אם לא באופנים הנ״ל. ובקובץ שיעורי הגר״ש פעלדער שליט״א בציון סג הביא שכן שמע מכמה תלמידי מרן הגר״מ זצ״ל דיש ללבוש בגדי זיעה קודם ר״ח. וכן אמר לי הג״ר ראובן פיינשטיין שליט״א שדעת אביו זצ״ל היתה שצריך ללובשם קודם. וממילא אינו ברור כ״כ מה היתה דעת מרן הגר״מ פיינשטיין זצ״ל בבגדי זיעה. והגאון ר׳ שלמה זלמן אויערבאך זצ״ל בספרו הליכות שלמה הלכות בין המצרים הלכה יב כתב וז״ל: בגדי

in this matter.

B. Preparing Garments Before the Nine Days Begin

Nowadays, most people find it difficult and unpleasant to wear the same clothing for nine days. Since it is forbidden to wear freshly laundered garments, the Poskim suggest various ways to sidestep the prohibition, without stepping out of the bounds of halachah. Three of these are presented here:

1. Preparing Before Rosh Chodesh

Before *Rosh Chodesh,* one should set aside all the garments intended for use during the Nine Days, and wear each garment for a short period, just long enough for the garment to lose the feeling of freshness. Various time frames are given by the Poskim for the amount of time one must wear the garment. According to HaGaon HaRav Yosef Eliashiv, *shlita,* half an hour is sufficient.[140]

זיעה שלובשם על בשרו וכן גרביים, אם מניעת החלפתם גורמת קושי מותר להחליפם, עכ״ל. הרי בפשטות מבואר מדבריו דבגדי זיעה צריך ללבוש קודם תשעת הימים. ובהערה יח כתב וז״ל: וצ״ע אם נוהג בבגדי זיעה איסור בגדים חדשים בתשעת הימים ובאבלות שלשים, עכ״ל.

140. הגאון ר׳ שלמה זלמן אויערבאך זצ״ל בספר הליכות שלמה בין המצרים פרק יד הלכה יד כתב וז״ל: בגד מכובס שלבשו קודם ר״ח אב, אין להתיר ללובשו בתשעת הימים אלא אם היה לבוש בו זמן ניכר עד שאינו נראה כמכובס, עכ״ל.

וכן כתב בספר הליכות והנהגות עמוד ב (מהגאון ר׳ י.ש. אלישיב שליט״א) וז״ל: מי ששכב על מקצת סדין וכגון שרוצה להשתמש בארבעה סדינים בבת אחת ולכן מחלק את המיטה לארבעה חלקים וכל חלק עם סדין אחר שפיר מועיל, דכיון דהשתמש בחלק מהבגד כבר אין לו שם בגד מכובס, ואין חל על זה איסור חכמים, עכ״ל. וכ״כ בספר מועדים וזמנים ח״ה סי׳ שלח. אבל הגאונים הנ״ל לא כתבו כמה זמן צריך להשתמש עם הבגד כדי שלא יהיה ניכר שאין הבגד מכובס.

ומצינו כמה זמנים שונים בפוסקים. בשו״ת רב פעלים ח״ד סוף סי׳ כט כתב שצריך ללבוש הבגד ב׳ או ג׳ שעות. ובספר קרא עלי מועד עמוד כו הערה ז בשם הגרי״ש אלישיב שליט״א כתב ששיעור הוא כחצי שעה.

ובספר דעת קדושים יור״ד סי׳ שפט ס״ק ג כתב דאפי׳ לבישה לרגע מהני, ועיין בספר מקדש ישראל סי׳ צ שתמה על דבריו.

ועיין בשו״ת משפט צדק סי׳ מו שכתב דלא מהני שילבשנו שעה קודם הט׳ ימים רק על מנת ללובשו מר״ח עד שבוע שחל בו תשעה באב שאינו אלא ממנהגא, אבל ללבשו בשבוע שחל בו ת״ב שהוא מדינא לא מהני לבישת שעה ועי״ש, שהאריך בזה.

When preparing in this manner, one may put on more than one of the same garment simultaneously[141] (e.g., one pair of socks on top of another; one shirt on top of another), if wearing them in this manner will cause them to lose their freshness.

Before *Rosh Chodesh*, one should lie on fresh bed linen intended for the Nine Days, so that it will lose the feeling of freshness,[142] and should use each towel (hand, bath) at least once after it has been laundered.[143]

2. Preparing After *Rosh Chodesh*

Although freshly cleaned clothing may be worn in honor of Shabbos, the laws of Shabbos prohibit preparing on Shabbos for a weekday. Therefore, one may not put on fresh clothing on Shabbos in order to be permitted to wear them on weekdays. Nevertheless, each time one dresses on Shabbos, one may put on different clothing. Thus, one may wear one set of clothing from before Shabbos until bedtime. In the morning, one may put on a fresh set of clothing. The same may be done again if one undresses for a nap during Shabbos.[144] In this

---

וראיתי חידוש כעין זה בשו״ת עמק התשובה ח״א סי׳ צב ס״ק ז: ועוד יותר היה נראה לענ״ד דמי שרגיל להחליף את הכתונת פעמים בשבוע וזה לא ישונה אצלו כל השנה ג״כ מותר לעשות כן בשבוע שחל בו ת״ב דהא הוי אצלו כמו נקיות, ומה שכתב בש״ע לאיסור היינו משום דבימיהם היה המנהג שלא החליפו רק משבת לשבת כידוע משא״כ בזמנינו וצ״ע כל זה למעשה, עכ״ל.

141. דעת קדושים יור״ד סי׳ שפט שעי׳ ג. ועיין בספר קרא עלי מועד (עמוד כז הערה יט) בשם הגר״ח קניבסקי שליט״א שרק אם מתקמט קצת יש להקל אבל בלא״ה אין להקל.

142. נחמת ישראל פרק יט הלכה ה.

143. קיצור שלחן ערוך סי׳ קכב סעי׳ ט. ועיין בשו״ת רבבות אפרים ח״א סי׳ שע שהביא טעם למה אין העולם נזהרים להשתמש במגבת קודם תשעת הימים. ועיין בחוברת אור ישראל, קובץ מומח׳ אודות כיבוס מגבות בית המדרש והמקואות בתשעת הימים.

144. בכף החיים סי׳ תקנא ס״ק צא הביא מספר בן איש חי דברים אות ו וז״ל: אבל אם שכח לעשות תקנה זו קודם שבת ונזכר ביום שבת לא יעשה כן ללבוש המכובסת שעה אחת ויפשיטנה כדי ללבשה אחר שבת, דא״כ נמצא הוא מכין משבת לצורך חול, אלא כיצד יעשה יפשוט הכתונת שעליו שלבש אותה בליל שבת, וילבש במקומה המכובסת ותשאר עליו ולא יפשיטנה ביום ההוא. ואז אותה כתונת שפשט ביום שבת ילבשנה אחר שבת כי עדיין לא נעשה בה זיעה ולכלוך מאחר שלא לבש אותה זמן הרבה, וכן יעשה באנפלאות ושאר בגדים הצריך להם בשבוע זו, עכ״ל.

ולכאורה יש להוסיף על דבריו, דכמו שישן בשבת בצהרים ופשט את בגדיו, כשקם

5: ACTIVITIES RESTRICTED DURING THE NINE DAYS 87

manner, one will have at least three changes of clothing for the remainder of the Nine Days. But this is permissible only if the garments one puts on are suitable for Shabbos, for if they are not, the change of clothes will be considered as preparation on Shabbos for the weekdays.

3. Additional Ways of Removing Freshness

One may remove a garment's freshness by placing it on an unswept floor where it will pick up some dust or dirt.[145]

Alternatively, one may crease a garment by stepping or lying down on it.[146]

Alternatively, one may place the clean garment in the laundry hamper with dirty clothes for a short time.[147]

C. Exclusions and Exemptions

1. Houseguests

One may make up a bed with freshly laundered linen for a

אח״כ יכול ללבוש בגד אחר.

אמנם ראיתי בספר הלכות ומנהגי בין המצרים פ״ד הערה 41 שנתקשה בהיתר זה וז״ל: אך מטעם אחר קשה לי טובא על מנהג זה, ולא משום ההכנה אלא משום השבת עצמה, שהרי לא התירו בגדים מכובסים רק לשבת עצמה משום כבוד השבת, ואף בזה בקושי נוהגין היתר, והמהרש״ל נתחבט אף על הכתונת עצמה, וברמ״א יש סתירה אי דוקא כתונת או כל הבגדים, אך עכ״פ דיינו מה שהתירו משום שנצרך לשבת עצמה, אבל באופן שמשום כבוד שבת עצמה אין לו ענין בזה כלל, וכל מגמתו בלבישת בגדי שבת מכובסים שיהא לו הרבה ליום חול ובזה לא ידענא היתר ללובשו בשבת עצמו. והגרי״ש אלישיב שליט״א השיב לי דלדידן דנקטינן כהגר״א שמחליפין כל בגדי שבת, הוי בגדר הותרה כסעודת שלמה בשעתו, ולא שייך אבילות בשבת כלל בזה. וגם י״ל דכיון שמחליפין פעם אחד או פעמיים במשך כל השבת, בודאי גם בשבת נהנה מזה במה שיש לו בגד נקי יותר, ויש בו משום כבוד שבת.

145. דברי סופרים קיצור הלכות אבילות פרק לז סעי׳ לה בתורת אפשר. וע״ע בזה בשו״ת מנחת יצחק ח״ו סי׳ מד בשם לחם הפנים.

146. כן נראה דמהני עצות אלו כיון דע״י עמידה או שינה על הבגדים נפחת יופי הכביסה מהבגד ואין זה נקרא בגד מכובס ומותר ללבושו בתשעת הימים. ואח״כ ראיתי בספר שלמי מועד דף תעט שכתב מהגאון ר׳ שלמה זלמן אויערבאך זצ״ל דמהני שינה על הבגדים.

147. כ״כ מרן הגרי״ש אלישיב שליט״א בתורת ״אפשר״ בהליכות והנהגות עמוד 8.

visitor who arrives during the Nine Days.[148]

2. Hospitals

Hospitals or nursing homes are permitted to supply freshly laundered bedcloths, linen, and towels during the Nine Days.[149]

3. Hotels

A Jewish-owned hotel or motel may supply a newly arrived guest with fresh linen.[150] However, it is not permitted to change that guest's linen until after the Nine Days.[151] A Jew who is staying in a non-Jewish hotel or motel should ask that his linen not be changed during the Nine Days.

4. Garments That Became Dirty

If all of one's prepared garments became dirty and unwearable, one is permitted to put on a freshly laundered garment.[152] However, before wearing the garment, one should follow the procedure described in paragraph B, 3 above.

5. *Shuls*

Shul and *mikveh* towels may be washed during the Nine Days, if necessary.[153]

---

148. שו״ת ציץ אליעזר ח״ג סי׳ סא, וכן כתב בשם מרן הגרי״ש אלישיב שליט״א בהליכות והנהגות עמוד 8.

149. דכיון דאין זה בגדר תענוג אלא מצד בריאות מותר, כדאיתא בשו״ת ציץ אליעזר ח״ג סי׳ סא.

150. מרן הגאון ר׳ יוסף שלום אלישיב שליט״א, הובא בהליכות והנהגות עמוד 8.

151. שו״ת מנחת יצחק ח״י סי׳ מד, שו״ת להורות נתן ח״ז סי׳ לו-לח.

152. זה השלחן ח״ב סי׳ תקנא.

153. דף כג. לכאורה הטעם שיש להתיר בזה מפני שאין כיבוסן מחמת שמחה אלא מפני שאי אפשר להשתמש בהם כמה ימים רצופים בלי להחליף. ועיין בזה בהליכות שלמה פרק יד הערה 42, ובקונטרס מקדש ישראל דף כג.

VI.
Bathing and Swimming During the Nine Days

A. The Prohibition

Centuries-old custom prohibits swimming, bathing, and showering for pleasure, even in cold water, during the Nine Days.[154]

B. Exclusions and Exemptions

1. Hands, Face, and Feet

Washing one's face, hands or feet[155] with cool water is permitted.[156] However, the water does not have to be completely cold. Warm water may be added in order to relieve the discomfort caused by the cold water.[157] Soap may not be used[158] unless the dirt cannot be removed without it (see paragraph 3 below).

2. Medical Reasons

One may wash or bathe in warm water when such cleansing

---

154. מקור להך דינא הוא בטור בסי׳ תקנא שכתב וז״ל: כתב אבי העזרי נהגו אבותינו שלא לרחוץ מראש חודש ויש עלינו לקיים משום אל תטוש תורת אמך. והב״י הביא מתרומת הדשן סי׳ קנ דאפי׳ בצונן אסור. והמחבר בשו״ע סעי׳ טז כתב דיש נמנעין שלא לרחוץ מר״ח ויש שאין נמנעין אלא בשבת זו. והרמ״א שם כתב שהמנהג הוא שלא לרחוץ אפי׳ בצונן מר״ח ואילך. ועיין בערוך השלחן סי׳ תקנא סעי׳ לה.

155. ולענין השיעור של פנים, וכן אם הידים הן עד הזרוע או רק פיסת היד, וכן לענין רגל, ועיין בא״א (מבוטשאטש) סי׳ תקנא סי׳ טז שכתב דאולי ידיו הנזכר היינו כולם עד חיבורם לגוף, עכ״ד. ועיין בספר קרא עלי מועד פ״ג הערה ד שהביא מהגר״נ קרליץ שליט״א שפניו הוא מהמצח עד הסנטר, וידיו מותר לרחוץ עד המפרק, ורגליו עד הברך. והביא שם מספר ארחות רבינו ח״ב עמוד קלד בשם הבעל קהלות יעקב שהיום אסור לרחוץ הרגלים בחמין בע״ש חזון משום שאין אנו הולכים יחף, ועי״ש שמפלפל בדבריו.

156. מ״ב סי׳ תקנא ס״ק צד.

157. עיין בספר אבלות החורבן דף 155 שכתב וז״ל: גדר צונן הוא כל שאינו נהנה מחמימות המים, ואפי׳ חימם מעט את המים כדי לבטל את קרירותם מותר (מגדולי ההוראה בירושלים), עכ״ל.

158. מ״ב סי׳ תקנא ס״ק צו.

is medically indicated.[159] Likewise, a pregnant woman may bathe in warm water during her ninth month, if it is beneficial for her health.[160]

3. Removing Dirt Or Perspiration

Dirt or perspiration may be washed from any part of the body, with cool water, if possible. Hot water or soap should not be used unless the dirt or perspiration cannot be removed without them.[161] One whose body is completely covered with perspiration and feels *very uncomfortable* is permitted to take a cool shower. Likewise, a very sensitive person who is accustomed to showering often may take a cool shower. However, one should not unnecessarily be lenient in these matter. Since the custom that prohibits washing was instituted to help one remember and feel uncomfortable about the destruction of the two Temples, it is proper for one to suffer some measure of

---

159. מ״ב סי׳ תקנא ס״ק פח.

160. שעה״צ ס״ק צד, והוסיף שם דה״ה יולדת או מי שהוא אדם חלוש ואמר לו הרופא שצריך לרחוץ בכל יום בחמים דשרי, מלבד תשעה באב עצמו דצריך ליזהר בזה.

161. המחבר בסי׳ תקנד סעי׳ ט כתב דאפי׳ בתשעה באב אם היו ידיו מלוכלכות בטיט ובצואה מותר לרחוץ להעביר הלכלוך, ולא יטול כל ידיו אלא לפי הצורך להעביר הלכלוך. והמ״ב בס״ק יט כתב להסביר דאינו אסור אלא רחיצה של תענוג. וא״כ הרי מבואר להדיא דאפי׳ בתשעה באב מותר לרחוץ להעביר הלכלוך, וא״כ כ״ש בשאר הימים שאיסור רחיצה הוא מטעם מנהג שמותר לרחוץ להעביר הלכלוך או הזיעה והזוהמא. ויותר מזה מצינו בהלכות יום כפור סי׳ תריג סעי׳ א דאם היו ידיו או רגליו או שאר גופו מלוכלכים בטיט או בצואה וכו׳ שמותר לרחצם, שלא אסרו אלא רחיצה של תענוג. ועי״ש במ״ב בס״ק ב שכתב וז״ל: מלשון זה משמע דאם הזיעה הרבה ורוצה לרחוץ להעביר הזיעה מותר כיון שאינה רחיצה של תענוג, עכ״ל. ואף על פי כן הסיק המ״ב דמ״מ מי שאינו איסטניס ואין צריך לרחיצה זו כ״כ נכון להחמיר שלא לרחוץ בשביל העברת הזיעה, עי״ש. עכ״פ מבואר דלרחוץ להעביר לכלוך או זיעה מותר. אבל אינו מבואר ממקורות אלו אם מותר לרחוץ בחמים ובסבון, ולכאורה אם הלכלוך גם ירד בלי חמין וסבון פשוט שאסור, ואם הלכלוך והזיעה אינו יורד בלי מים חמין וסבון פשוט שמותר להשתמש בהם. וראיתי בערוך השלחן סי׳ תקנא סעי׳ לז שכתב: מי שאינו נקי בגופו מותר לו לרחוץ אפי׳ בחמין כדי שיהיה נקי, עכ״ל. הרי מבואר להדיא דמותר גם במים חמין אי צריך לכך כדי להיות נקי. ועיין בשו״ת שבט הלוי ח״ח סי׳ קכז שהאריך בזה ולבסוף מסיק וז״ל: פשוט דלהעביר זוהמת הזיעה מותר רחיצה גם בבורית אם נצרך לכך, ומכל שכן בימים ובמקומות החמין, אבל כנראה רק בצונן שזה מספיק לכך, עכ״ל.

discomfort by refraining from bathing during the Nine Days.[162]

---

162. עיין בספר הליכות שלמה פרק יד הלכה יח שכתב שאף מי שההימנעות מרחיצה גורמת לו צער אין לו להקל משום כך כלל ברחיצה בתשעת הימים. ובדבר הלכה ס״ק כא כתב וז״ל: דמה שמצטער אין בו צד קולא, כי זהו תקון חכמים להצטער בימים אלו על חרבן בית המקדש, וכדאי הוא בית אלוקינו וכו׳, ולכן לא כל מצטער או איסטניס רשאי להקל בדבר. אכן מי שמצטער ביותר וסבלו רב עקב כך, יש להורות לו היתר לרחוץ בצונן כפי ההכרח (בלא לסוך בסבון וכדומה) דכולי האי לא תקנו, עכ״ל. ועי״ש שכתב עוד שמה שיש מקילים בערי השפלה וכדומה, הוא ג״כ רק מפני שהסבל שם הוא קשה מאד מפני רבוי הזיעה והלחות. ומ״מ רחיצה בסבון אין להתיר, אם לא שאין הזוהמא והזיעה עוברות ללא סבון, או שיש צורך רפואה בדבר דבכה״ג ודאי שרי. ולחלק מן השואלים אמר דמ״מ לא ירחץ כל גופו כאחת. ונשאל רבינו איך יש להורות בזה לבני חו״ל הדרים עתה בארץ ישראל ורגילים לרחוץ בכל יום, והשיב דמי שהוא בגדר איסטניס ממש שרי ברחיצה, אבל בסתמא אין להחזיקם באיסטניסים אלא שרגילים בכך לתענוג, ואף להרגילים בכך ומרגישים קושי בלא רחיצה אין נראה להתיר יותר מב׳ פעמים בשבוע, ועכ״פ בסבון ודאי אין להקל, עכ״ל.

הרי מבואר מדבריו דאין זה פשוט כ״כ לרחוץ כל גופו בתשעת הימים ולא כל אדם נכנס בגדר מצטער ואסטניס.

וראיתי שמביאים בשם מרן הגר״א שך זצ״ל שאמר שמעולם לא שמע שאבל ל״ע יבוא לשאול אם מותר להתרחץ בימי אבלו. וכוונתו כמו שכתב הגאון ר׳ שלמה זלמן זצ״ל דכמו שאבל אין לו שום שאלות לרחוץ כי מרוב צערו מרגיש שאין עכשיו הזמן לרחוץ, כך צריך האדם להרגיש אודות האבילות על חורבן בית המקדש. וממילא אין מובן מה שהקשה עליו בשו״ת מקדש ישראל סי׳ קנה דאין להורות על פי הרגשת הלב, דהא כל התקנה היתה להיות בצער וזה תלוי בהרגשת הלב. ועיין בספר קרא עלי מועד ס״ג הערה ה שהביא מהחזו״א זצ״ל דאף לבני ישיבה שמזיעין ביותר אין להתיר לרחוץ כל הגוף, והביא שם שכ״כ באז נדברו חי״א עמוד קלא וז״ל: ואני לא התרתי זה, וכדאי קצת להצטער על שריפת בית אלקינו, עכ״ל.

ועיין בשו״ת דברי יציב או״ח ח״ב סי׳ רלז שכתב בענין זה וז״ל: והנה יש שרוצים להתיר הרחיצה מחמת שמזיעים, וסומכים בזה על דעת המג״א להתיר רחיצה כשמזיע, אך משם אין ראיה כי המג״א איירי בזוהמא והיינו שמזוהם מאד ולא בסתם זיעה, ואמנם מי שמזיע כל כך עד שהוא מזוהם או שמזיע בזיעה שאינה חולפת וכו׳. . . וסיים שם: ולאור האמור נראה דבערב שבת חזון יש לאסור הרחיצה זולת הטבילה בפושרין, וכן ראיתי מנעורי בכל המקומות שהייתי שהיו המרחצאות סגורים בערב שבת חזון, ואף אם מזיע כדאי הוא בית אלקינו וכו׳. ובפרט שבימים קדמונים היתה עיקר עבודתם בשדה ועכ״ז נמנעו מרחיצה, וקל וחומר בזמנינו היום, ומכל שכן שבאים לרחוץ בבורית שזה אסור לכו״ע, עכ״ל.

ובשו״ת שבט הלוי ח״ח סי׳ קכז כתב שאנשים העובדים כל השבוע ומזיעין מותרין לרחוץ אף עם בורית כדי להעביר הזוהמא, אלא שירחוץ רק בצונן שזה מספיק לכך. ובח״ז סי׳ עז כתב דמ״מ לא ירחוץ בבת אחת אלא דרך איברים איברים, וכן פסק הגרי״ש אלישיב שליט״א הובא בספר קרא עלי מועד דף כ הערה ו.

ומרן זצ״ל באג״מ אבן העזר ח״ד סי׳ פד ס״ק ד כתב: ולגבי שאלת בני הישיבה אם ביום חום מותר לרחוץ אחר ר״ח אב עד עת״ב, מאחר שמכונים להסיר הזיעה ולא

4. Bathing on *Erev Shabbos* During the Nine Days

According to some Poskim all the restrictions against bathing during the Nine Days remain in place even on *Erev Shabbos*. Other Poskim permit one who is accustomed to washing head, face, hands, and feet with warm water every *Erev Shabbos* to do so on this *Erev Shabbos*.[163] However, the head may not be washed with soap or shampoo unless the dirt or perspiration cannot otherwise be removed. But the face, hands, and feet may be washed with soap.[164]

מחמת תענוג, באמת יש להקל, עכ״ל.

ובפנים כתבנו דיש אופנים שמותר לרחוץ אבל צריך שימת לב קודם שמקילים בזה, ולא כמו הנהוג בזמנינו שכמעט אין כאן זכרון של איסור רחיצה, דכל אחד ואחד חושב עצמו לאיסטניס.

163. הרמ״א בסי׳ תקנא סעי׳ טז כתב: ואפי׳ בע״ש של חזון אסור לרחוץ כי אם ראשו ופניו ידיו ורגליו בצונן, ויש מקילים בזה בחפיפת הראש בחמין למי שרגיל בכך כל שבת, ע״כ. הרי מבואר מדברי הרמ״א שהיש מקילים הוא דוקא בחפיפת הראש, אבל פניו ידיו ורגליו אינו מותר בחמין אפי׳ למי שרגיל בכך בכל ערב שבת. ולכאורה צריך ביאור למה דוקא הראש מותר בחמין יותר מפניו ידיו ורגליו. ובע״כ יש לומר דלרחוץ הראש קשה מאד בצונן ולפיכך הקילו יותר בראש מפניו ידיו ורגליו. אמנם עיין במ״ב שהביא מהחיי אדם כלל קלג סעי׳ יט דהוסיף חידוש משלו וכתב: ונראה לי דהוא הדין ברחיצת פניו ידיו ורגליו בחמין מי שרגיל בכל ערב שבת, ע״כ. וצ״ע מנין חידש החיי אדם חידוש כזה, דהרי הרמ״א שהביא דברי המהרי״ל אוסר להדיא פניו ידיו ורגליו בחמין, והרמ״א מיירי ג״כ במי שרגיל בכך בכל ע״ש, ואפי׳ הכי לא הקיל רק בחפיפת הראש. ועיין בערוך השלחן בסי׳ תקנא סעי׳ לו שכתב וז״ל: ודע שבדורינו התחילו לזלזל ברחיצה בחמין בע״ש חזון, ומרגלא בפומייהו שמי שרוחץ כל ע״ש רשאי גם בשבת זו, ואינו כן שהרי רבינו הרמ״א לא התיר חפיפת הראש ותמיד היו המרחצאות נעולים בע״ש חזון, וזה לא כביר התחילו לזלזל ועתידין ליתן את הדין, עכ״ל. וראיתי בשו״ת שבט הלוי ח״ח סי׳ עז שכתב דהמנהג בערב שבת חזון לרחוץ ראשו ופניו ידיו ורגליו בחמין בלי סבון, כיון שרגיל בזה בכל ע״ש.

164. המ״ב בסי׳ תקנא ס״ק צו הביא מהאחרונים על דברי הרמ״א שמותר לחפוף הראש בחמין בערב שבת, ״אבל לא בזיי״ף״. ולכאורה המ״ב הזכיר מהאחרונים שלא להשתמש בזיי״ף דוקא בנוגע הראש, ומשמע שפניו ידיו ורגליו מותר לרחוץ אפי׳ בזיי״ף. וכן משמע מהלבוש שהוא המקור לדין זה דאסור לרחוץ בזיי״ף שכתב וז״ל: ויש מקילין בחפיפת הראש בחמין וכו׳ אבל בבורית לא יחפוף בשבת זו, ע״כ. הרי משמע דאיסור בבורית קאי רק על הראש. רק נשאר לנו לבאר למה חמור הראש דאסור בזיי״ף מפניו ידיו ורגליו. וראיתי סברא לחלק באופן זה דכיון שההיתר לחפוף הראש בחמין בע״ש חזון אינו מוסכם, כי דעה הראשונה סוברת שאסור, לכן ראו האחרונים לעשות פשרה ולהתיר חפיפת הראש בחמין אבל בלי זיי״ף, אך מה שמותר לכל הדעות מותר אף בזיי״ף, לפיכך פניו ידיו ורגליו שמותר לכו״ע מותר אף בזיי״ף.

Some authorities rule that since nowadays in our society we are accustomed to bathe more frequently, one who is accustomed to bathe with hot water every *Erev Shabbos* may do so during the Nine Days. However, even one who follows this view should bathe as quickly as possible.[165]

All authorities agree that when *Rosh Chodesh Av* falls on *Erev Shabbos*, one who washes his entire body with hot water, soap, and shampoo every *Erev Shabbos* may do so this *Erev Shabbos* also.[166]

5. Children

Young children who constantly soil themselves may be bathed during the Nine Days. Children who have reached the age of *chinuch* with regard to mourning (i.e., 7 or 8) may bathe themselves, but only when necessary (e.g., it is very hot or they are uncomfortable).[167]

---

165. הגאון ר׳ יוסף אליהו הענקין בהסכמתו לספר נחמת יוסף וז״ל: לענין רחיצה וזיעה בערב שבת חזון לענ״ד במדינה זו שנוהגים לרחוץ תדיר הכל בגדר איסטניסים בזה, ודיינו להחמיר בשאר ימים ולא בע״ש, וכן ראיתי נוהגים חסידים ברייסין שרחצו במרחץ בע״ש חזון, עכ״ל. וכן מביא הגאון ר׳ שמעון איידער זצ״ל בשם מרן הגר״מ פיינשטיין זצ״ל שמותר להתרחץ אפי׳ בחמין למי שרגיל כן בכל ע״ש ואינו מבטלו אם לא מחמת אונס.

166. מ״ב סי׳ תקנא ס״ק פט. וראיתי חידוש בזה בשו״ת שבט הלוי ח״ז סי׳ עז שכתב דלדעתו יש לעשות כל גווני שינוים להחמיר גם בע״ש, כגון הרגיל באמבטי׳ יעשה רק מקלחת כפי הצורך וכדומה.

167. בנוגע רחיצת קטנים בתשעת הימים אין הענין מבואר כ״כ, ונתחיל בדברי המ״ב בסי׳ תקנא ס״ק צג וז״ל: וכן קטנים שיש להם חטטין בראשם נוהגין לרחצן בראשן, עכ״ל. ומקור ההלכה הוא מהלבוש. ויש להסתפק באיזה קטן מיירי הלבוש אי בקטן שהגיע לחינוך או אפי׳ בקטן שלא הגיע לחינוך. עכ״פ מבואר מדבריו דרק קטן שיש לו חטטין בראשו מותר לרחוץ ואין כאן היתר בכללות שמותר לרחוץ קטנים, אם לא שנאמר שהלבוש איירי דוקא בקטן שהגיע לחינוך וע״ז צריך שיהיה חטטין בראשו כדי להתיר רחיצה, אבל בקטן שלא הגיע לחינוך שרי בכל גווני. וראיתי בשו״ת מקדש ישראל סימן קס שהביא משם ספר הפרנס שכתב דמותר לרחוץ ראשן של הקטנים אף בכל השבוע, ומוכח דאילו כל גופן אסור, ומבואר שם בדבריו שמיירי בילדים קטנים שעדיין מלכלכין והולכין בווינדליי״ן, וא״כ יוצא דאף קטני קטנים כאלו אסור לרחוץ כל גופן. אבל בזמנינו אלו מורים להקל לרחוץ קטנים עד בני ב׳ ג׳ שנים (וכ״ה בסי׳ חנוך לנער להתיר בפחות מבן ג׳ שנים) אבל לא בגדול יותר אף שעדיין לא הגיע לגיל החינוך להבין להתאבל על חורבן ירושלים. והטעם נראה משום שבימים אלו יש עוד ענין למנוע קטן מכך משום עגמנ״פ, כדי שהגדולים יצטערו כשיראו שאף קטנים

6. *Mikveh*

a. Women

A woman may bathe or shower in her regular manner prior to her going to the *mikveh*.[168] Likewise, she may wash in her usual manner before starting her seven clean days.[169]

There are various views regarding when to make the preparations for an immersion that will take place on *Motza'ei Tishah B'Av*. The custom is to wait until *Motza'ei Tishah B'Av*, if possible.[170]

מצטערים, עמג״א שם (סקל״ח) ובמ״ב (סקפ״א) לטעם השני, עיי״ש בשעה״צ (סקצ״א). וגם דמי לאיסור אכילת בשר דנקטינן לאיסור אף בקטנים שלא הגיעו לחינוך (דלא כהמג״א) כמו שכ׳ במ״ב (סק״ע).

והוסיף שם בשו״ת מקדש ישראל: והנה תינוק שמשערים שמניעת הרחיצה יגרום שלא יאכל ולא ישן כדבעי פשיטא שיכולין לרוחצו, דכל כה״ג צרכי קטן נחשב כצרכי חולה, כמבואר בשו״ע הל׳ שבת (סי׳ רעו, וסי׳ שכח) דצרכי תינוק נחשבים כצרכי חולה גמור (חולי כל הגוף) שמתירים בשבילו שבות דאמירה לעכו״ם ושבות ע״י ישראל בדרך שינוי, וכמבואר בדברינו בשו״ת נשמת שבת (ח״ה סי׳ תסט־תע), ויעויין שם דלא מיבעיא במידי דאכילה אלא ה״ה לכל צרכיו.

ובאמת הי׳ מקום להקל לעולם לרחוץ קטן (אף גדול קצת פחות מבן ט׳) כל זמן שלא הגיע לגיל חינוך לתענית שעות ביוכ״פ, והוא על פי המבואר בשו״ע (סי׳ תרטז) דקטנים מותרין לרחוץ ביוכ״פ (כשלא הגיעו לחינוך תענית שעות), והטעם דרחיצה הוא רביתייהו של קטן, וסתם תינוקות חולין הן אצל חמין, כביומא (עח:) אמרה לי אם רביתיה דינוקא מיא חמימי וכו׳. וכל שכן בימים אלו שאיסור הרחיצה אינו אלא ממנהגא, וכל שכן במים פושרים (אבל עכ״פ לא ישהו במים לשם תענוג), ומר״ח עד שבוע שחל בו ת״ב יש להקל בשופי. אלא שמבואר במג״א (סי׳ תרטז סוסק״א) דבזה״ז אין נוהגין לרחצן ביוכ״פ מאחר שגם בכל השנה אין מקפידין לרחצן בכל יום, ואולי רק התם משום שרחיצה ביוכ״פ הוא אחד מחמשת עינויים, ולכמה פוסקים הוא איסור תורה, משא״כ בנידונינו שאף איסור דרבנן ליכא רק איסור מצד מנהגא, עכ״פ בילדים קטנים ביותר שבאמת מקפידים לרוחצם בכל יום ויום יש להקל באמת מטעם הנ״ל. [ואף שלענין יוכ״פ מבואר שם ברמ״א דלאחר שהגיע הקטן לגיל חינוך תענית שעות יש ג״כ לחנכו שלא ירחצו (ועיי״ש במ״ב בשם המטה אפרים דהיינו שלא ירחצו כלל כל היום), אבל בס׳ מקו״ח (להחו״י) כ׳ דעל רחיצה וסיכה אין חיוב חינוך כלל, עכ״ל (שו״ת מקדש ישראל).

ועיין בספר קרא עלי מועד עמוד כב הערה טז בשם הגר״נ קרליץ שליט״א שבמקומות החמים שסובלים הרבה מהחום אפשר להקל לקטנים להתרחץ אפי׳ הגיעו לחינוך דהיינו רביתייהו, ועכ״פ עד שנה לפני בר מצוה ודאי אפשר להקל בזה.

168. רמ״א סי׳ תקנא סעי׳ טז, ביאור הלכה שם ד״ה ולצורך.

169. רמ״א שם.

170. הרמ״א שם כתב דתעשה החפיפה במוצאי תשעה באב, ועיין בביאור הלכה ד״ה

b. Men

According to many authorities a man who immerses himself daily before *Shacharis* may do so during the Nine Days. However, he should not immerse himself in a hot or warm *mikveh,* but in a cool *mikveh.* One who cannot tolerate cool water may immerse himself in lukewarm water.[171] However, he may not stay in the water longer than necessary, but should leave the water as soon as he has immersed himself.[172]

A man who goes to the *mikveh* every *Erev Shabbos* may do so during the Nine Days.[173] Similarly, a man who customarily immerses *tevilas Ezra* may do so during the Nine Days,[174] and one who customarily immerses himself when-

---

אם שהביא מהש״ך דמעיקר הדין תעשה החפיפה בערב תשעה באב וכן הכריע המ״ב בסי׳ תקנד ס״ק יח. ובשיעורי שבט הלוי סי׳ קצט ס״ד אות ב הכריע כהרמ״א. וכנראה סברת הבעל שבט הלוי שהכריע כהרמ״א דכל הטעם של הש״ך הוא משום חששא דגמרא שמא תמהר בחפיפתה בלילה אחר הצום, וזה מיירי דוקא בזמנם שהיה קשה מאד לעשות חפיפה, אבל כיום שיש אמבטיה לכל אחד בבית אין בדרך כלל קושי לעשות את ההכנות אחר הצום.

171. עיין בערוך השלחן סי׳ תקנא סעי׳ לה וז״ל: אמנם ההולך בבוקר קודם התפלה למקוה מותר אפי׳ בערב תשעה באב, דאין זה רחיצה אלא טבילת טהרה. ועיין בשו״ת שבט הלוי ח״ז סי׳ עז וז״ל: הרגילים ללכת למקוה טהרה לפני התפלה יכולים לעשות זה גם בתשעת הימים. ובספר לקוטי מהרי״ח ח״ג דף נא עמוד ב כתב וכעת נתפשט המנהג בכל המקומות הנוהגין בדרכי החסידות לטבול בכל יום קודם התפלה בצונן ואפי׳ בשבוע שחל בו ט״ב, ואין למחות בידם, עכ״ל.

ועיין בשו״ת תשובות והנהגות ח״ד סי׳ קכט שכתב שיש על מי לסמוך לטבול לכתחילה בפושרין, כיון שאינו טובל לשם תענוג.

172. הליכות שלמה פ״ה ארחות הלכה 37.

173. ישועות יעקב סי׳ תקנא סוף ס״ק ג.

174. כף החיים סי׳ תקנא ס״ק קצ בשם כמה אחרונים. ועיין בא״א (מבוטשאטש) סי׳ תקנא סעי׳ טז (ד״ה עמג״א) שמשווה טבילת עזרא לטבילה בע״ש חזון שהותר רק למי שאינו מבטלה לפעמים, אמנם אח״כ כתב דדוקא בטבילה של ערב שבת צריך שלא יבטל ע״י קור או טרדא כי שם מ״מ עיקרה לתענוג, משא״כ בזה שעיקרו לבחינת טהרה י״ל שהוא כרחיצה לליבון ואין מנהג לימנע מזה, ואף אם מבטל טבילת עזרא מחמת קור אינן דנין אפשר משאי אפשר כ״כ בנקל.

ואודות חשיבות טבילת עזרא עיין בספר ארחות יושר להגר״ח קניבסקי שליט״א (פרק יא) שהביא דברי שו״ת מן השמים דמה שמתפללים בלא טבילה גורם אריכת הגלות, כי אם היה תפלת ישראל כתיקונה כבר נתקבלה תפלתם זה ימים רבים. גם הביא מספר מגיד מישרים להב״י שאמר שלא לבטלה כי אין אתה יודע מתן שכרה.

ever he serves as *sandek* at a *bris* may do so during the Nine Days.[175]

7. Swimming

Swimming for pleasure or exercise is forbidden during the Nine Days, even for children who have not reached the age of *chinuch* with regard to mourning.[176]

8. Newlywed

A newly married woman (i.e., during the first thirty days after marriage) may shower if needed.[177]

9. Before a Date

A boy or a girl preparing for a date may take a shower, preferably lukewarm, if necessary.[178]

10. Before a *Bris*

The *sandek*, *mohel*, father, and mother of the child may bathe in honor of the *bris*.[179]

והביא עוד מספר אחד שכל החיבורים שנתקבלו בכל ישראל הם אלו שהמחבר היה נזהר בטבילת עזרא, עכ״ד.

175. שו״ת רב פעלים ח״ד או״ח סי׳ כט.

176. דלענין רחיצה אין פשוט שמותר לרחוץ אפי׳ קטן שלא הגיע לחינוך. עיין לעיל ציון 167 וכל שכן כאן דהוא של תענוג דצריך להיות אסור, וכן שמענו מהרבה פוסקי זמנינו שליט״א.

177. במ״ב סי׳ תקנד ס״ק כט כתב דכלה אחר נשואיה כל שלשים יום מותרת לרחוץ פניה וכו׳ כדי שלא תתגנה על בעלה. הרי מבואר דאפילו ת״ב שרחיצה אסורה בו מדינא הקילו לכלה לרחוץ עכ״פ פניה כדי שלא תתגנה על בעלה, א״כ כל שכן בתשעת ימים שרחיצה אינה אסורה מדין, שמותר לרחוץ במקום צורך.

178. כן נראה.

179. נחלקו האחרונים בנוגע תספורת לבעלי הברית, ויש פוסקים שסוברים שמותר גם בשבוע שחל בו ת״ב. דתספורת אסור בו מדינא ואף על פי כן מותר לבעלי ברית, כ״ש רחיצה שאינו אסור אלא ממנהג, שמותר לבעלי ברית לרחוץ.

VII. Building, Decorating, and Related Activities During the Nine Days

A. Building

1. Private Dwellings

New construction for anything but basic dwelling is prohibited during the Nine Days.[180]

Construction for basic dwelling — including an extension to an overcrowded apartment or home — is permitted during the Nine Days.[181] However, swimming pools, vacation homes, and the like may not be built during the Nine Days.

Some authorities rule that one who builds houses for sale or for rent is permitted to build during the Nine Days.[182]

2. A Non-Jewish Builder

A Jew who engages a non-Jewish contractor before the Nine Days to do construction that is not necessary for basic dwelling may allow the non-Jew to do the work during the Nine Days, but may not stipulate that the non-Jew should do so.[183] Nevertheless, the Poskim praise one who attempts to postpone the construction until after the Nine Days by offering the non-Jew a small sum of money as compensation, if

---

180. כתב המחבר בסי׳ תקנא סעי׳ ב: מראש חדש עד התענית ממעטים במשא ובמתן ובבנין של שמחה, כגון בית חתנות לבנו או בנין של ציור וכיור וכו׳. והמ״ב בס״ק יב הביא שיטת שאר הראשונים שסוברים דלא רק בנין של שמחה אסור אלא דה״ה כל בנין שאין צריך לו לדירתו רק שעושה כן להרווחה בעלמא אסור.

181. ועיין במ״ב סי׳ תקנא ס״ק יב שכתב וז״ל: והוא הדין כל בנין שאין צריך לו לדירתו ורק שעושה כן להרווחה בעלמא אסור, עכ״ל. הרי מבואר מדבריו דרק להרווחה (לוקסוס) אסור לבנות בתשעת הימים אבל מי שמרחיב דירתו מפני צורך הילדים אין זה בכלל האיסור של בנין. וכן פסק הגר״נ קרליץ שליט״א, הובא בספר קרא עלי מועד פ״ג ציון ג.

182. שו״ת דבר יהושע ח״ב סי׳ עג, הובא בנחמת ישראל פרק יא הלכה א.

183. המ״ב בסי׳ תקנא ס״ק יב כתב דמותר משום דנכרי אדעתא דנפשיה עביד, והיינו דוקא אם לא קבע שהנכרי יעשה המלאכה בתשעת הימים.

necessary.[184] [With regard to a Jewish contractor, one should consult a halachic authority.][185]

3. Preventing Damage

Repairs intended to avoid permanent or considerable damage may be made on any type of building. For example, one may strengthen a weak wall so that it not fall down.[186] Likewise, all routine repairs and basic upkeep of any type of house are permitted.

4. *Mitzvah* Purposes

Building for *mitzvah* purposes is permitted.[187] Therefore, one may build or paint a *shul*, yeshivah, *mikveh*, Aron Hakodesh, and a fence around a roof (מַעֲקֶה) during the Nine Days.[188]

5. Demolition

It is permitted to demolish a house even though the demolition is in preparation of new construction.[189]

B. Decorating

One may not decorate a dwelling during the Nine Days.[190]

---

184. המ"ב סי' תקנא ס"ק יב כתב: ומ"מ אם יוכל לפייסו בדבר מועט שימתין עד אחר ט"ב תבא עליו ברכה.

185. ובנוגע קבלן ישראל לכאורה משמע דאסור, דהמ"ב כתב דרק גוי קבלן מותר משמע דישראל קבלן אסור. ואין לדמות קבלן לאומן שמותר לתקן בגדים לצורך פרנסה, שהתם אין שם ישראל עליו, וגם דשאני תיקון בגדים חדשים שאינו אסור מדינא כי אם בתורת מנהג.

186. שו"ע סי' תקנא סעי' ב ומ"ב ס"ק יג.

187. מ"ב סי' תקנא ס"ק יב.

188. בן איש חי פרשת דברים שנה א סעי' ג.

189. פשוט דאין שמחה בסתירת הבית.

190. זה נכלל בבנין של ציור וכיור שהמחבר אסר בסי' תקנא סעי' ב. ועיין בספר בן איש חי שנה א (דברים אות ג') וז"ל: הבנין אם אינו דבר הכרחי, אין להתחיל מר"ח, אבל אם התחיל קודם אין מפסיקין. ואם הוא דבר הכרחי, שיש לחוש להפסד וכ"ש סכנה, מותר להתחיל מר"ח. וכן מעקה מותר להתחיל גם אחר ר"ח. אבל סיוד וצביעת הבית אפילו התחיל קודם, אסור לעשות מר"ח עד תשעה באב. ואף שלפעמים דבר זה מאוד מפריע, כגון שעשו שיפוצים בבית והגיעו לשלב הצביעה בדיוק בימים אלו, אעפ"כ אין

The following activities are included in this prohibition: Painting [one who began painting before the Nine Days should consult a halachic authority]; wallpapering (one who began papering before the Nine Days may continue until *Shabbos Chazon*);[191] laying carpet (unless the old one is torn); attaching decorative moldings; installing new cabinets (unless the old ones are broken); and installing new bookcases.

C. Related Activities

1. Planting

Planting for pleasure is prohibited. This includes shade trees, ornamental shrubs and flowers, fragrance gardens, and grass lawns.[192] Regular upkeep of previously planted trees, gardens, etc. is permitted (e.g., weeding, watering, and mowing the lawn).[193]

2. Buying Flowers and Plants

לצובעו, כי אפשר לגור בבית שאינו צבוע. ואדרבה, ישתתף בזה בצער השכינה הבוכה על חורבן הבית.

ובספר שלמי מועד (פרק צ) כתב וז״ל: אסור לסייד או לצבוע חדרי הבית בתשעת הימים, שזהו בכלל ״בנין של ציור וכיור״ המובא בשו״ע סימן תקנא ס״ב. ואף שמטרת הסיוד היא בכדי שיוכל להשכיר את הבית ולא בשביל עצמו או להנאתו, יש לאסור בימים אלו, עכ״ל.

191. שו״ת אג״מ או״ח ח״ג סי׳ פב שכתב דאם התחיל להדביק ניירות טפטים על הכותל מלפני ר״ח מותר לגמור בלבד שיגמור קודם שבת חזון.

192. בשו״ע סי׳ תקנא סעי׳ ב איתא דנטיעה של שמחה היינו כגון ״אבורנקי של מלכים שנוטעים לצל להסתופף בצלו או מיני הדסים ומיני אהלים״, עכ״ל. וראיתי בספר מועדי ישורון עמוד 136 שהביא בשם מרן הגר״מ פיינשטיין זצ״ל שמותר לנטוע אילן או פרחים בתשעת הימים. ולכאורה קשה ע״ז דנטיעה דומה לבנין וכמו דבנין אסור אם הוא להרווחה ה״ה נטיעה צריך להיות אסור וא״כ איך הביא בשם מרן זצ״ל דמותר לנטוע. וראיתי שמביא שם ממרן זצ״ל שאסור לגזוז עשבים ופרחים בגינתו, ומותר רק אם מפריעים לעוברים ושבים. ולכאורה הני שני פסקים סותרים זה את זה דאם מותר לנטוע לכתחילה איך אינו מותר לגזוז עשבים ופרחים.

וראיתי בספר הלכות ומנהגי בין המצרים פ״ד הלכה ח שכתב וקיצוץ דשא וגיזומו, אף שהוא לנוי נראה שאינו אסור שאינו בכלל נטיעה של שמחה ומותר, דדוקא תפנוק יתירא וחשוב כגון אלו אסור אבל לא דשא וכדומה אף שהוא לנוי.

193. לכאורה זה נכלל באיסור קישוט הבית ואסור.

One should not purchase decorative flowers or house plants during the Nine Days.[194] However, one may buy flowers in honor of the Shabbos.[195]

3. Moving and Apartment-Hunting

One should consult a halachic authority regarding the permissibility of moving or seeking a new place of dwelling during the Nine Days.

VIII.
Wearing Shabbos Clothing During the Nine Days

A. On Weekdays

1. The Prohibition

Prevalent custom prohibits the wearing of Shabbos clothing during the weekdays of the Nine Days. This prohibition applies to all garments that are usually set aside and worn only on Shabbos, and includes hats and shoes.[196] Moreover, it applies even if the Shabbos clothes are not freshly laundered.[197]

2. Exclusions and Exemptions

a. *Bris*

In honor of a *bris* during the Nine Days, the parents, the grandparents, and the siblings of the baby, as well as the *mohel*, the *sandek*, and the *kvatterin* (the woman who carries the child to the *bris*), may wear Shabbos garments or freshly laundered — but not new — garments.[198] There is no con-

---

194. נחמת ישראל פרק יב הלכה ג בשם הגר״ח קניבסקי שליט״א.

195. עיין בזה בספר הלכות ומנהגי בין המצרים פרק ד הלכה כ.

196. רמ״א סי׳ תקנא סעי׳ א. ועיין א״א (מבוטשאטש) תניינא סי׳ תקנא סעי׳ א שכתב שהגדר של בגדי שבת הוא בגדים שלובשים רק בשבת. אבל בגדים מכובדים שלובשים בחתונה וכו׳, אפי׳ שלובשם ג״כ לשבת אינם בכלל בגדי שבת. ועיין בשו״ת רבבות אפרים ח״ג סי׳ שלט שכתב דגם כובע של שבת נכלל בבגדי שבת ואסור ללובשו בתשעת הימים. וגם הנעלים אם הם מיוחדים לשבת נכללים בבגדי שבת.

197. הלכות ומנהגי בין המצרים פ״ד הלכה לב.

198. רמ״א סי׳ תקנא סעי׳ א ומ״ב ס״ק ג־ד. ועיין שערי תשובה ס״ק א שכתב דה״ה

sensus among the Poskim regarding the *kvatter* (man who receives the baby from the *kvatterin* and brings him to the *mohel*). The *Mishnah Berurah* rules he should not wear Shabbos clothing.[199]

After the *bris*, the *mohel*, the *sandek*, and the parents may continue wearing their Shabbos clothing the entire day. But all others (i.e., grandparents, siblings, *kvatterin*) must change into their weekday garments immediately after the *bris*.[200]

אבי אבי הבן ואבי היולדת מותרים ללבוש בגדי שבת. וע״ש בשערי תשובה שהביא שנוהגין להקל לשאר קרובים שהיו לובשים בגדי שבת גם אם הברית היתה בימים אחרים, ללבוש בגדי שבת גם עכשיו. ועיין בהליכות שלמה פי״ד הערה יד שכתב וה״ה דאחי התינוק מותרים בבגדי שבת להרגילם בכך בשאר ימות השנה.

ובנוגע בגדים חדשים ראה הערה 203.

199. מ״ב סי׳ תקנא ס״ק ג. ועיין בשער הציון ס״ק ג שהביא מספר א״ר שמצדד דגם המכניס והמוציא הוא לזה כבעל הברית, ובהלכות פי״ד הערה יד שכתב וה״ה דאחי התינוק מותרים בבגדי שבת להרגילם בכך בשאר ימות השנה.

200. בספר הלכות ומנהגי בין המצרים פ״ד הלכה לב כתב דמיד אחר הברית יש לפשוט הבגדי שבת, והביא מקור לזה מהמ״ב סי׳ תקנט ס״ק לד שכתב דבעל ברית בתשעה באב אחר הברית צריך לפשוט הבגדי שבת. אולם ראיתי בקובץ דרכי הוראה דף נ שכתב דרק בתשעה באב יש להפשיט הבגדי שבת מיד, אבל בשאר ימים אין צריך, וגם הוא הביא המקור לזה מהמ״ב סי׳ תקנט ס״ק לד. חזינן דפליגי אם יש מקור מהמ״ב בסי׳ תקנט ס״ק לד שצריך להפשיט הבגדי שבת מיד אחר המילה בתשעת הימים. וכנראה שהצדק עם הקובץ דאין צריך להסיר הבגדים מיד אחר הברית, דבסי׳ תקנט מיירי שהברית הוא בתשעה באב, ובתשעה באב לבישת בגדי שבת אסורה מעיקר הדין ולכן חייב להפשיט הבגדי שבת מיד אחר המילה, משא״כ בתשעת הימים שאיסור לבישת בגדי שבת אינו אלא ממנהגא, יכול להמשיך וללבוש הבגדים גם אחר הברית. ולכן לא כתב כן המ״ב אלא גבי תשעה באב, דאם היה חיוב להפשיט הבגדי שבת גם בתשעת הימים למה המתין המ״ב לכתוב כן בסי׳ תקנט ולא בסי׳ תקנא, אלא מוכרח מזה דבתשעת ימים מותר להמשיך בלבישת הבגדי שבת אחר הברית.

וגם בתשעה באב גופא הא שיש להסיר הבגדי שבת אחר הברית אינו פשוט כ״כ, דעיין בכף החיים בס׳ תקנט ס״ק סז בשם השכנה״ג דהא דכתב המהרי״ל דאחר הברית בת״ב פושט הבעל הברית בגדי השבת, היינו לפי מנהג המהרי״ל דאחר סיום הקינות ואחר המילה אומרים איוב וירמי׳, לכן אין נכון לקרות איוב בבגדי שבת, אבל לפי מנהגם דמלין אחר חצות אחר שאמרו איוב וירמי׳ אין קפידא לילך בבגדי שבת אח״כ, עי״ש. א״כ יש מזה ראיה דכ״ש מר״ח עד התענית דמותר לילך גם אחר הברית בבגדי שבת. ומה שכתבנו בפנים לחלק דבעלי הברית שזה כולל המוהל והסנדק ואבי הבן ואם הבן שאין צריכין להסיר הבגדים אחר הברית ושאר קרובים צריכין להסיר, היינו משום דלגבי הבעלי ברית יום המילה הוא יו״ט שלהם, כדאיתא במ״ב בס׳ קלא ס״ק כה דאין אומרים תחנון במנחה כי יו״ט שלהם הוא. א״כ שפיר י״ל בנידון דידן שדין של יו״ט שלהם יכול לדחות מה שאינו אלא ממנהגא והיינו לבישת בגדי שבת, אבל שאר קרובים

b. Pidyon Haben

In honor of a *pidyon haben*, the parents, the grandparents, and the officiating Kohen may wear Shabbos garments or freshly laundered — but not new — garments, and may continue wearing them for the rest of the day.[201]

c. Bar Mitzvah

A boy who turns *bar mitzvah* during the Nine Days, as well as his parents and grandparents, may wear Shabbos clothes on his birthday.[202] However, they may not wear new clothing that had not been worn at least once before *Rosh Chodesh*[203] (see section V:B above).

d. Before a Date

A boy or a girl going on a date may wear freshly laundered garments or Shabbos clothes if doing so might have a positive affect on the *shidduch*.[204]

At the finalization of a *shidduch*, the *chasan* and *kallah* may wear Shabbos garments.[205]

שלבישת בגדי שבת שמותרת אינו מדין יו״ט שלהם, רק לכבוד המצוה שפיר צריכין להסיר הבגדי שבת אחר הברית.

201. אבלות החורבן עמוד 153, כתב דכהן ואבי ואם הבן מותרים בבגדי שבת. והטעם בפשטות הוא משום דהוא מצוה שלהם, וא״כ לכאורה אין צריכין להסיר הבגדים אחר הפדיון. אבל הסבא והסבתא שמותרים ללבוש בגדי שבת רק לכבוד המצוה שפיר צריכין להסיר הבגדי שבת אחר הפדיון.
ובנוגע בגדים חדשים ראה הערה 203.

202. הליכות שלמה פרק יד הלכה ה ודבר הלכה ס״ק יא.

203. לבישת בגדים חדשים הוא יותר חמור מלבישת בגדי שבת, דהא חתן בשבת חזון מותר ללבוש בגדי שבת אבל אסור בבגד חדש, וכן מצינו אצל בעל ברית שמותר רק בבגדי שבת, ולא מצינו שמותרים ללבוש בגדים חדשים.

204. שו״ת שבט הלוי ח״ט סי׳ קלא אות ד. ועיין בספר הליכות שלמה פי״ד דבר הלכה ס״ק טו וז״ל: ולצורך פגישת שדוכין, לכתחילה יש להמנע מללבוש בגדי שבת, אולם במקום הצורך כשאין להם בגדי חול נאים כראוי יש להתיר בגדי שבת, וכן בגדים מכובסים כפי הצורך.

205. הליכות שלמה פרק יד הלכה י שכתב במסיבת שידוכין בתשעת הימים, מותרים החתן והכלה ללבוש בגדי שבת כרגיל ובציון 35 כתב דהיינו מיד בעת גמר השידוך,

IX.
Wearing Shabbos Clothing on *Shabbos Chazon*

A. The General Custom

Although the *Rema* writes, "We do not change into Shabbos garments for *Shabbos Chazon* (the last Shabbos before *Tishah B'Av*)," the prevalent custom is to wear Shabbos garments.[206]

אבל מה שמצוי שלאחר גמר השידוך עורכים מסיבת תנאים כעבור כמה ימים, לכאורה אין לעשותה בימים אלו.

206. הרמ"א בסי' תקנא סעי' א כתב וז"ל: אפילו בשבת של חזון אין מחליפין ללבוש בגדי שבת כי אם הכתונת לבד. והמ"ב בס"ק ו כתב שאינו לובש אלא מפני הזיעה ומטעם זה מותר להחליף גם הפוזמקאות (גרביים) וזה מותר אפי' בשבת שחל בו תשעה באב. ובק"ק ווילנא נוהגין על פי הגר"א ללבוש בגדי שבת, ויש משנים בגד אחד, וכ"כ ר"י עמדין בשם אביו הגאון שצריך ללבוש בגדי שבת אפי' בשבת שחל בו ט"ב, עכ"ל. ולשיטת הגר"א כתב במעשה רב שאין משנין כלל מבגדי שבת כלל. וראיתי בהליכות והנהגות (להגרי"ש אלישיב שליט"א) עמוד 8 שכתב דמי שנוהג כשיטת הגר"א אין לשנות משום אבילות אפי' בגד אחד. ועיין בשו"ת דברי ישראל ח"א סי' קמח שהביא בשם תורת חיים שבכל המדינות במקום שמתפללים נוסח ספרד נוהגים ללבוש כל הבגדי שבת, כי כן נהג האר"י ז"ל, אבל האשכנזים סומכים על דברי רבותינו האשכנזים. ומה שהחכם צבי לבש בגדי שבת אע"פ שהיה אשכנזי, נראה שהוא מפני שדר במקום שדרו הרבה ספרדים שמנהגם ללבוש בגדי שבת, ואם לא היה גם הוא נוהג כן היה מיחזי כאבילות בפרהסיא, משא"כ בעיר שכולם אשכנזים. ואביו בעל מנחת חיים שהיה מנהגו מקדם שלא ללבוש, כשהיה אב"ד במונקאטש ששם נהגו ללבוש, אעפ"כ לא שינה מנהגו אך לא יצא מביתו בשבת חזון.

ובספר מועדים וזמנים ח"ה סימן שמג, הביא בשם הליקוטי חבר בן חיים שהחתם סופר זצ"ל לבש בשבת זו בגדי חול, ושאלו אותו תלמידיו הלא האר"י הקדוש סובר שאין לשנות כלל בשבת זו מבגדי שבת, ולמה הוא לובש בגדי חול, והשיב החת"ס שהאר"י הקדוש מעולם לא הסיח דעתו מחורבן בית אלקינו יתברך שמו גם בבגדי שבת, אבל אני צריך להתעורר שלא לשכוח, ועל כן אני לובש בגדי חול. והמועדים וזמנים כתב שבזמננו אף לבישת בגדי חול אינה מועילה למחשבה זו ולכן צריכים ללבוש בגדי שבת כדין לקיים מצות שבת כהלכתה.

והנה לכאורה צריכין להבין טעמא של שינוי המנהגים. ובפשטות יש לומר דשיטת הסוברים שמותר ללבוש בגדי שבת הוא מטעם שלא יהי' כאבלות בפרהסיא. והטעם של הרמ"א שכתב דאין מחליפין הוא מטעם דאיתא בלבוש סי' תקנא סעי' טז דכיון דכמה פעמים אין אדם מקפיד על עצמו בשינוי בגדיו לכבוד שבת על כן לא חשיב אבלות בפרהסיא. ופשוט דזה הטעם לא שייך בזמנינו דכולם מחליפין הבגדים לכבוד שבת.

אמנם הערוך השלחן סי' תקנא סעי' יא כתב ביאור אחר בדין זה וזהו תוכן דבריו דאצל הקדמונים היתה הלבשת שבת וחול שוים בדמותם ובתבניתם, אלא שההפרש היה בין סחורה יקרה ובין סחורה פשוטה, ולא היה ההפרש ניכר כל כך שהרי עניים גם בשבת

[Unlike weekdays, when freshly laundered garments cannot be worn unless they were worn before *Rosh Chodesh* (see Section V above), Shabbos garments may be worn freshly laundered and need not be worn before *Rosh Chodesh*.] New clothes, however, may not be worn on *Shabbos Chazon*, unless one has no other Shabbos clothing.[207]

יוצאין בסחורה פשוטה, ולכן הנהיגו ללבוש בגדי חול. משא״כ זה כמה דורות מקודם שבשבת היתה תמונה אחרת לגמרי להבגדים בין עני בין עשיר, כמו שבחול היו נושאין כובע של קלאפי״ן ובשבת שטריימי״ל, וכן שארי בגדים היה ניכר לכל שזה בגד חול כמו קיטאי״, וזה בגד שבת כמו של משי לעשיר ומשי פשוט לעני. ולפיכך הנהיגו הגדולים שלא לנהוג מנהג זה מפני שההפרש ניכר הרבה והוי כאבילות בשבת. ולכן אני אומר דבזמנינו זה שעל פי פקודת המלכות כבר החלפנו תמונת הבגדים ושבת וחול תמונה אחת להן, אלא שההפרש בין זול ליוקר, וודאי נכון לקיים מנהג הקדמונים, עכ״ל. וכדבריו כתב גם בשו״ת מהר״ם בריסק ח״ב סי׳ ח. הרי מבואר מדבריו דהכל תלוי אם יהיה ניכר האבלות בלבישת בגדי חול בשבת, ואו״כ בזמנינו תלוי לפי המנהג, דבאותן קהלות שעדיין נוהגין ללבוש בשבת בגדים שונים במתכונתם לגמרי א״כ יש להם ללבוש בגדי שבת כדי שלא תהא האבלות ניכרת, משא״כ אותן הלובשים אותם סוגי בגדים בשבת ובחול, יש להם ללבוש בגדי חול.

וראיתי סברא אחרת להסביר מנהגינו, והוא שהקדמונים התאבלו מאד על חורבן בית המקדש, עד שכמעט לא היו מסוגלים להפסיק מלהתאבל בשבת, ואם היו לובשים בגדי שבת היו מצטערים מאד על כך. ולכן השאירו את בגדי חול. אבל בדורות האחרונים שלא מצטערים כ״כ על החורבן ולא מצטערים להפסיק מלהתאבל בשבת, אין היתר להתאבל בשבת. ולפיכך נוהגים ללבוש בגדי שבת בשבת חזון, עכ״ד.

207. בשו״ת אג״מ או״ח ח״ג סי׳ פ כתב וז״ל: והנה פשוט שאף להנוהגין שלובשין בגדי שבת בשבת חזון אין נוהגין ללבוש בגדים חדשים, דלא עדיף מחתן וכו׳, וא״כ חידוש הוא מה שכתונת חדשה מותר ללבוש בשבת חזון כשאין לו אחרת אף לאלו הנוהגין ללבוש בגדי שבת, והוצרך בבאור הלכה ד״ה כלים חדשים להביא ע״ז מכובס שמותר לכבס לכבוד שבת כשאין לו כתונת מכובסת שאיתא במג״א ס״ק יד, וכשיש לו כתונת מכובסת יהיה אסור ללבוש כתונת חדשה אף להמתירים ללבוש בגדי שבת, עכ״ל.

ובאמת דברי הביאור הלכה שהביא מהפמ״ג דמותר ללבוש כתונת חדשה בשבת חזון אינו פשוט כ״כ. דעיין בסי׳ תקנא סעי׳ ו שהמחבר כתב דאיסור דכלים חדשים בין לבנים וכו׳ אסור ללבוש בשבת זה. וע״ז כתב המג״א דנ״ל שדרך לכבוש הבגדים במכבש א״כ הוי מגוהצין ואסורים מדינא, ומה״ט נהגו איסור בבגדי שבת אע״פ שלבשן כמה שבתות עדיין גיהוצם ניכר, עכ״ד. וביאור כוונתו כתב הלבושי שרד דבגדים שלנו דגיהוצם ניכר דינם כחדשים, וממילא אסור ללבוש בגדים אלו בשבת. וע״ז כתב הפמ״ג בד״ה כלים חדשים: ״עיין מג״א עיין בטור בשם הרמב״ן ז״ל ובב״י ועיין סעיף א, ומ״מ לכבוד שבת היה נראה להתיר אלא שנהגו רק הכתונת״, עכ״ל. ביאור דבריו, דהמג״א כתב דבגדים שניכר גיהוצן אסור ללבוש בשבת דיש להם דין חדשים, וע״ז כתב הפמ״ג דיש מקור לאסור דעיין ברמ״א סעיף א שאוסר ללבוש בגדי שבת רק מותר להחליף הכתונת, וע״ז כתב הפמ״ג שמן הדין היה לנו להתיר כל בגדי שבת שכל איסורן הוא רק מחמת שמינכר הגיהוץ טפי, דהרי לא חמירי מכיבוס עצמו שמותר לכבוד בשבת, אלא שנהגו להחליף

B. In Preparation for Shabbos

There are various opinions regarding when one may put on Shabbos garments on *Erev Shabbos*. HaGaon Rav Yosef Shalom Eliashiv, *shlita*, rules that one may do so after midday.[208]

C. After Shabbos

a. When It Is Not the Night of *Tishah B'Av*

Many Poskim rule that Shabbos garments need not be removed until one is ready for bed.[209] However, one who undresses *Motza'ei Shabbos* with the intention of dressing again (e.g., he undresses to take a nap) is not permitted to put on his Shabbos garments when he dresses again.[210]

b. On the Night of *Tishah B'Av*

The laws regarding *Tishah B'Av* that follows immediately after Shabbos may be found in Chapter 10.

רק הכתונת. הרי שמבואר מדברי הפמ״ג שכל השקלא וטריא שלו רק בנוגע בגדי שבת שאיסורן רק מחמת שגיהוצן ניכר, ולהרמ״א מחליפין רק הכתונת ולדידן מחליפין הכל, אבל בנוגע בגדים חדשים ממש לא נזכר הפמ״ג כלל שיש היתר לזה.

ובאמת בנוגע שיטת המ״ב יש סתירה בזה, דעיין בסי׳ תקנא ס״ק ט שכתב וז״ל: ומ״מ בגדים חדשים אסור. ובביאור הלכה שהבאנו לעיל דכתונת אפי׳ חדשה מותר ללבוש בשבת חזון והרי לכאורה זה סותר מה שכתב במ״ב בסי׳ תקנא ס״ק ט. ועיין בספר פסקי תשובות שהביא מהגר״ש דבליצקי שליט״א בספרו ט״ב שחל ביום א שכתב דדברי הביאור הלכה צע״ג, דהפמ״ג לא התכוון להתיר בגד חדש אלא בגד מכובס. עכ״פ זה ברור דגם הביאור הלכה לא התכוון להתיר בגד חדש רק כשאין לו בגד מכובס, כדכתב מרן זצ״ל באג״מ.

וראיתי בהליכות והנהגות (מהגרי״ש אלישיב שליט״א) עמוד 8 מי שיש לו לשבת בגד שאינו מכובס או בגד חדש, ישליך את החדש לרצפה וילבשנו בשבת, וזה עדיף מאשר לכבס את הבגד הישן. וכתב עוד שם כאשר אין לו בגד מכובס לשבת, אם מדובר בבגד שאינו חשוב יש להתיר לו לקנות חדש, וזה עדיף מכיבוס הבגד הישן.

208. בספר קרא עלי מועד עמוד לא הערה יח כתב וז״ל: ושאלתי את הגרי״ש אלישיב שליט״א מתי מותר ללבוש בגדי שבת, והשיב מחצות היום. והביא שם דהגר״ש וואזנער ג״כ כתב דמותר ללבוש בגדי שבת אחרי הרחיצה בשעה שלובשם בכל ערב שבת ואפי׳ סמוך לחצות היום, וכן הוא דעת הגרש״ז אויערבאך זצ״ל הובא בספר שלמי מועד פרק צ, ודעת הגר״נ קרליץ הובא שם דמותר רק ממנחה קטנה.

209. אשל אברהם תניינא סי׳ תקנא סעיף א שכתב דהאיסור הוא מתחילת הלבישה (ולכאורה לפי דבריו יכול להמשיך ללכת בבגדי שבת כל תשעת ימים). וכן סובר הגאון ר׳ י.ש. אלישיב שליט״א, הובא בספר קרא עלי מועד עמוד לא הערה יח.

210. א״א מבוטשאטש תנינא סי׳ תקנא.

6 / LAWS OF *EREV TISHAH B'AV*

I.
Restricted Activities

Some mourning aspects of *Tishah B'Av* take effect on *Erev Tishah B'Av* at noon (חֲצוֹת).

A. Traveling, Touring, Strolling

One may not take a pleasure trip, tour or stroll on *Erev Tishah B'Av* after noon.[1] However, walking in order to maintain one's health is permitted.[2]

B. Torah Study

Dovid HaMelech says (*Tehillim* 19:9): פִּקּוּדֵי ה' יְשָׁרִים מְשַׂמְּחֵי לֵב, *the orders of Hashem are upright, rejoicing the heart*. The Poskim derive from this verse that Torah study is prohibited on *Tishah B'Av* [except for certain topics, see below], for one may not rejoice on *Tishah B'Av*. Some authorities extend this prohibition to *Erev Tishah B'Av* after midday, while others rule that this prohibition applies only to *Tishah B'Av* itself. It is praiseworthy to be strict if possible, but it is better to study any topic of Torah than to waste one's time.[3]

---

1. הרמ״א בסוף סי׳ תקנג: כתב וכן לא יטייל ערב תשעה באב, אבל לא כתב הרמ״א מתי לא ילך לטייל. והנה מקור להך דינא הוא במהרי״ל וז״ל: ולא ילך אדם לטייל בשוק, הרי התורה בטלה מתוך שכתוב בה פקודי השם ישרים משמחי לב, ומי יקל ראשו אז לשמוח בטיולים, עכ״ל. לכאורה מבואר מדבריו דהאיסור הוא רק אחר חצות. שהרי האיסור נלמד מאיסור תלמוד תורה שנוהג רק אחר חצות היום, וכן מבואר מביאור הגר״א שם ד״ה ונהגו. אמנם הפמ״ג שם במ״ז ס׳ תקנג ס״ק ב נראה שנקט כסתימת לשון הרמ״א דהוא כל היום, שכתב וכן לא יטייל ערב ת״ב ולא כתב דוקא מחצות ואילך.

2. ועיין בהגהות ברוך טעם סי׳ תקנג סעי׳ ב ד״ה וכן שכתב דכל האיסור טיול הוא דוקא לתענוג אבל לצורך בריאות מותר.

3. הרמ״א כתב בסוף סי׳ תקנג: וז״ל ונהגו שלא ללמוד בערב תשעה באב מחצות ואילך

A scribe is permitted to write a *Sefer Torah, tefillin* or *mezuzah* after midday on *Erev Tishah B'Av.*[4]

II. *Minchah* and the *Seudah Hamafsekes*

A. *Minchah*

Tachanun is not recited at *Minchah.*[5]

כי אם בדברים המותרים בתשעה באב. ועיין במ״ב ס״ק ח וז״ל: (דהטעם דיש מנהג כזה שלא ללמוד בערב תשעה באב אחר חצות) דתורה משמחת הלב, ומכל מקום כל זה אינו מדינא דהא מותר בערב תשעה באב מדינא כל החמשה ענויים, ועיקר הטעם, משום דהוא יכול ללמד דברים המותרים בתשעה באב. והנה מהרבה אחרונים משמע שתפסו המנהג הזה ולא ערערו עליו, דאפלו אם חל בשבת הסכימו כמה אחרונים להתנהג כמו שכתב הרמ״א וכמו שאכתוב לקמיה. אמנם יש איזה אחרונים שפקפקו מאד על המנהג הזה, ראשון לכל הרש״ל כתבו עליו שלמד בעצמו אחר חצות והתיר גם לאחרים בזה, גם הגר״א בביאורו כתב דחומרא יתירא היא, וכן המאמר מרדכי בספרו מאריך בזה, וכתב דהוא מביא הרבה לידי ביטול תורה להלומדים שמתרשלים ללמוד דברים המותרים בתשעה באב, דאין אדם לומד אלא מה שלבו חפץ, ועל כן דעתו להקל בזה, וכתב דכן היה הוא נוהג, עיין שם וכן החיי אדם כתב דהוא חומרא בעלמא, ועל כן נראה דמי שרוצה להקל בזה אין מוחין בידו, עכ״ל. וכדברי המ״ב כתב הערוך השלחן סי׳ תקנג סעי׳ ד.

והנה בשו״ת חתם סופר או״ח סי׳ קנו כתב טעם אחר להמנהג, וזה תוכן דבריו. דכל מה שאדם לומד מחצות ואילך עדיין מחשבתו עליו והרהורו גביה בלילה, ונכנס לאבל כשהוא שמח. ומשום הכי אסרו דוקא תלמוד תורה בערב תשעה באב אף דשאר איסורים אינן מתחילים אלא בלילה, דבאמת אין האיסור משום אבלות דערב תשעה באב, אלא משום אבילות הלילה. ועפי״ז ישב החת״ס קושית האחרונים למה גם בשבת כשהוא חל בערב תשעה באב נהגו מנהג זה שלא ללמוד, דהא לא מצינו שאסרו שאר מילי דאבילות בשבת, וכמו שמותר בבשר ויין. ולפי דבריו שפיר מיושב דלימוד התורה אינו משום אבילות של עכשיו רק משום אבילות הלילה. אבל משאר אחרונים שהקשו הקושיא למה באמת נוהג איסור תלמוד תורה בשבת הא מותר בבשר ויין, ולא תירצו כדברי החתם סופר, מוכח דלא ס״ל כטעם החת״ס למה אסרו תלמוד תורה בערב תשעה באב.

4. שו״ת מקדש ישראל סי׳ קפג.

5. המחבר כתב בסי׳ תקנב סעי׳ יב אין אומרים תחנה ערב תשעה באב במנחה משום דאיקרי מועד. ביאור דבריו שבאיכה (א,טו) נאמר על תשעה באב ״קרא עלי מועד לשבור בחורי״, ומנהג הוא שקודם המועד נוהגים שלא לומר תחנון בתפלת מנחה.

ועיין בערוך השלחן סעי׳ יד שכתב והענין הוא לסימן כי אנו מובטחים בהשם יתברך שעוד יתהפכו הימים האלו למועדים ושמחה וימים טובים.

B. *Seudah Hamafsekes*

1. Definition

One's final meal before the fast is called the *seudah hamafsekes*, literally, the concluding meal.[6] Even one who will not be fasting should eat this meal.[7]

The customs surrounding the *seudah hamafsekes* apply only if the meal is eaten after noon.[8]

Note: This does not refer to clock time. Rather it refers to *sha'os zemaniyos*, seasonal hours. A seasonal "hour" is one-twelfth of the daylight period of any particular day. Accordingly, noon is the midpoint between sunrise and sunset, and the corresponding clock time will vary with times of sunrise and sunset.

2. When Is the Meal Eaten

Ashkenazic custom calls for a regular meal to be eaten in the afternoon, but before *Minchah*. There are no restrictions on this meal. Indeed, it is customary to eat well at this meal so that fasting will not be difficult on *Tishah B'Av*. However, one who feels capable of fasting without distress and decides to skip this meal or to keep it small is to be commended. Later, sometime between *Minchah* and sunset, another meal — the *seudah hamafsekes* — is eaten. This meal is subject to the restrictions noted below. One must be careful not to overeat at the first meal (i.e., before *Minchah*) because if he has no appetite to eat afterward, the second meal may be considered

---

6. הגם דאין חיוב מדינא לאכול סעודה מפסקת, אך מנהגן של ישראל תורה ואין לשנות, ויש בו משום אבילות על חורבן בית המקדש כשאוכלה בשפלות ועל הארץ (מקור חיים ריש סימן תקנב). אמנם עיין בשו״ת הלכות קטנות ח״ב ס׳ קלב דכתב וז״ל: איכא קצת מצוה להקדים סעודה מרה של אבלות ובין תנור וכירים דרך הבראה שעושין לאבל. ועוד דאיקרי מועד ויהפכנו הקב״ה ליו״ט וכשם שנותנין אפר מקלה על הראש זכר לאבל ובמקומה לשום לאבלי ציון פאר תחת אפר כך כיון שא״א לאכול בת״ב יש לאכול בכניסתו מאכל אבלים מה שהיה ראוי בת״ב עצמו אם לא היה מפני התענית, ותחתיה תעמוד סעודה של לויתן העתידה בזמן גאולתינו במהרה בימינו. עכ״ל.

7. הליכות שלמה פרק טו, הלכה ב.

8. שו״ע סי׳ תקנב סעי׳ א, וט.

as inconsequential, and the first meal will be considered the actual *seudah hamafsekes*.[9]

3. What Is Eaten at This Meal

The purpose of the *seudah hamafsekes* is to experience sorrow and mourning for the destruction of the *Beis HaMikdash*.

In this vein, the Gemara (*Taanis* 30a) records that the meal eaten by the *Tanna* R' Yehudah ben Ilai on the eve of *Tishah B'Av* consisted of stale bread with salt and a jug of water, which he would consume while seated between the oven and the stove. Such practices, however, were practiced only by the extremely devout.[10]

Prevalent custom is to eat plain bread [11] [although it is preferable that the bread be eaten without any condiments, one may spread butter or margarine on the bread if necessary[12]];

---

9. הרמ״א בסי׳ תקנב סעי׳ ט כתב ומנהג גלילות אשכנז לאכול סעודה קבועה קודם מנחה ואחר כך מתפללין מנחה ואוכלים סעודה מפסקת, ונוהגין להרבות קצת בסעודה ראשונה כדי שלא יזיק להם התענית הואיל ופוסקים מבעוד יום כמו ביום כפור וכו׳. מיהו מי שיוכל לסגף עצמו ויודע בעצמו שאין התענית מזיק לו ומחמיר על עצמו נקרא קדוש, כן נראה לי, עכ״ל. והמ״ב בס״ק כב כתב וז״ל: ורבים מהאחרונים אין דעתם נוחה בזה, להרבות מתחילה בכמה מיני תבשילין ולהתענג בהם וזהו עיקר סעודתו, ואחר מנחה שאינו רעב ואינו צמא כלל אוכל לזכר סעודה מפסקת והוא רק כעין סעודת עראי. ועל כן יש מהם שאומר שלא יאכל קודם מנחה רק תבשיל אחד ואחר מנחה יאכל עדשים או ביצים וכנ״ל, ואף שגם זה בכלל תבשיל הוא, לא מצטרפי אהדדי. והאליה רבה כתב להצדיק קצת את המנהג וז״ל, אומר אני דכל זמן שהוא מכוין לשם שמים בכונה הנ״ל (דהיינו שלא יזיק לו התענית) הרשות בידו, אבל על כל פנים יראה כל אדם שלא ישביע עצמו יותר מדי, והחכם עיניו בראשו כדי שיוכל לאכול אחר המנחה סעודה המפסקת שלא יהא כאכילה גסה ועראי, עכ״ל.

10. שו״ע סי׳ תקנב סעי׳ ו.

11. שו״ע סי׳ תקנב סעי׳ ו.

12. עיין בספר קרא עלי מועד פרק ו הערה ט שכתב: ממרח שעל הלחם, כגון ריבה וכדומה מסתבר שלא נחשב כתבשיל אף אם הריבה מבושלת כן שמעתי מהגר״נ קרליץ שליט״א, עכ״ל. וכן כתב בספר הלכות ומנהגי בין המצרים פרק ו הלכה יא. אמנם מצד הסברא נראה דיותר טוב שלא למרוח הלחם בסעודה זו, וכן ראיתי כתוב בספר שערי נחמה שער ד פרק ב הלכה ה.

a cold hard-boiled egg[13] or lentils,[14] because eggs and lentils are a mourner's food; and water.[15] One should dip some of the bread into ashes and say, "This is the *Tishah B'Av* meal."[16]

4. Cooked Dishes

a. Just One Cooked Dish

One may not eat more than one cooked dish at this meal.[17] Therefore, one who eats an egg at this meal may not eat any other cooked item.[18] Fish should not be eaten at this meal;[19] however, sardines are permitted.[20]

One who is hungry after eating one cooked food at the *seudah hamafsekes* should interrupt the meal (i.e., by reciting *Bircas Hamazon*, then wait about half an hour), after which one may eat another cooked food.[21]

---

13. הרמ״א בסי׳ תקנב סעי׳ ה כתב: ויש נוהגים לאכול ביצים קשים, שהוא גם כן מאכל אבלים. ועיין בהגהות ר׳ ברוך פרענקיל זצ״ל שביאר שהטעם שביצה היא סימן לאבילות כי היא כגלגל, אין זה מחמת הקליפה אלא מחמת מה שבתוך הקליפה, ועל כן הביצים צריכין להיות קשים כדי שמה שבתוכה יהיה כגלגל. והמג״א בס״ק ו הוסיף שצריכין להיות קרים.

14. עיין במ״ב סי׳ תקנב ס״ק יג שכתב וז״ל: ובטור כתב עדשים או ביצים, וכן כתב הלבוש, וכן מנהג אצלינו שאוכלים ביצים לבד משום אבילות, עכ״ל. ולפי זה פשוט דמי שאינו אוהב ביצים שיאכל עדשים.

15. שו״ע סי׳ תקנב סעי׳ ו.

16. רמ״א סי׳ תקנב סעי׳ ו, ומ״ב ס״ק טז.

17. שו״ע סי׳ תקנב סעי׳ א. ועיין בא״א (מבוטשאטש) מהדורא תניינא סי׳ תקנב שכתב דגדר תבשיל הוא דוקא מאכל שנתבשל בכלי ראשון ולא מאכל שנעשה ע״י עירוי אפי׳ לא נפסק הקילוח. וכן פסק בערוך השלחן סי׳ תקנב סעי׳ ט.

18. מ״ב סי׳ תקנב ס״ק יד.

19. המחבר בסי׳ תקנב סעי׳ ב שלא יאכל דגים. והמ״ב בס״ק ו כתב הטעם וז״ל: משום דאיכא דוכתא דדגים בכלל בשר הוא וכו׳, ועוד דהוא עולה על שלחן מלכים ושמחה הוא לאיש באכילתו. ועיין בערוך השלחן סעי׳ ג שגרס בדברי המחבר במקום דגים ״גדיים״ ובאמת דגים מותר לאכול בסעודה המפסקת. וכן סובר הגר״א בסי׳ תקנב ד״ה ודגים.

20. כן פסק הגריי״ש אלישיב שליט״א, הובא בהלכות והנהגות עמוד 14.

21. המ״ב בסי׳ תקנב ס״ק יד וז״ל: ודלא כהמון עם שמתחילה אוכלין מין מבושל ואחר זה יושבין לארץ ואוכלין ביצים דאסור, וכל שכן דאסור להפסיק ביניהם בברכת המזון דגורם ברכה שאינה צריכה, עכ״ל. ובפנים כתבנו דמותר לאכול תבשיל אחר אם עושה

b. What Is Considered "Cooked"

With regard to the *seudah hamafsekes*, the term "cooked" includes baked food[22] other than bread;[23] and food that is roasted,[24] pickled or fried.[25] Therefore, if bread and the customary egg are eaten at this meal, no other baked, roasted, pickled or fried food may be eaten.

c. Two Foods Cooked Together

Two foods that are usually not cooked together are considered as two dishes, even if they were cooked in one pot. But two foods that are usually prepared together (e.g., a soup made of a variety of vegetables) are considered as one cooked dish. Some Poskim, however, limit this leniency to a dish in which the second food is added only to enhance the flavor of the primary food.[26]

הפסק אחר ברכת המזון דכ״כ המ״ב בסי׳ תמד ס״ק ח דמהני הפסק. ועיין בשעה״צ סי׳ תקנב ס״ק טז דהביא שיטת הפמ״ג דאם אכל תבשיל אחד קודם ברכת המזון ותבשיל אחד אחר ברכת המזון דשרי, והשעה״צ הקשה עליו דהלא הוא גורם ברכה שאינו צריכה. והכף החיים בס״ק מז כתב ליישב הפמ״ג דכוונתו שאחר ברכת המזון יעשה הפסק ואח״כ יברך על התבשיל. ועפ״ז כתבנו בפנים ההלכה.

22. כך פסק מרן הגר״מ פיינשטיין זצ״ל, הובא בספר מועדי ישורון עמוד 138, וכ״כ בשו״ת התעררות תשובה ח״ג סי׳ שמט. אמנם עיין בא״א (מבוטשאטש) סי׳ תקנב שסובר שדבר האפוי אינו בכלל תבשיל.

23. והטעם כתב במועדי ישורון דפת אינו נחשב תבשיל, משום דזה שאוכלים הפת הוא משום דסעודה בעי פת, וא״כ אינו בכלל התבשיל לגבי סעודה המפסקת ויכול לאכול הלחם עם עוד תבשיל.

24. רמ״א סי׳ תקנב סעי׳ ג.

25. שו״ת מקדש ישראל דף ס הלכה י.

26. המחבר בסי׳ תקנב סעי׳ ג כתב וז״ל: וכן יש להחמיר וליזהר משני מינים בקדרה אחת, אלא אם כן הוא דבר שדרכו בכך כל השנה כגון אפונין שנותנים עליהם בצלים וביצים, עכ״ל. ועיין בביאור הלכה ד״ה שנותנים שנסתפק בכוונת השו״ע, וז״ל: אפשר דוקא באופן זה שבא להטעים האפונים [בזה אמרינן שכיון שדרכו בכך כל השנה לא מיקרי ב׳ תבשילין] אבל לא במבשל שני מינים ביחד בעלמא [שאין אחד נותן טעם בשני] כגון מה שקורין לקשי״ן עם תפוחי אדמה [בזה אסור אף שרגילין בזה כל השנה]. ומה דאיתא לקמן לענין עדשים עם ביצים [שאם דרכו לבשל אותם יחד כל השנה לא מיקרי ב׳ תבשילין, אף שאין באים להטעים אחד את השני], אפשר נמי כשעיקר הוא העדשים והביצים מפרכין אותם בתוכם שבטל גבייהו, וצריך עיון, עכ״ל.

הרי דהביאור הלכה נסתפק בזה דאפשר דלא חשוב תבשיל אלא דומיא דבצל וביצה

6: LAWS OF *EREV TISHAH B'AV* 113

Two batches of the same food cooked in different pots are considered two dishes if they differ in some way, even if the only difference is in consistency, e.g., one is thicker and the other more watery. However, if both batches are identical, they are considered one food.[27]

d. Vegetables and Fruit

Different types of raw vegetables and fruit may be eaten together,[28] but only one cooked fruit or vegetable is permitted.[28] This applies even to fruits or vegetables that can be eaten raw. In any case, one should not indulge oneself at this meal, but should eat only what is necessary in order to be able to fast without undue difficulty.[29]

e. Drinks

Hot drinks are not considered foods. Therefore one may drink coffee or tea, while eating a cooked dish.[30] One should not drink beer or soda at this meal, unless one is weak and requires such beverages for strength.[31]

עם אפונין ששניהם באים לשבח האפונין, אבל אם רצונו באמת בשניהם רק שהדרך לבשלם יחד דנחשב כב׳ תבשילין, והניח הדבר בצ״ע. ועיין בכף החיים ס״ק לא שהביא בשם תשובת נו״ש וז״ל: בשו״ע מתיר עדשים עם ביצים היינו בטרופין לתוך התבשיל לתקן התבשיל, אבל ביצים שלימות אסור אע״פ שדרכם בכך כל השנה. אמנם עיין בערוך השלחן סי׳ תקנב סעי׳ ח שכתב וז״ל: אבל דברים שמתבשלים תמיד ביחד כמו אצלינו שמבשלין דגים עם תפוחי אדמה או שני מיני גרופי״ן וכו׳ שכן דרך בישולם אינו חשוב אלא תבשיל אחד וכו׳, וכן כל כיוצא בזה. ויש מי שכתב דלביבות ממולאים בגבינה הוי שני תבשילים, ודבר תימא הוא, דכל לביבות הרי ממולאים בגבינה או בבצים כידוע וכו׳, ולכן מותר לאכול קרעפלא״ך מטוגנים או בלינצע״ס הממולאים בגבינה או בבצים ובצלים וכן כל כיוצא בזה, עכ״ל. הרי מבואר מכל זה דספיקת הביאור הלכה הוא מחלוקת אחרונים.

27. מ״ב סי׳ תקנב ס״ק ח.

28. שו״ע סי׳ תקנב סעי׳ ד.

29. הלכות ומנהגי בין המצרים, פרק ו הלכה ט.

30. שערי תשובה סי׳ תקנב ס״ק א.

31. מ״ב סי׳ תקנב ס״ק ד. מה שכתבנו שאין לשתות ״סודה״ בסעודה זו כ״כ בשו״ת מקדש ישראל (פסקי הלכות פ״ג דיני ערב ת״ב ז,ב). ועיין בשו״ת תרומת הדשן סי׳ קנא שכתב הטעם להמנהג לישב על גבי הקרקע בסעודה המפסקת דאינו מטעם אבילות דהא אכתי לא עייל ת״ב, אלא משום דבעינן סעודה ענייה ושפילה, והיינו לעשות דבר

5. Other Laws and Customs of the *Seudah Hamafsekes*

a. Sitting on the Floor

One should sit on the ground while eating the *seudah hamafsekes.*[32] Those who follow the kabbalistic custom of never sitting on a bare floor may sit on a cloth, but not on an article of clothing.[33] The Sages instructed us to sit on the ground to show that we are eating a lean and humble meal.[34] The mood should resemble that of a person who has just lost a close relative and is waiting for the funeral to begin.

One who is weak and unable to sit on the floor may sit on a pillow or a low chair. If this is also not possible, he may sit on a regular chair, but in a different place in the room than usual.[35]

b. Shoes

One may wear leather shoes when eating this meal.[36]

c. *Zimun*

Three males should not sit together during the meal, so that they will not have to recite *Bircas Hamazon* together with *zimun.* If three men did eat the *seudah hamafsekes* together, they still should not say *zimun.*[37]

d. Eating After Reciting *Bircas Hamazon* at the *Seudah Hamafsekes*

One may eat and drink after reciting *Bircas Hamazon* until sunset, unless one has verbally accepted the fast. Nevertheless, it is preferable that before reciting *Bircas Hamazon* one state specifically (in word or in thought) that he does not intend to

---

שניכר שסעודה המפסקת היא אחרת ואינו כסעודה הרגילה וחשובה.

32. שו״ע סי׳ תקנב סעי׳ ז.

33. שערי תשובה סי׳ תקנב ס״ק ג.

34. מ״ב סי׳ תקנב ס״ק יז.

35. כף החיים סי׳ תקנב ס״ק לח, ומועד לכל חי סימן י סעי׳ לה.

36. רמ״א סי׳ תקנב סעי׳ ז.

37. שו״ע סי׳ תקנב סעי׳ ח ומ״ב ס״ק יט. ויש פוסקים שסוברים שאם שלשה ישבו כאחד צריכין לזמן (ערוך השלחן סי׳ תקנב סעי׳ ו).

begin the fast until sunset.[38] After the *seudah hamafsekes* one may sit on a chair until sunset.[39]

Many people drink a large amount of water before the fast begins, even though they are actually not thirsty, in order not to became dehydrated from fasting. It is not clear whether drinking water in this manner requires a *berachah*, for the person is not drinking to quench a thirst at this time. One can avoid the problem by eating a food that requires the *berachah shehakol* and that *berachah* will exempt the water.[40]

III.
Preparing the Synagogue for *Tishah B'Av*

A. Removing the Curtain From the Ark

The verse in *Eichah* (2:17) states: בִּצַּע אֶמְרָתוֹ, literally, *He carried out His decree*. However, the *Midrash* interprets it, *He tore His royal garments*, a reference to the *paroches* (curtain) in the Holy Temple that was pierced by the Roman general Titus. It is customary to remove the *paroches* from the synagogue Ark to symbolize that desecration.[41] If it cannot be removed, it should be pushed to the side.[42]

The *paroches* should be removed before *Maariv*.[43] When *Tishah B'Av* falls on *Motza'ei Shabbos*, the *paroches* should not be removed until Shabbos ends.

The *paroches* should be returned to its place before *Minchah*, but may be returned immediately after noon.[44]

---

38. עיין שו״ע סי׳ תקנג סעי׳ א ומ״ב שם.
39. מ״ב סי׳ תקנב ס״ק יח.
40. עיין בכל זה בקונטרס שיעורי הלכה מהגר״ש פעלדער שליט״א דיני בין המצרים עמוד מח.
41. רמ״א סי׳ תקנט סעי׳ ב.
42. קונטרס תומר דבורה נדפס בספר לקט קמח החדש ח״ה אות עד.
43. שערי נחמה שער ד פרק ד.
44. שערי נחמה שער ד פרק ד.

B. Dimmed Lights

There are two customs regarding dimming the synagogue lights. Some congregations dim them before beginning *Maariv*; others, before the reading of *Eichah*.[45]

The lights are dimmed for two reasons. One reason is based on a *Midrash*: At the time of the Destruction, Hashem asked the angels what a king should do when he is in mourning. They replied, "He should extinguish the lights." Hashem said, "I will do that," as it is stated (*Yoel* 2:10), שֶׁמֶשׁ וְיָרֵחַ קָדָרוּ, *The sun and the moon became dark*.[46] According to this reason, the dimmed lights represent Hashem's dimming of the sun and moon, therefore the lights should be dimmed at the beginning of *Tishah B'Av*, i.e., at *Maariv*.

The other reason is based on a verse in *Eichah* (3:6): בְּמַחֲשַׁכִּים הוֹשִׁיבַנִי, *He placed me in darkness*.[47] According to this reason, the dimmed lights represent those who are mourning in darkness, therefore it is enough to dim the lights before reading *Eichah*.

Some authorities rule that only synagogue lights must be dimmed.[48] Others rule that even house lights should be dimmed.[49]

---

45. בשו"ע סי' תקנט סעי' ג איתא: אין מדליקין נרות בלילה כי אם נר אחד לומר לאורו קינות ואיכה. ועיין בספר שערי נחמה שער ד אות יז שכתב יש מקומות שנהגו לכבות האורות כבר בתפלת ערבית, ובמקומות אחרים נהגו לכבותם אחר התפלה לפני קריאת איכה ואמירת הקינות.

46. הובא בב"י סי' תקנט.

47. הובא במ"ב סי' תקנט ס"ק יד.

48. הגאון ר' יוסף שלום אלישיב שליט"א, הובא בספר שערי נחמה פרק ד אות ס"ק כב.

49. הגאון ר' שלמה זלמן אויערבאך זצ"ל, הובא בספר שלמי מועד פרק צא.

7 / ACTIVITIES RESTRICTED ON *TISHAH B'AV*

Five tragedies befell the Jewish people on *Tishah B'Av*.

Each of these events is related in greater detail in the General Introduction to this volume:

A. It was decreed that our forefathers would not enter Eretz Yisrael, but would pass away in the desert over a forty-year period.

B. The first *Beis HaMikdash* was destroyed.

C. The second *Beis HaMikdash* was destroyed.

D. The city of Beitar was captured by the Romans and tens of thousands of Jews were slain.

E. The wicked Turnus Rufus plowed the site of the *Beis HaMikdash* and its surroundings.

Because of the many tragedies that befell the Jewish people on *Tishah B'Av*, it was declared a day of mourning and fasting. This day is unique in its restrictions which combine two sets of prohibitions. First, it is a fast day with laws comparable to Yom Kippur. Second, it is a day of mourning with laws comparable to those of *shivah*.

The five basic prohibitions (other than working) of Yom Kippur are:

I. Not eating or drinking.
II. Not washing one's body.
III. Not anointing oneself.
IV. Not wearing leather shoes.
V. Not engaging in marital relations.

The additional mourning-related prohibitions are:

VI. Not studying Torah.
VII. Not extending greetings.
VIII. Not working.
IX. Not sitting on a chair.

I.
Not Eating or Drinking

A. Who Is Obligated

Everyone who has reached the age of *bar/bas mitzvah* is obligated to fast.[1] Children below that age are not obligated to fast. Nevertheless, if they understand that it is a day of mourning, they should be given only simple foods, but certainly not candies and other treats. Additionally, it is customary for children who understand that it is a day of mourning to postpone their breakfast a few hours. If that is not possible, they should fast, at a minimum, through the night.[2]

One who forgot and inadvertently began eating on *Tishah B'Av* must stop immediately and resume fasting for the rest of the day. Although there is no obligation to rectify one's error by fasting on another day, one who wishes to fast as an act of contrition may do so. If this is difficult, one may contribute a reasonable sum of money to charity.[3]

---

1. שו״ע ורמ״א סי׳ תקנ סעי׳ א, תקנד סעי׳ ה.

2. המ״ב בסי׳ תקנ ס״ק ה כתב וז״ל: וכן הקטנים שיש להם דעת להתאבל אף על גב שאין מחוייבין לחנכם, אפי׳ בן שתים עשרה שנה (ר״ל שביום הכפורים מתענין ומשלימין מדברי סופרים כדי לחנכן במצות) ואפי׳ בתענית שעות, מכל מקום ראוי לחנכם שלא יאכלו רק כדי קיום הגוף לחם ומים או שאר מאכל פשוט לפי התינוק כדי שיתאבלו עם הצבור, עכ״ל. לכאורה מפשטות המ״ב מבואר דגם אפי׳ בתשעה באב אין כאן חיוב לקטן לתענית שעות, דאין דהוא מחלק בין תשעה באב לשאר תעניות. וכ״כ להדיא החיי אדם כלל קל״ג סעיף ו והערוך השלחן סי׳ תקנד סעי׳ ז.

וראתי טעם למה אין מחנכין קטנים להתענות בט״ב, משום שכל מצות חינוך היא ללמדו כיצד ינהג בגדלותו, אבל לענין צום ט׳ באב שאנו מצפים לישועה ואז יבטל הצום אין לחנכו. אמנם המנהג הוא שקטנים שהגיעו לחינוך באבילות מחנכין אותם להתענות לשעות, כ״כ היעב״ץ בסידורו שער השלכת לתשעה באב שער שיש ארובה א׳ ס״ק ה, כף החיים ס״ק כג בשם בית הלל ביור״ד סי׳ רסה, שו״ת באר משה ח״ח סי׳ צח.

ונחלקו האחרונים באחד שנולד בי׳ באב ובשנת הבר מצוה שלו חל ט׳ באב בשבת ונדחה ליום א׳ שהוא יום י׳ באב, אי הוא מחוייב להתענות משום שבי׳ גדול הוא, או שאמרינן שי׳ באב הוא רק תשלומין לחיוב תענית של ט׳ באב ואז היה קטן ופטור היה להתענות (ועיין בזה בשו״ת מהרש״ם ח״ג סי׳ שסד, ושו״ת שבט הלוי ח״ד סי׳ עב, וח״ו סי׳ עא ושו״ת להורות נתן ח״ה סי׳ לו, ובשו״ת באר משה ח״ח סי׳ כ).

3. שו״ע סי׳ תקסח סעי׳ א, ומ״ב ס״ק כד.

B. Pregnancy, Nursing Mothers, and Postpartum

1. Pregnancy

A pregnant woman is generally obligated to fast, even though the fast may cause her distress.[4] It is recommended that she drink large amounts of liquid before *Tishah B'Av* begins.

A pregnant woman with complications for which fasting is contraindicated should consult a halachic authority for guidance.

A pregnant woman who has suffered previous miscarriages due to fasting should consult a halachic authority for guidance.

---

4. המחבר כתב בשו״ע סי׳ תקנד סעי׳ ה עוברות ומיניקות מתענות בתשעה באב כדרך שמתענות ומשלימות ביום כפור, עכ״ל. והוסיף הרמ״א וז״ל: כללו של דבר כל שהוא בגדר חולה ואינו מתענה בט״ב, וכל שאינו בגדר חולה מתענה, וסתם עוברות ומיניקות מתענות אלא אם כן חלושות וקרובות לחולי, עכ״ל.

ובשו״ת מקדש ישראל (פסקי הלכות פ״ד דיני ת״ב דף ע) כתב: כללא דמילתא, דמחמת צער וחולשת המעוברת או המינקת עצמה לא הקילו לפוטרה מתענית, אף שמצטערת מחמת התענית פי כמה מאיש דעלמא (אם לא כשיש בזה משום תקנת העיבור או הוולד) וכתב עוד שם דמעוברת בג׳ חדשים הראשונים שמרגשת חולשה במיוחד לא תתענה (שאז עלולה ביותר להפיל פרי בטנה ח״ו), וכן בג׳ החדשים האחרונים (מתחילת חודש ו׳) אם מרגשת חולשה במיוחד (או שהולד מתרוצץ בקרבה), ובתוך חודש הט׳ תשאל לרופא, אבל אם כבר גמרה ימי עיבורה דהיינו שכבר היא בחודש העשירי להריונה תתענה, עכ״ל.

ועיין בספר מעשה איש ח״ג עמוד קל שכתב אודות אשה מעוברת בת בנים שהרופא צייוה לה שלא להתענות ביום כפור, ואמר החזון איש להבעל שתתענה אלא שהוא הבעל לא ילך לבית הכנסת להתפלל אלא ישמור על הילדים בבית למען תוכל האשה לשכב במנוחה כל היום, שמצות היום בעינוי ולא בתפלה, על כן הבעל פטור להתפלל כדי שתוכל אשתו להתענות (והיינו כשרק מצב הילדים שבבית הוא הסיבה שהרופא ציוה לה שלא תתענה), וה״ה בתשעה באב שיאמר הקינות בביתו (כדי שתוכל גם אשתו להתענות), עכ״ל.

ועיין הליכות והנהגות מהגריי״ש אלישיב שליט״א (עמוד 15) שכתב וז״ל: ואף בארה״ק שמזג האויר חם מאוד, אין להורות למעוברת בהוראה כללית להקל שלא להתענות, אלא כל אחת לפי עניינה תשאל לחכם, עכ״ל. וראיתי בשו״ת אבן ישראל ח״ט סי׳ סב אות י שבזמן הזה אסור למעוברת להתענות בתשעה באב. ולכאורה זה קצת פלא שכתב דאסור להתענות הא אנו רואין שהרבה נשים מעוברת מתענות ולא קורה להם שום דבר, וגם הרופאים מסכמים שאין כאן חששא בדרך כלל אם מתענים.

ועיין בשו״ת משנה הלכות חלק יא ס׳ תלט, ודבריו הם לכאורה שגגה. דהמהריי״ל שהוא מביא מיירי על תענית שלו לתשובה שאינו מן הדין, ולא על תשעה באב.

A pregnant woman who feels very weak or nauseous should consult a halachic authority for guidance.

2. Nursing

A nursing mother is obligated to fast.[5] However, if the fasting will harm the infant (i.e., the mother's milk will be inadequate for the child and the child refuses to take a bottle), she may eat or drink.[6] However, before doing so she should contact a halachic authority, to determine whether she must limit her intake in any way.[7]

---

5. שו״ע סי׳ תקנד סעי׳ ה.

6. בספר תורת היולדת פרק מח סעי׳ ד כתב וז״ל: אם התינוק חולה והרופא אומר שהתענית של המינקת תזיק לו, מותר לה לאכול, וכן אם חולשת האם רבה ואין לה מספיק חלב להניקו, והתינוק אינו רוצה לינק כי אם ממנה וסכנה היא לו, חייבת לאכול וכו׳, וכל שכן תשעה באב שהוא מדרבנן. ובהערה ז כתב: ובספר נשמת אברהם כתב ולפי מה שאומרים שחלב אם יש בו צורך גדול לתינוק, אם התינוק אוכל רק ממנה, ואין לה מספיק, מותר לה לשתות בכל גווני אפי׳ כשאינו חולה וכו׳ וטוב אם תשתה פחות פחות מכשיעור, שהרי היא בריאה ושותה רק כדי שלא יסתכן התינוק, ודומה לחולריא המובא בביאור הלכה (סי׳ תקנד ד״ה דבמקום הובא בציון 7 לקמן) שיש לאכול פחות מכשיעור, עכ״ל.

7. הביאור הלכה בסי׳ תקנד סעי׳ ו בד״ה דבמקום הביא חידוש לדינה מספר פתחי עולם וז״ל: דבמקום שאין המחלה של חלעריא חזקה חס ושלום, יאכל פחות מכותבת בכדי אכילת פרס, וכן בשתיה כמו שכתב השיעורים בשו״ע סי׳ תרי״ח (כך יש להורות לשואל בתשעה באב, שבזה לא נעקר התענית לגמרי ורחמנא לבא בעי) וכו׳, עכ״ל. ועיין בערוך השלחן סי׳ תקנד סעי׳ ז שכתב וז״ל: ופחות מכשיעור לא שייך בתשעה באב שהוא מדרבנן. וכנראה בפשטות שיש מחלוקת בין הפתחי עולם והערוך השלחן. אבל אפשר לומר שאין כאן מחלוקת, וכן סובר הפתחי עולם דבמקום חולי לא נאמר הדין של פחות מכשיעור, רק הפתחי עולם מיירי בבריא שמותר לאכול רק כדי למנוע מעצמו שלא יחלה, בזה אמר שיאכל פחות מכשיעור. וכן נקט בפשיטות בשו״ת שבט הלוי ח״ז סי׳ פא שכתב וז״ל: כגון שכתבו הפוסקים בעת החולירע שהתירו הגדולים לאכול חצי שיעור לכל קהל הבריאים, כי המחלה מדבקת כרגיל רק לרעבים ומעונים, א״כ היתה היתר חצי שעור מניעה גמורה שלא יבוא לידי לסכנת נפשות אמיתי. וכ״כ הגריי״ש אלישיב שליט״א בהליכות והנהגות דף טו.

ולפ״ז יש ליישב סתירה בדברי הכף החיים, דבסי׳ תקנד ס״ק לא כתב דמי שהוא חולה אין צריך שיעור רק שלא יאכל מעדנים, ואילו בס״ק לה הביא להלכה שיטת פתחי עולם. ולפי דברינו שפיר מיושב דבס״ק לא, איירי בחולה ושם באמת לא בעינן פחות מכשיעור, אמנם בס״ק לה שהביא הפתחי עולם שם מיירי במי שהוא בריא ורק אוכל כדי שלא יחלה אז אמרינן דיאכל פחות מכשיעור.

אמנם יש לעיין אם חילוק זה נכון, דעיין בשו״ת החת״ס או״ח סי׳ קנז וז״ל: ביום ט״ב תקע״א החליתי והוצרכתי לשתות בעו״ה, והרהרתי בדעתי אם ישאלוני התלמידים

3. Postpartum

A woman may not fast during the first seven days after childbirth. Between the seventh day and the thirtieth, some Poskim rule that a woman who is not weak should fast. Other Poskim rule that nowadays women are considered weak after childbirth and therefore should not fast during the first thirty days after childbirth. A halachic authority should be consulted

---

המתפללים בבית המדרש שבביתי האם יקראוני להעלות אותי לס״ת למנחה בקריאת ויחל מה אשיב להם. ואחר שכתב סברא למה הותר לו לעלות לס״ת כתב וז״ל: בתשעה באב אית בי׳ תרתי למעליותא, חדא, וכי החולה אינו מחוייב בדבר התענית ואינו מתענה בו, והלא לא הותר לו אלא כדי צרכו וחיותו, ואם די לו בשתיה לא יאכל, ואם די לו באכילה פעם אחת לא יאכל ב׳ פעמים ולא יותר ממה שצריך, וגם שארי עינוים אם אינו צריך לנעול ולרחוץ ולסוך אסור לו לעשות אחד מאלה. נמצא שהוא מן המתענים והמחויבים בדבר, הא חדא, וכו׳, עכ״ל. הרי מבואר מדברי החת״ס דחולה בתשעה באב לא הותר לו לאכול יותר ממה שצריך ודיני התענית נוהגין עליו. ולכאורה לפי דבריו יהיה משמע דבעינן לאכול פחות מכשיעור ג״כ, דכיון דדיני תענית נוהג לכאורה אכילה פחות מכשיעור ג״כ נוהג, וכן נקט בשו״ת מהר״ם שיק או״ח סי׳ רפט.

אמנם ראיתי במועדים וזמנים ח״ז סי׳ רנב שכתב דאין כאן ראיה מדברי החת״ס דחולה צריך לאכול פחות מכשיעור. וזהו תוכן דבריו: דין חולה בת״ב דפטור לצום כו׳ שמעתי ממרן הגאון דבריסק הגריז״ס זצ״ל שזהו הלכה בעיקר הצום דת״ב, דלא גזרו תענית על חולה כלל ולכן לא שייך שיחמיר, שלחולה אין ציווי כלל (והעיר שם ע״ז שהרמ״א מפרש שגם בחולה יש דין תענית, ולכן נוהגין להתענות כ״ז שאין להם צער גדול כו׳ ומ״מ גם הרמ״א מסיים שהמיקל לא הפסיד, וזהו שהורה מרן זצ״ל בזמנינו שבלאו הכי חלושים שיש להקל בחולה שלא יצום) ויש לתמוה על מה שכתב הגאון החת״ס או״ח קנז כו׳ ומשמע דפשיטא ליה שאפי׳ חולה אוכל או שותה רק ההכרח ממש ודלא כמ״ש. ונראה שחולה אף שאין בו סכנה מעצם הצום, אם הוא חולה במחלה מסוכנת וצום יכול להחלישו פטור, ויכול לאכול בת״ב כרצונו, אבל החת״ס זצ״ל חלה במחלה כעין ״אנגינא״ שמחמת המחלה צריך הוא לשתות דוקא, ואם לא ישתה יסתכן אבל המחלה גופא בדרך כלל אינה מחלה מסוכנת, וכה״ג שהסכנה תתחדש רק במניעת שתייה דוקא, אבל משום המחלה אין הוא מסתכן, שותה הוא כדי צרכו בלבד אבל החולה במחלה מסוכנת אף שאומרים הרופאים שצום זה לא יסכן את חייו כלל, בת״ב אין לו לצום, וא״צ אומד רק אוכל כדרכו וכדברי מרן זצ״ל, עכ״ל. ובספרו תשובות והנהגות ח״ב סי׳ רסד כתב וז״ל: מי שהוא חולה שאכילה מחזקו אין עליו דין צום רק מצוה לאכול כפי יכלתו (א״ה לא להתענג אלא להתחזק), אבל מי שחלש שאינו חולה ממש אלא שהצום יזיק לו כגון אנגינא שאינו חולי גמור אלא שע״י הצום יסתכן, בזה צריך לאכול ולשתות כפי צורכו לבד, ועי׳ בדברינו במועדים וזמנים ח״ז סי׳ רנב, ובזה הוריתי בחולה כשא״צ באכילה לחזקו ורק שלא יחלש מהצום, עליהם למנוע יותר מתבשיל אחד בכל סעודה מפני האבל כו׳, ודין זה שחל כבר בערב תשעה באב כל שכן בת״ב גופא שראוי ליזהר בזה, עכ״ל.

הרי מבואר מדבריו דהחת״ס אינו חולק על הפוסקים, והוא מיירי באופן מיוחד.

for a ruling.[8] After seven days, if possible, she should begin the fast at night and continue a few hours into the morning.[9] After thirty days, she must fast, unless her individual condition requires her to eat.

C. The Sick

1. Fasting

One suffering from a minor ailment is required to fast. Some authorities rule that a person who is ill, even if the sickness is not life threatening (חוֹלֶה שֶׁאֵין בּוֹ סַכָּנָה), is not required to fast.[10] Some authorities rule that such an individual is obligated to fast, unless fasting might aggravate the sickness and make it life threatening. Nevertheless, one may follow the lenient view.[11] All authorities agree that a generally weak person who becomes sick does not have to fast.[12]

A sick person who is capable of fasting part of the day should do so, even though he will not be fasting for the entire fast.[13]

---

8. המחבר כתב בסי׳ תקנד סעי׳ ו: חיה כל ל׳ יום וכו׳ א״צ אומד אלא מאכילין אותה מיד, דבמקום חולי לא גזרו רבנן. והרמ״א כתב ע״ז: ונוהגין להתענות כל זמן שאין להם צער גדול שהיה לחוש לסכנה, והמיקל לא הפסיד. והמ״ב בס״ק יג כתב, ודוקא אחר שבעה אבל תוך שבעה אפילו אמרה איני צריכה אין לה להתענות, וכל שכן תוך ג׳ דודאי אסור לה להתענות. אמנם עיין בערוך השלחן סעי׳ ח שכתב, שחלילה להיולדת להתענות בת״ב בזמנינו כל ל׳ יום כי עדיין היא חלושה והיא כחולה ממש ובמקום חולי לא גזרו רבנן. אמנם שאר פוסקים (החיי אדם כלל קלה סעי׳ ב וקיצור שלחן ערוך סי׳ קכד סעי׳ ו) כתבו שאם היא מרגשת בעצמה שהיא בריאה והתענית לא תזיק לה כלל יש לה להשלים התענית.

9. מ״ב סי׳ תקנד ס״ק יד, ועיין בתורת היולדת פ׳ מח הערה ב שהוכיח שהמ״ב מיירי לאחר ז׳ ימים.

10. שו״ע סי׳ תקנד סעי׳ ו, ובמ״ב ס״ק יא.

11. רמ״א סי׳ תקנד סעי׳ ו.

12. מ״ב סי׳ תקנד ס״ק טז.

13. חיי אדם כלל קלה סעיף ב. ועיין במ״ב סי׳ תקנד ס״ק יד אמנם עיין במועדים וזמנים חלק ה סימן שלה שהביא מהגרי״ז זצ״ל בשם אביו הגר״ח זצ״ל שבמקום חולי לא גזרו כלל, ואין כאן קיום מצוה לצום אפי׳ לשעות. וכן מבואר בשו״ת אבני נזר או״ח סי׳ תקמ. אבל כמדומה דמנהג העולם הוא כהחיי אדם לצום כמה שעות אם אפשר.

7: ACTIVITIES RESTRICTED ON *TISHAH B'AV* 123

A sick person who is permitted to eat should not eat more than a sufficient amount of simple food.[14]

Any person who has a medical problem (e.g., diabetes, heart condition, nervous breakdown) should consult a doctor and a halachic authority regarding fasting.

A sick man who is still fasting after halachic noon, but cannot fast until *Minchah*, should put on his *tefillin* (and remove them) before eating. When he is ready for *Minchah*, he should put on his *tefillin* a second time.[15]

2. Medication

A sick person who needs to take medication is permitted to take a tablet, capsule or liquid that does not have a pleasant taste. One who cannot swallow the medication without water may take it with a bit of water.[16] [Regarding sweet-tasting medications, one should consult a halachic authority.]

3. Rinsing One's Mouth

One may not rinse his mouth on *Tishah B'Av*. However, if a bad taste causes extreme discomfort, one may rinse with a small amount of water, but should lean forward while rinsing, in order to minimize the chance of swallowing the water.[17] Teeth may be cleaned with a dry toothbrush.

II.
Not Washing One's Body

A. The Prohibition

It is generally forbidden to wash any part of the body on *Tishah B'Av* in either hot or cold water.[18] However, in some

---

14. הלכות ומנהגי בין המצרים פרק ז הלכה י.

15. הליכות שלמה פרק טז הלכה ג.

16. הליכות שלמה פרק טז הלכה ו.

17. מ״ב סי׳ תקסז ס״ק יא.

18. המחבר בסי׳ תקנד סעי׳ ז כתב רחיצה אסורה בתשעה באב בין בחמין בין בצונן אפי׳ להושיט אצבעו במים אסור, עכ״ל. והטעם שאסור להושיט אצבעו במים אינו

circumstances, washing certain parts of the body is permitted.

B. Exclusions and Exemptions

1. Dirt

Dirty skin may be washed with cold water, but one must be careful to wash only the dirty area.[19] One who must wash should bear in mind that permission is granted to wash away dirt, but not to wash for pleasure.[20]

2. Perspiration

It is preferable that a person not wash off perspiration with water, for perspiration is not considered dirt. However, one who is very sensitive may wash away perspiration with cold water.[21]

3. Upon Arising

Just as throughout the year one must wash each hand three

משום אבילות, דהרי אבל מותר להושיט אצבעו בצונן, אלא איסורו משום דין תענית כמו שמצינו ביום כפור.

והנה המחבר כתב בסעי׳ ח טבילה של מצוה בזמנה מותרת, אבל בזמן הזה אין טבילה בזמנה הלכך לא תטבול וכן נהגו, עכ״ל. והטעם שטבילה בזמנה שהוא מצוה היה מותר לטבול בתשעה באב הוי דכיון דטובל לשם מצוה אין זו רחיצה דתענוג. אולם לא בכל מקום שהרחיצה אינו משום תענוג התירו, דהא מצינו בסי׳ תקנד סעי׳ יב דההולך להקביל פני רבו עובר במים ואינו חושש משום דהוה דבר מצוה, ומ״מ רב ההולך אצל התלמיד אסור, אף דאיהו ג״כ אינו עושה לשם תענוג אף על פי כן אסור, דכיון דאין בזה מצוה נאסר. וחזינן דלא אמרינן דכל רחיצה שאינו לתענוג אינו בכלל איסור רחיצה, רק בעינן שיהא לצורך מצוה וכדומה. ועוד ראיה מצינו לזה בסי׳ תקנד סעי׳ יג דההולך לשמור פירותיו עובר במים עד צוארו ואינו חושש, דמשום הפסד ממונו התירו, ומ״מ בחזרה אסור. ואף דבחזרה נמי אין כוונתו לתענוג, וכמו בהליכתו, מ״מ אסור כיון דאינו לצורך. הרי מבואר דלא כל שאינו לתענוג מותר. וכן ראיה לזה ממאי דאיתא בסי׳ תריג במ״ב ס״ק ב שיש פוסקים שאסרו לרחוץ להסיר הזיעה, והגם דאין זה רחיצה של תענוג אף על פי כן אסור להנך שיטות, וממילא מה דאיתא בכמה ספרים דכל רחיצה של תענוג מותר אינו נכון.

19. שו״ע סי׳ תקנד סעי׳ ט. ועיין במ״ב בסי׳ תריג ס״ק א וז״ל: ואם גופו מלוכלך בכמה מקומות והוא טורח לרחוץ מקומות המטונפים כל אחד בפנ״ע מותר לכנוס במים לרחוץ כל גופו בפ״א בכדי להסיר הלכלוך שעליו, עכ״ל.

20. מ״ב סי׳ תריג ס״ק א.

21. מ״ב סי׳ תריג ס״ק ב.

times (or, according to some, four times) [see *Laws of Daily Living*, Vol. I, p. 17, for exact procedure], so, too, on *Tishah B'Av*, with one change: During the rest of the year the hands are washed until the wrist, whereas on *Tishah B'Av* only the fingers may be washed.[22] When washing the hands, one should have in mind that the washing is not for pleasure, but in order to remove the evil spirit from the hands.[23]

While the hands are still moist after drying them, one may place them over his eyes or other parts of his body. This is not considered washing the body because the hands are not sufficiently damp to wet something else.[24] However, mucus may be washed from the eyes, for it is considered dirt.[25]

4. After Using the Lavatory

Hands that have become soiled in the lavatory may be washed, as stated earlier (paragraph 1). Hands that did not become soiled may be washed from the fingertips to the third knuckle (i.e., the entire finger). Those individuals who customarily wash their hands three times after using the lavatory may do so on *Tishah B'Av*. Since some authorities maintain

---

22. שו״ע סי׳ תקנד סעי׳ י. ועיין במ״ב ס״ק כא שכתב הטעם וז״ל: משום רוח רעה השורה על הידים דהוי ליה כמלוכלך בטיט ובצואה דמותר, כן כתב הבית יוסף בסי׳ תריג. ועיין שם בביאור הגר״א שמפקפק על דין זה, עכ״ל. ועיין בפמ״ג סי׳ ד בא״א ס״ק ז שהקשה על דין זה דמשמע דכל רחיצה שאין תענוג שרי, א״כ כל שאין תענוג אמאי לא יטול ביוה״כ עד הפרק הזרוע (כמו כל השנה) והניח בצ״ע. ועיין בזה בשו״ת מנחת יצחק ח״י סי׳ מה, ועיין בכף החיים סי׳ ד ס״ק יד שכתב בשם מהר״י צמח שבשאר ימות השנה צריך ליטול כל היד מפני הרוח רעה, ורק ביו״כ ובת״ב אין צריך משום שביו״כ אין הרוח רעה שולטת, ובת״ב אינה מקפדת הרוח על דבר מועט כזה כי כל היום הוא שלה בעונותינו.

ועיין בארחות רבינו (ח״ב עמוד קלט, רז) שהביא בשם החזו״א שהנוהג תמיד כדעת הגר״א ליטול ד׳ פעמים מותר לעשות כן ביו״כ. ועי״ש עוד שהביא מהחזו״א דאין צריך לדקדק שיהיה בדיוק עד סוף קשרי אצבעותיו. ויש צריכין לומר לפי דבריו דמה שכתב המחבר דצריך ליזהר שלא ירחוץ רק עד קשרי אצבעותיו, היינו שיזהר שלא לרחוץ כל היד, אך גם בקצת יותר מסוף קשרי אצבעותיו אין קפידא.

23. שו״ת בנין שלמה סי׳ לד, עפ״י מה שכתב הרמ״א בסי׳ תריג סעי׳ ב ״ולא יכוין להנאת רחיצה רק להעביר הרוח רעה מעל הידים״, ועי״ש שהאריך בזה.

24. שו״ע סי׳ תקנד סעי׳ יא ומ״ב ס״ק כב.

25. שו״ע סי׳ תקנד סעי׳ יא.

that unsoiled hands may not be washed at all, it is suggested that one using the lavatory should touch a usually covered area of his body, for according to all opinion, that would require that the hands be washed.[26]

5. Before Davening

One may wash his hands up to his knuckles in preparation for *Minchah*.[27]

6. Preparing Food/Washing Dishes

One who prepares food or washes utensils on *Tishah B'Av* for children, for the sick or for the meal following the fast should, if possible, wear gloves to prevent the hands from becoming wet.[28] In any case, such preparation is permitted even if the hands will become wet.[29]

7. Touching a Usually Covered Part of the Body

As explained in the *Laws of Daily Living*, Volume 1, page 40, one who touches — even with only one finger — a part of the body that is usually covered is obligated to wash that entire hand. On *Tishah B'Av*, too, one washes that hand, but only until the knuckles.[30]

---

26. הרמ״א בסי׳ תקנד סעי׳ ט כתב לעיין בסי׳ תריג סעי׳ ג, ושם איתא: אם הטיל מים ושפשף בידו או עשה צרכיו וקינח מותר לרחוץ דהוה ליה ידיו מלוכלכות (ורוחץ עד סוף קשרי אצבעותיו), ע״כ. ועל המילים ״ושפשף בידו או עשה צרכיו״ כתב המ״ב בס״ק ד, וז״ל: מלשון זה משמע דאם לא קינח בגדולים ולא שפשף בקטנים אסור לו לרחוץ, ובאמת יש מחלוקת הפוסקים בזה די״א דאפי׳ לא קינח ושפשף יש לו לרחוץ ידיו משום הכון לקראת אלקיך ישראל, דהא צריך לברך אשר יצר. וע״כ הסכימו האחרונים דנכון לכתחילה לקנח ולשפשף כדי להוציא נפשיה מפלוגתא דבזה לכו״ע מותר לרחוץ, עכ״ל. ועיין בספר אשי ישראל (עמוד תשפט) שהביא מהגר״ח קניבסקי שליט״א דהוא הדין שיכול לנגוע במקומות המכוסים וזה הוי בכלל שפשוף שכתבו הפוסקים.

והמטה אפרים בס׳ תריג סעי׳ ה כתב דמי שדרכו ליטול ידיו ג׳ פעמים יכול ליטול גם ביוה״כ (ות״ב) כדרכו.

27. מ״ב סי׳ תקנד ס״ק כא.

28. שו״ת מחזה אליהו סי׳ פז.

29. כ״כ המ״ב בסי׳ תקנד ס״ק יט דכיון דאינו אסור אלא רחיצה של תענוג וממילא נשים המבשלות וצריכות לרחוץ הבשר, אף דממילא רוחצת גם ידיה מותר.

30. המ״ב בסי׳ תריג ס״ק ו כתב בשם הדרך החיים, ואם נגע בגופו במקומות המכוסים

8. Washing for Bread

One who is permitted to eat a meal on *Tishah B'Av* washes both hands for bread as on any other day.[31]

9. Touching Shoes

Hands that have touched leather shoes must be washed. Some authorities extend this rule to all shoes, regardless of their material. During the rest of the year, one may choose to take the stricter view and wash the entire hand that touched non-leather shoes. But on *Tishah B'Av*, when washing is prohibited, only the part of the hand that touched the non-leather shoe may be washed.[32]

10. Washing for the Purpose of a *Mitzvah*

A woman may wash the minimum area that must be washed before beginning counting her seven clean days.[33]

A woman whose immersion is to be on *Motza'ei Tishah B'Av* should not bathe until after nightfall. If that is not practical, she may bathe on *Erev Tishah B'Av*.[34]

ששם הוא מקום זיעה אפי׳ לא נגע רק באצבע אחת צריך לרחוץ כל ידו עד קשרי אצבעותיו, עכ״ל. ועיין בכף החיים סי׳ ד ס״ק פו שהביא מחלוקת בזה אם צריך לרחוץ ב׳ ידיו או רק היד שנגע באלו המקומות. ומסיק שם דמעיקר הדין אין צריך לרחוץ אלא אותו היד שנגע בו, ואם רוחץ שניהם תבוא עליו ברכה. ולפ״ז בתשעה באב ודאי אין להחמיר בזה.

31. שו״ת ציץ אליעזר חלק יח סי׳ יז אות ו, שש״כ פרק לט הערה קא בשם הגרש״ז אויערבאך זצ״ל.

32. בדבר זה אם צריך נטילה כשנוגע בנעל שאינו של עור כבר כתבנו אודות זה בספרנו *Laws of Daily Living* כרך א עמוד 36, והבאנו שם אחרונים שסוברים שאין צריך נטילה. אמנם עיין בכף החיים סי׳ תקנד ס״ק עג שכתב שאם נגע במנעל אפי׳ של בגד צריך נטילה כדין נוגע במנעל של עור. וכ״כ בקונטרס הליכות והנהגות להגריי״ש אלישיב שליט״א עמוד 15. ומה שכתבנו שצריך ליטול היד רק במקום שנגע במנעל כשאינו של עור כ״כ המ״ב בסי׳ תריד ס״ק יד, דאם נגע במנעליו שלא ע״י בגד צריך ליטול ידיו במקום שנגע בהן, הרי מבואר דרק במקום שנגע צריך נטילה ולא כל היד.

33. רמ״א סי׳ תקנא סעי׳ ג. ועיין בשעה״צ ס״ק לה שכתב דתרחץ רק פניה של מטה לבד.

34. המחבר בסי׳ תקנד סעי׳ ח כתב שבזמן הזה שאין טבילה בזמנה לא תטבול בו, וכן נהגו. והמ״ב בס״ק יח כתב וז״ל: אלא תרחוץ ותחוף ערב תשעה באב ולמוצאי תשעה באב חופפת מעט קודם הטבילה, דבענין סמוך לחפיפה טבילה, עכ״ל. והרמ״א בסי׳

11. Medicinal Washing

One may wash oneself for medicinal purposes. Hot water may be used if needed.[35]

12. Bride

A bride within thirty days after her marriage may wash her face.[36]

13. Washing After a Funeral

The handwashing usually done after a funeral is omitted on *Tishah B'Av*. However, the hands should be washed after leaving a cemetery.[37]

III.
Not Anointing Oneself

A. The Prohibition

It is forbidden to apply, daub or rub any kind of oil, cream, soap, powder, perfume, cosmetic, lipstick, hair spray, tonic, etc., to any part of the body for pleasure.[38]

תקנא סעי׳ טז כתב דאפי׳ אם טובלת ליל עשרה מותר לה לרחוץ בערב תשעה באב אם אי אפשר לה לרחוץ ליל עשרה, הרי מבואר מדברי הרמ״א דלכתחלה תעשה החפיפה מוצאי תשעה באב. אמנם הביאור הלכה כתב, לדעת הש״ך שם מעיקר הדין תרחוץ בערב תשעה באב, עכ״ל. וכדברי הרמ״א פסק המג״א סי׳ תקנד ס״ק י, סדרי טהרה ס״ק יד, חיי אדם כלל קלג סעי׳ יט, קיצור שלחן ערוך סי׳ קכב סעי׳ יב. דרך החיים, סידור יעב״ץ, ערוך השלחן סי׳ תקנא סעי׳ לז, וכמדומה דזהו מנהג העולם.

35. מ״ב סי׳ תקנד ס״ק כו. ועיין בשלחן גבוה ס״ק כג שכתב דמותר בחמין אם החמין מרפאין טוב יותר.

36. מ״ב סי׳ תקנד ס״ק כט.

37. הגר״ש מיללער שליט״א הובא בקונטרס מקדש ישראל דף מה.

38. שו״ע סי׳ תקנד סעי׳ טו: סיכה אינה אסורה אלא של תענוג, אבל מי שיש לו חטטין בראשו סך כדרכו ואינו חושש, עכ״ל. והמ״ב בס״ק כח כתב, דסיכה מקרי בדבר שדרכו לסוך בו כגון בשמן, או בחלב, בבורית וכהאי גונא, עכ״ל. וראיתי בקונטרס דיני בין המצרים (מהגר״ש פעלדער שליט״א) עמוד מו שכתב דבספרים כתבו דיש איסור סיכה גם בpowder וב lipstick ובmakeup וכדומה. ובאמת חידוש הוא לומר דדברים אלו הם בכלל סיכה שהיא כשתיה, דלכאורה האיסור הוא רק בדבר שסך על בשרו ונבלע לתוכו, וכן מיני משחה וכדומה, ולא בדברים שמניח על בשרו גרידא. אמנם הוסיף שם

B. Exclusions

1. One may use deodorant to remove a bad odor.[39]
2. Medicine or healing cream may be rubbed on a wound.
3. Insect repellent may be used.[40]

IV.
Not Wearing Leather Shoes

A. The Prohibition

Leather shoes may not be worn on *Tishah B'Av*.[41] Shoes made partially of leather and shoes made of another material covered with leather are included in the prohibition.[42] Some Poskim prohibit even non-leather shoes that look like leather, because of *maris ayin* (the appearance of wrongdoing).[43]

B. Exclusions and Exemptions

1. Comfortable Shoes

According to most authorities non-leather shoes are permitted, even if they are comfortable. However, some authorities prohibit comfortable shoes. They reason that whereas the prohibition against leather shoes was intended as a form of

---

דמ״מ צריך ליזהר שלא יהיה בכלל האיסור המובא בשו״ע לגבי אבל (יו״ד סי׳ שפא ס״ו) דאשה לא תכחול ולא תפרקס בימי אבלה דאסור כרחיצה. ובש״ך (שם ס״ק ד) כתב דחמור יותר מרחיצה דהכא אסור גם לאחר ז׳ אם לא באשת איש, ורחיצה מדינא מותר. ולפ״ז ה״נ בדידן אסור מטעם זה, עכ״ל.

39. מרן הגר״מ פיינשטיין זצ״ל, הובא בספר מועדי ישורון עמוד 141.

40. פשוט דאין זה בכלל תענוג.

41. המחבר בשו״ע סי׳ תקנד סעי׳ טז כתב: נעילת הסנדל דוקא של עור, אבל של בגד או של עץ או של שעם וגמי מותר, ושל עץ מחופה עור אסור.

42. מ״ב סי׳ תקנד ס״ק לא.

43. שו״ת מנחת שלמה ח״ב סי׳ נח אות כט. ועיין בספר חזון עובדיה דף רצט שהעיר בדבריו, ועיין בספר שלמי מועד עמוד מו בהערה שם שכתב בשם הרה״ג ר״א נבנצל שליט״א שהניח דברי הגאון ר׳ שלמה זלמן זצ״ל בצ״ע, שהרי כבר נתפשט הדבר בזמנינו ללכת במנעלים כאלו ותו ליכא משום מראית העין.

affliction and a source of discomfort, wearing comfortable footwear is inappropriate.[44]

2. Medical Exigency

Wearing leather shoes for medical reasons is permissible, e.g., one whose foot is weak or injured and does not get

---

44. כן נראה מפשטות דברי המחבר שהבאנו לעיל בציון 41. אמנם עיין בשו״ת פנים מאירות ח״ב סי׳ כח שדייק מדברי הרמב״ם חידוש דין בזה. דעיין ברמב״ם פ״ג מהלכות שביתת עשור הלכה ז שכתב וז״ל: אסור לנעול מנעל וסנדל אפי׳ ברגלו אחת, ומותר לצאת בסנדל של שעם ושל גמי וכיוצא בהן, וכורך אדם בגד על רגליו ויוצא בו שהרי קושי הארץ מגיע לרגליו ומרגיש שהוא יחף, עכ״ל. והפנים מאירות מדייק מדברי הרמב״ם שכתב ״שהרי קושי הארץ מגיע לרגליו ומרגיש שהוא יחף״, שדוקא אם מרגיש את קושי הארץ מותר, והאריך בענין זה, לבסוף כתב דכיון שיש מן הראשונים שאוסרים כל שהוא בצורת נעל, א״כ כל ירא וחרד לדבר השם יש לו להחמיר שלא לצאת במנעול העשוי מלבדים ועשוי כמדת מנעל שלנו ומגין ואינו מרגיש כלל שהוא הולך יחף, ולאו בכלל עינוי הוא, והמחמיר תבוא עליו ברכה. ועיין בערוך השלחן סי׳ תריד סעי׳ ד אחר שהביא דברי הרמב״ם כתב וז״ל: אלא טעמו נ״ל דכיון דיוה״כ הוי טעמא משום עינוי לכן כל שאינו מתענה ואינו מרגיש שהולך יחף אסור, דבכל הדברים כמו שעם וגמי ובגד הרגיל מרגיש מפני שהן רכין, ולא כן בשל עץ, ולפ״ז נלע״ד דאין לצאת במנעל של עץ ביו״כ כיון שכן הוא דעת רש״י ותוס׳ ורמב״ם ,עכ״ל. והמ״ב בהלכות תשעה באב לא הביא חומרא זו כלל, רק כתב לעיין בשערי תשובה שהביא דברי הפנים מאירות. אבל בהלכות יום כפור סי׳ תריד ס״ק ה כתב וז״ל: וכן יש מחמירין שלא לצאת במנעל העשוי מלבדים ועשוי כמנעל שלנו, והוא מגין על רגל ואינו מרגיש כלל שהוא יחף ולאו בכלל עינוי הוא, ולפ״ז ה״ה ערדלים של גומא יש להחמיר. והנה אף שאין למחות ביד המקילין אחרי שהשלחן ערוך ורוב אחרונים מקילין בזה, מ״מ מי שאפשר לו נכון להחמיר בזה ולילך באנפלאות של בגד כנהוג, אכן אם צריך לצאת החוצה נכון יותר שילבש אלו הלבדים או הערדלים ולא מנעלים של עור שיש בהם איסור מדינא משא״כ אלו שהם רק משום חומרא, עכ״ל. הרי דהמ״ב הביא דברי הפנים מאירות בנוגע יום כפור ולא בנוגע תשעה באב.

ויש עוד חומרא בזה, דעיין בב״ח סי׳ תקנד וז״ל: גם יש גאונים שסוברים דכל מידי דמגין מנעל איקרי ואסור, הלכך יש להחמיר לילך יחף לגמרי וכן ראיתי רוב רבותינו גם בט״ב ומיהו אין לגעור באותן שנהגו להקל בנעל של בגד, עכ״ל. ובהגהות חתם סופר בסי׳ תקנד כתב דבכל היום ילך באנפלאות וברחוב ילך במנעל של לבד דק שירגיש קושי הארץ, וגם החזון איש נהג בזה להחמיר כהב״ח.

ועיין בספר הלכות ומנהגי בין המצרים פ״ז הערה 47 שכתב שכהיום שמצויים לרוב מנעלים מדברים סנתטיים שאין בהם שום עור והולכים עמהם בכל מקום כל השנה, לכאורה מדינא מותר, ורק מחומרת הפנים מאירות יש לאסור. אך מסתברא שדבר המשמש למנעל חשוב לכל השנה, ולא רק בתורת מנעל ארעי, וכולם הסכימו עליו שזהו מנעל המגין וחופה ויוצאים בו תמיד בזה לכו״ע הוי מנעל ואסור לילך בו בת״ב מדינא, עכ״ד.

adequate support from non-leather shoes.[45]

3. Walking a Long Distance

One who has to walk a long distance or over stony or muddy terrain may wear leather shoes if he has no other way to protect his feet, but must remove the shoes once they are no longer needed.[46] One who must wear leather shoes for any of these reasons should place some sand in them so that he will still feel a modicum of discomfort.[47]

4. Leather Inserts

A leather insert that is not a permanent part of the shoe may be worn in a permissible shoe on *Tishah B'Av* if necessary. But a leather insert left in the shoe permanently is considered part of the shoe and may not be worn.[48]

C. Children

Children who have reached the age of understanding the concept of mourning (i.e., 7 or 8) should be trained to wear non-leather shoes on *Tishah B'Av*.[49] However, nowadays the custom is that even children below that age do not wear leather shoes.[50]

---

45. שו״ע סי׳ תריד סעי׳ ג.

46. שו״ע סי׳ תקנד סעי׳ יז ומ״ב שם. ובפנים לא כתבנו הדין של הרמ״א דמותר לילך במנעלים במקום שדרים בין האינם יהודים כיון דבזמנינו יכולים ללכת עם נעלי גומי ושאר מנעלים שמצוים לרוב וגם הגויים דרכם ללכת בהם בשאר ימות השנה. וכעין זה מצינו בשו״ת מנחת שלמה חלק א סימן צח אות ח שכתב שכהיום לא שייך ההיתר שנתנו חז״ל בנעילת הסנדל לחיה ולחולה כיון שיכולים ללבוש מנעלי היתר, עי״ש.

47. מ״ב סי׳ תקנד ס״ק לג.

48. שו״ת חלקת יעקב חלק א סימן ריז.

49. החכמת אדם כלל קנב סעיף יז כתב דבתשעה באב לא מצינו שיהיה חיוב לחנך קטן בנעילת הסנדל, וצריך לומר דכיון דהוא דבר שיש בו משום צער לא גזרו בתינוק, אלא דביום כפור כיון דלרוב פוסקים נעילת הסנדל מדאורייתא החמירו בו, עכ״ד. ועיין במועדים וזמנים ח״ז סי׳ רנא שמתמה על דברי החכמת אדם. ועיין במנחת שלמה תנינא סי׳ ס אות כג. ומרן זצ״ל באג״מ יו״ד ח״א סוף סי׳ רכד כתב דצריכין לחנך קטנים שהגיעו לחינוך.

50. כן הוא מנהג העולם.

V. Not Engaging in Marital Relations

Marital relations are forbidden on *Tishah B'Av*. Moreover, it is proper to avoid any and all physical contact between husband and wife.[51] In case of need (e.g., if one of them is sick or incapacitated and requires assistance), physical contact is permitted.[52]

Many authorities permit physical contact during the daytime.[53] Passing objects without physical contact is permitted, even at night.[54]

VI. Not Studying Torah

A. The Prohibition

Dovid HaMelech said (*Tehillim* 19:9), פִּקּוּדֵי ה׳ יְשָׁרִים מְשַׂמְּחֵי לֵב, *The commands of Hashem are upright, rejoicing the heart.* Because the study of Torah brings joy, Torah study is prohibited on *Tishah B'Av*[55] [but see Section D below].

---

51. המחבר בשו״ע סי׳ תקנד סעי׳ יח כתב: יש מי שאומר שלא יישן בליל תשעה באב עם אשתו במטה, ונכון הדבר משום לך לך אמרינן לנזירא, עכ״ל.

והמ״ב בס״ק לז כתב וז״ל: ועיין לקמן סי׳ תרטו ס״א דאסור ליגע באשתו כאילו היא נדה, ואפשר דהוא הדין בתשעה באב, ומכל מקום ביום יש להקל, עכ״ל.

52. כתבנו בציון 51 דאפשר דבתשעה באב יש להחמיר שלא ליגע באשתו, והחיי אדם והערוך השלחן כתבו לשון ״ונכון״, הרי מבואר דמעיקר הדין מותר, והט״ז בסימן תרטו מיקל לגמרי בתשעה באב. א״כ במקום צורך יש להקל.

53. מגן אברהם הובא במ״ב בסי׳ תקנד ס״ק לז, חיי אדם כלל קלה סעי׳ יב, ערוך השלחן סי׳ תקנד סעי׳ יז.

54. כן נראה דכל הפוסקים כתבו דאסור ליגע באשתו כמו נדה, ולא כתבו להחמיר בכל דיני הרחקות ששייכות לנדה בתשעה באב. ועיין בכף החיים סי׳ תקנד ס״ק פה שהחמיר גם בשאר הרחקות.

55. כתב המחבר בשו״ע סי׳ תקנד סעי׳ א: ואסור לקרות בתורה נביאים וכתובים וכו׳ משום שנאמר פקודי ה׳ ישרים משמחי לב, ע״כ. ולכאורה בפשטות מבואר דסיבת האיסור ללמוד תורה הוא משום שמשמח לבו של אדם. ולכאורה אליבא דטעם זה מי שלומד ויש לו צער מזה חס ושלום יהיה מותר לו ללמוד בת״ב. ולכאורה צ״ע על המחבר שכתב הך טעמא לאסור לימוד התורה (שהם באמת דברי ר״א מן ההר, כמו

Another reason for the prohibition is that involvement in Torah study can cause one to stop thinking about the destruction of the two Temples.[56]

שיובא לקמן הערה 56), הא לכאורה יש טעם אחר, ולפי טעם הזה יהיה אסור ללמוד אפי' כשאין לו שמחה. דהנה המג"א בסעי' תקנד ס"ק כג כתב דהטעם דאין עושים מלאכה בתשעה באב כדי שלא יסיחו דעתן מהאבילות, ועל פי זה כתבו הפוסקים שאסור ללמוד בת"ב שאר חכמות שכן הן מסיחות הדעת מהאבילות, וא"כ היה להמחבר לאסור לימוד התורה משום הסיח הדעת ולאו משום שמחה לבד. ובאמת המהרש"א בתענית דף ל עמוד א בד"ה ואסור כתב דלימוד התורה אסור משום היסח הדעת. ולפי טעם זה יהיה אסור ללמוד אפי' כשאין לו שמחה.

ולפי טעם זה מוסבר ג"כ למה מותר ללמוד בדברים הרעים בתשעה באב, משום דאין הוא מסיח דעת מהאבילות. [דלפי הטעם ר"א מן ההר (הובא בציון 56) והמחבר לכאורה גם הלכות אלו ליהוי אסור ללמוד, דהא פיקודי ה' נינהו ומשמחי לב. אמנם עיין בהערה 56 דלר"א מן ההר כל צורת מצות ת"ת הוא באופן של שמחה, ואכן כשלומד דברים המצטערים, מתוך אבילות, אין כאן מצות ת"ת וצ"ב.]

56. מהרש"א תענית דף ל. ד"ה ואסור. והנה נחלקו הפוסקים אם יש חיוב תלמוד תורה בתשעה באב בענינים המותרים ללמוד, ואם אחד מבטל זמנו האם עובר על איסור ביטול תורה, או דילמא דאין כאן חיוב ללמוד רק אם רוצה ללמוד מותר ללמוד דוקא בענינים שמבואר בפסוקים שמותר ללמוד בת"ב. והנה כנראה שיש מחלוקת הפוסקים בזה, דעיין בספר מטה יהודה סי' תקנד שכתב דאף שמותר ללמוד דברים הרעים בת"ב אינו מחויב לעסוק בתורה כחיובו בכל ימות השנה, אבל הגר"ח פלאג'י בספרו מועד לכל חי סימן י כתב, דבתשעה באב יש חיוב לעסוק בתורה וילמוד דברים הרעים.

והגרש"ז זצ"ל כתב בספרו הליכות שלמה פרק טו דבר הלכה ס"ק יב דבתשעה באב אין כאן חיוב ת"ת.

ולכאורה צריך ביאור, להך שיטות שסוברים דאין איסור ביטול תורה בתשעה באב, הא כיון דפסקינן דיכול ללמוד דברים הרעים למה באמת אין איסור ביטול תורה.

וראיתי שמתרצים על פי דברי רבינו אברהם מן ההר במסכת נדרים דף מח. וז"ל: ואיכא מאן דמקשה והאיך נאסרים לקרות בספרים (המודר הנאה) והלא מצוה היא ומצוות לאו ליהנות ניתנו. ולאו קושיא, היא דלא שייך טעמא דמצות לאו ליהנות ניתנו אלא במצוה שהיא תלויה במעשה, שכשאדם עושה אותה אינו מתכוין לדבר הנאה, שאינו עושה אותה להנאת גופו אלא לעשות מה שנצטוה מאת השם. אבל מצות לימוד שהוא ענין ציור הלב וידיעת האמת, עיקר הציווי הוא כדי לצייר האמת ולהתענג וליהנות במדע לשמח לבבו ושכלו, כדכתיב פקודי ה' ישרים משמחי לב, ומשום הכי אבל אסור לקרות בנביאים ובכתובים מפני שהם משמחים לבו על כרחו, הלכך לא שייך למימר במצות תלמוד דלא ניתן ליהנות, שעיקר מצותו היא ההנאה והתענוג במה שמשיג ומבין בלימודו, עכ"ל. ומשום כל זה נראה פשוט דכשאי אפשר ללמוד אלא בדברים הרעים המצערים אי אפשר שיהיה חיוב תלמוד, כיון שממנ"פ, אם ישמח בהם הרי מבטל האבילות. ואם יצטער א"כ אין זה צורת מצות ת"ת.

אמנם זה פשוט, דכל המחלוקת הוא אם יש איסור ביטול תורה בתשעה באב, אבל כו"ע סוברים דאם לומדים בדברים הרעים מקיים מצות עשה של לימוד התורה.

B. Prohibited Forms of Torah Study

The prohibition includes all forms of Torah study: Reading, writing, speaking, listening, etc.[57] [But see section D below.]

It is even forbidden to render a halachic ruling that is not relevant to *Tishah B'Av* and can wait until the next day.[58]

C. Children

This prohibition includes all adults, both men and women.[59] Moreover, an adult may not teach children Torah on *Tishah B'Av*. Although the child may not feel the joy that an adult does while studying Torah, it is still forbidden to teach children, because of the teacher's joy in teaching Torah. Some authorities rule that an adult may teach children that which adults may study themselves [see next paragraph].[60] Some

57. המחבר בשו״ע סי׳ תקנד סעי׳ ג כתב דיש מי שאוסר ללמוד על ידי הרהור. וכתב בספר נהר שלום סק״ג שאף שלא מצינו מי שחולק על המחבר (שהוא דברי האגור) אפי׳ הכי כתב השו״ע בשם יש מי שאומר, משום שזה שאין איסור להרהר בדברי תורה היינו רק להסוברים הרהור כדיבור, אבל להנך שיטות שסוברים הרהור לאו כדבור דמי, מותר ללמוד ע״י הרהור בתשעה באב. אמנם המ״ב בס״ק ה אינו סובר כן דכתב דאף דהרהור לאו כדיבור דמי, שאני הכא דעיקר טעמא משום שמחה ובהרהור איכא שמחה, עכ״ד. הרי מבואר מדבריו דגם להנך שיטות שסוברים הרהור לאו כדיבור אסור להרהר בדברי תורה בתשעה באב. וא״כ לכאורה הדרא הקושיא למה כתב המחבר הלכה זו בשם יש מי שאומר הא לכאורה כ״ע סברי כן. אמנם הנהר שלום ציין לדברי הסמ״ע בחושן משפט סימן טז ס״ק ח, שדרך השו״ע לכתוב יש מי שאומר על דין שמצא רק באחד מן הפוסקים אף ששאר הפוסקים לא חלקו עליו.

58. מ״ב סי׳ תקנד ס״ק ה.

59. שו״ת עמק התשובה סי׳ קסג.

60. המחבר בסי׳ תקנד סעי׳ א כתב ״ותינוקות של בית רבן בטלים בו״. והמ״ב בס״ק ב הביא שיטת המג״א, דעם התינוקות אסור ללמוד אף דברים הרעים, רק מותר ללמוד לו החורבן דאינו אלא סיפור דברים ומשבר לב התינוק. אמנם הביא דיש מאחרונים שסוברין דמותר ללמוד עם התינוק בדברים הרעים, וכאן לא אסר אלא הלימוד שהקטנים לומדים בסדר שלהם דהיינו חומש וגמרא, עכ״ד [וזהו שיטת הט״ז]. ובביאור הלכה בד״ה בטלים הסביר המחלוקת דהט״ז סובר דהאיסור של התינוקות הוא משום המלמד ושמח בדברי תורה כשלומד עם הקטנים, וא״כ לפ״ז כשלומד עם הקטנים בדברים הרעים שמותר לגדול ללמוד בעצמו אין כאן שמחה וממילא מותר. אמנם המג״א סובר דמצינו בהלכות אבלות שאסור לאבל ללמוד עם אחרים ולא התירו לאבל רק ללמוד בעצמו, וטעם הדבר משום שלגדול יש שמחה כשלומד עם אחרים אף בדברים הרעים, ורק ללמוד עמו מעשה החורבן מותר דאינו אלא סיפור דברים

authorities rule that a child below the age of 12 who does not derive joy from Torah study may study any Torah subject.[61]

D. Permitted Torah Study on *Tishah B'Av*

The following subjects may be studied on *Tishah B'Av* because they neither bring joy nor divert one's mind from mourning the Destruction:

1. Permitted Portions of *Tanach*

Certain Biblical Books may be studied, some in full, some in part, along with their commentaries and *Midrashim*. They include: *Iyov* (*Job*); *Eichah* (*Lamentations*); the passages of tragedy and destruction in *Yirmiyah* (*Jeremiah*);[62] and the Torah reading of *Shacharis* (כִּי תוֹלִיד בָּנִים).[63]

Tehillim (*Psalms*) may be recited on behalf of the sick. However, one who generally recites a daily portion of *Tehillim* should recite the portion for *Tishah B'Av* either the day before or the day after.[64]

בעלמא ומשבר לב של התינוק. ועיין בדגול מרבבה שנתקשה על דברי המג״א שסובר שאסור ללמד תינוקות בדברים הרעים משום ההלכה דאבל אסור ללמד לאחרים וז״ל: לא הבנתי דבריו, דשם (בהלכות אבילות) מיירי שאין רבים צריכין לו וא״כ אם הוא לא ילמוד עמהם ילמדו אחרים עמהם, אבל בט״ב אם אתה אוסר ללמוד עם תינוק יהיו התינוקות בטלים ואין לך ביטול תורה גדול מזה, ולכן פשוט דמותר ללמוד עמהם איוב ושאר דברים הרעים וכדעת הט״ז, עכ״ל. אמנם לתרץ דברי המג״א אפשר לומר דכיון דיכולים לספר להתינוקות מעשה החורבן לא יהיו הקטנים בטלים לגמרי. ואולי זהו כוונת הפמ״ג בא״א שכתב ותשב״ר כה״ג לא מיקרי ת״ת דרבים, באפשר, עכ״ל, וכוונתו לומר למה דלכן לא מיקרי זה תלמוד תורה דרבים משום דיוכל ללמוד עמהם סיפורי החורבן.

61. שיטת הט״ז הובא בביאור הלכה. ועיין בשו״ת אג״מ יו״ד ח״א סי׳ רכד שכתב בפשטות שאף הט״ז לא סובר כן רק בקטן שאינו נהנה מלימודו, אבל קטן שיש לו הנאה בלימודו אסור ללמוד בתשעה באב, דאין לפרש שדעת הט״ז לומר שאין קטן שנהנה מלימודו, עי״ש.

62. שו״ע סי׳ תקנד סעי׳ ב.

63. נהר שלום סי׳ תקנד ס״ק ד.

64. המג״א בסי׳ תקנד ס״ק ו כתב: בפוזנא נוהגין שאין אומרים תהלים ושיר היחוד רק למחרתו אומר של אמש ושל היום, ובמדינה זו נוהגין לומר במנחה אע״ג דאסור בתלמוד תורה כל היום צריך לומר דס״ל כיון שאומרה דרך בקשה שרי לומר במנחה,

The *baal keriah* (Torah reader) may prepare the Torah and *Haftarah* readings of *Shacharis* and *Minchah*.[65]

2. Permitted Passages of Talmud

Talmudic passages that speak of Jewish tragedy may be studied. These include: The story of the Destruction of the Second Temple (*Gittin* 55b-58a; *Sanhedrin* 96a, 104b);[66] the third *perek* of *Moed Katan* (אֵלּוּ מְגַלְּחִין);[67] the story of the Destruction found at the end of *Taanis* in *Talmud Yerushalmi*.[68]

3. Other Permitted Subjects

It is permitted to study the laws of *Tishah B'Av*[69] and the laws of mourning [70] on *Tishah B'Av*.

One may read accounts of the Destruction of the *Beis HaMikdash*, such as that of Josephus.[71]

Stories of righteous people may be read and related.[72]

ומה״ט מקילין בתפילין במנחה עכ״ל. ולכאורה יש להבין דאם הטעם דמותר לומר תהלים כיון דהוא דרך בקשה למה מותר דוקא אחר חצות. ועיין בשו״ת זרע אמת ח״ג סי׳ סא שכתב דעל כרחך אלו הנוהגים לומר אחר חצות ס״ל דמעיקר הדין מותר כל היום, דאי לאו הכי לא היה מותר גם אחר חצות, אלא דכיון שהוא דרך בקשה אין בו איסור בעצם, רק דנהגו להחמיר בבוקר משום דתקיף אבילות דידי׳, וכמו שמצינו לענין שאר דברים כגון מלאכה ותפילין וישיבת קרקע. ובשער הציון ס״ק ח הביא דהדרך חיים סובר דאין לומר תהלים אף במנחה. ובספר לקט יושר (עמוד קיב) כתב דמהר״י אמר חוקו בתהלים בליל ט׳ באב וביום ט׳ באב אמר ג״כ חוקו בתהילים. ובשו״ת רבבות אפרים ח״ג סי׳ תלג כתב שמרן הגר״מ פיינשטיין אסר לומר תהילים בת״ב. ובפנים כתבנו דבדרך כלל אסור ולצורך חולה מותר, דכן פסק בשו״ת דברי מלכיאל ח״ו סי׳ ט, ובשו״ת עמק התשובה ח״א סי׳ קסג, ובקובץ מבית לוי מהגר״ש ואזנער שליט״א.

65. הרמ״א בסי׳ תקנד סעי׳ ג כתב: ומותר לחזור הפרשה בת״ב. והמ״ב בס״ק ח כתב וז״ל: היינו החזן הקורא מותר לו לחזור הפרשה קודם שיקרא, והיינו אפי׳ במנחה, דאילו בשחרית פרשת כי תוליד פשיטא דמעין המאורע היא.

66. מ״ב סי׳ תקנד ס״ק ג.

67. שו״ע סי׳ תקנד סעי׳ ב.

68. קיצור שלחן ערוך סי׳ קכד סעי׳ ה.

69. לקט יושר עמוד קי, וכן נהג הגאון ר׳ שלמה זלמן אויערבאך זצ״ל (הובא בהליכות שלמה בין המצרים עמוד תמ בארחות הלכה).

70. שו״ת חתם סופר יור״ד סי׳ שמו.

71. מ״ב סי׳ תקנד ס״ק ג.

72. הגאון ר׳ שלמה זלמן אויערבאך זצ״ל, הובא בספר הליכות שלמה פרק טו בארחות

7: ACTIVITIES RESTRICTED ON *TISHAH B'AV* 137

The *Kinnos* recited on *Tishah B'Av* may be studied.[73]

Mussar sefarim may be studied in order to arouse the heart to repentance and to improve one's ethical outlook. Indeed, this is the basic purpose of the fast.[74]

4. Prohibited Portions in Permitted Books

Even the permitted books may contain occasional verses of relief and redemption. Those verses should be skipped over on *Tishah B'Av*.

5. Studying in Depth

Many authorities rule that even permitted subjects may be studied only on a simple level, for in-depth study, even of sad subjects, brings a person joy.[75] But some authorities permit in-depth study of permitted halachos, if such study will afford

---

הלכה ציון 36.

73. פשוט הוא.

74. בספר הלכות ומנהגי בין המצרים דף קח הביא בשם הגרי״ש אלישיב שליט״א שמותר ללמוד מוסר אע״פ שיש שם אגדות ומדרשי חז״ל, הואיל ואין הכוונה ללימוד אלא להתעורר לתשובה ותיקון המידות שזהו חובת היום בתענית. וכתב שם עוד דכל זה דוקא כשלומד לשם מוסר לעורר תשובה ומדות טובות, אך כשלומד רק מדרשי חז״ל ואגדות מוסר אסור, והראיה ממה שכתבו הפוסקים דבערב ת״ב שחל בשבת אין אומרים פרקי אבות.

ובשו״ת יביע אומר ח״ב יו״ד סי׳ כד אות י הביא מספר נוה שלום, וז״ל: אבל מותר לקרות בספרי מוסר בתוכחות על עון וכו׳ שהם מכניעים את לב האדם, ואפשר שישוב בתשובה ויתקן דרכיו, כי אותה אנו מבקשים לעת כזאת. ויש לי ראיה לזה ממה שהתירו לקרוא באיוב ובדברים הרעים שבירמיה, כנ״ל להלכה, ולמעשה עדיין יש להתיישב בדבר, עכ״ל. ומהר״ח פלאג׳י בספר רוח חיים סי׳ שפ כתב שהרב נוה שלום התיר לקרות בספרי מוסר וכו׳ ע״כ, ולא סיים מ״ש שיש להתיישב בזה למעשה, וכנראה כי הוא שר המסכים להיתר זה. וכ״כ בספר אברהם אזכור (מערכת א אות סט) שהרי נוה שלום התיר לקרות בספרי מוסר. ועיי״ש שהביא דברי המאירי בבית הבחירה (מועד קטן דף כא) וז״ל: ויראה לי שלא נאסרו דברי תורה לאבל אלא דרך לימוד וגירסא, אבל לעיין בספרים המעוררים לבו של אדם לתשובה לא נאסר, ולא עוד אלא שראוי לעשות כן, ומכאן יראה שנהגו הכל בכך, וביום הראשון מיהא ראוי להזהר מכל וכל, עכ״ל. [ולכאורה לפי כל הני שיטות שסוברים שמותר ללמוד מוסר בת״ב למה באמת נאסר הלימוד בפרקי אבות.]

75. מ״ב סי׳ תקנד ס״ק ד כתב אבל לישא וליתן בהלכה בודאי אסור, וכעין זה כתב הט״ז דאפי׳ במקום דמותר ללמוד היינו שילמד בפשוטן של דברים אבל לא דרך פלפול, עכ״ל. וכן כתב הברכי יוסף סי׳ שפד סעי׳ ג ד״ה ובהלכות אבילות.

the student a clearer understanding of the requirements of the day.[76]

6. Group Study

Prevalent custom permits public *shiurim*, lectures, and classes that teach the subjects permitted on *Tishah B'Av*.[77] Studying such subjects with a partner also is permitted.[78]

7. Recording Torah Insights

One may not record new Torah insights in any media — handwritten, typed, aural — in order to preserve them, for this brings joy. However, one who fears that he may forget the insights may make a brief note of them, and rewrite them after *Tishah B'Av*.[79]

---

76. בספר קרא עלי מועד עמוד נג הערה לב הביא כן בשם החזון איש. ועיין בספר הליכות שלמה פרק טו בארחות הלכה הערה 34 שהביא מהגרש״ז זצ״ל דנראה שאם רוצה להבין ענינים הנוגעים לו למעשה בדיני אבילות שפיר יש להתיר ללמוד בעומק ובעיון, עד שיהיו הדברים ברורים ומובנים לו כל צרכו.

77. שו״ת מקדש ישראל סי׳ רפט וז״ל: בשו״ע יו״ד (סי׳ שפד) מבואר דאף דברים שמותר האבל ללמוד (כגון הל׳ אבלות וכו׳) הני מילי בינו לבין עצמו, אבל אינו לומד עם אחרים (אלא הם יושבים ונושאים ונותנים בהל׳ אבלות ואם טעו משיבן בשפה רפה, אבל הוא אינו שואל). ועי׳ היטב לשון הטור (דכשאחרים נושאין ונותנין לפניו איכא פירסום טפי ואסור), והובא ג״כ להלכה במג״א (רס״י תקנד) ועל פי זה כ׳ המג״א שם שהמלמד אסור ללמוד עם תלמידיו אפילו דברים הרעים יעו״ש [ובמט״י שם פי׳ משום דשמחה הוא לאדם במה שמלמד לאחרים]. וא״כ לכאורה אסור נמי למגיד שיעור ללמוד עם מבוגרים. והגם שמבואר במג״א שם דמ״מ מותר לו ללמוד עם התינוקות מעניני החורבן שאינו אלא סיפור דברים בעלמא, מ״מ מסתבר דללמוד שיעור במדרש איכה יש בו שמחה (כיון שלאו הרבה בקיאים), מיהו מנהג העולם להקל וצ״ע, עכ״ל.

78. הגר״ח קניבסקי והגר״נ קרליץ שליט״א הובא בספר קרא עלי מועד פרק ח הערה ג.

79. שדי חמד (מערכת בין המצרים סימן ב אות י). ועיין בשערי תשובה סוף סי׳ תקנד, שכתב וז״ל: ונראה דמי שנתחדש לו איזה חידוש אין לכתוב בת״ב, אע״ג דבחול המועד כתבו להתיר שאני ת״ב דשמחה היא לו כשכותב חידושי תורה. וגם אינו רק יום א׳ ואין חשש שישכח, עכ״ל.

VII. Not Extending Greetings

A. The Prohibition

Just as a mourner may not extend greetings during *shivah*, so is it prohibited to extend greeting on *Tishah B'Av*.[80] Therefore, one may not say, "*Shalom*," or, "Good morning,"[81] or, "Good night."[82]

Sending or exchanging gifts is also considered a form of greeting, [83] but nodding the head is not.[84]

---

80. המחבר בסי׳ תקנד סעי׳ כ כתב ״אין שאלת שלום לחבירו בתשעה באב״. והלבוש כתב דהטעם כי לא עת שלום הוא, רק עת צער ויללה על חורבן בית המקדש.

ובאמת נחלקו הראשונים למי נאסר שאילת שלום. הטור כתב אין שאילת שלום לחברים, והב״ח פירש דהיינו תלמידי חכמים אין נותנין שלום זה לזה בתשעה באב. וכן כתב הרמב״ם בפרק ה׳ הלכה יא. אבל במרדכי (מועד קטן סי׳ תתצה) כתב לשון התוספתא ״אין שאלת שלום לחבירו וכו׳ ״. דמשמע דכל שהוא חבירו אפי׳ אינם תלמידי חכמים. והמג״א בס״ק כב כתב וז״ל: ולא ידענא מאי קאמר (פירוש המחצית השקל: דנהי דחברים שכתב הטור ר״ל תלמיד חכם, מ״מ לא בא למעט דהדיוטת מותרים, אלא שבא לכתוב דאם שאל הדיוט בשלומו שצריך להשיב בשפה רפה, ובת״ח לא משכחת לה דהא שניהם יודעים שיש איסור בשאילת שלום), דודאי אסור ליתן שלום לכל אדם, אך עמי הארץ שאינן יודעין ונותנין שלום משיבין להם בשפה רפה, עכ״ל.

81. מ״ב ס״ק מא.

82. בפוסקים לא מבואר להדיא אודות לומר ״לילה טוב״. ורק בפלא יועץ (ערך ט״ב) כתב שאסור לומר ״גוטע נאכט״ בת״ב. ועיין בספרים שמביאים דבספר לקט יושר (עמוד קי) כתב מה שאומר לחבירו בליל ט״ב ״גוט נאכט״ או ״צפרא טבא״ אין זה שאילת שלום. אבל באמת אין זה סותר הפוסקים שסוברים דאסור לומר צפרא טבא דהלקט יושר כתב שם דאיסור שאלת שלום הוא דוקא בלשון ״שלום עליכם״ אך ״גוט שבת״ ו״גוט יו״ט״ לא. נמצא דלשיטתו לומר ״צפרא טבא״ או ״לילא טבא״ אינו אסור, דרק לשון שלום אסור, אך לדידן דגם שאר לשונות של שאילות שלום אסורים שוב אין ראיה להתיר לומר ״צפרא טבא״. ונשאר רק להעיר דאולי מותר לומר ״לילה טבא״ דאין זה שאילת שלום רק ברכה בעלמא שמותר לומר בתשעה באב. אבל כיון דהפלא יועץ כתב שלא לומר כן, כתבנו בפנים דאסור.

83. מ״ב סי׳ תקנד ס״ק מא.

84. הריטב״א (במו״ק דף כז הובא בספר פני ברוך טז הערה כז) כתב דאבל מותר לשחות בתוך ז׳ כדרך ששוחין נותני שלום, כיון שאינו נותן שלום, ממש. אמנם בשו״ת שלמת חיים סי׳ תכב כתב דאבל אסור לנענע בראשו ולשוח קצת לסימן של שאלת שלום ואף שאינו אומר בפיו.

B. Returning a Greeting

One who has been greeted by someone ignorant of the prohibition may respond in a low voice in order not to offend the greeter.[85] However, rather than respond to the greeting, it is preferable to explain to the other person that greetings are forbidden on *Tishah B'Av*, but only if the greeter will not feel slighted.[86]

C. Answering the Telephone

"Hello" and "Goodbye" are forms of greeting and are prohibited. Therefore, these should not be used when answering or ending a telephone call on *Tishah B'Av*.[87]

D. Wishing *Mazel Tov*

It is permitted to wish "*Mazel Tov*" on *Tishah B'Av*, for that is considered a blessing rather than a greeting. One may even shake hands when wishing "*Mazel Tov*."[88]

E. Inquiring about a Patient's Health

It is permitted to inquire about the health or welfare of a person who is not feeling well.[89]

---

85. שו״ע סי׳ תקנד סעי׳ כ.

86. מ״ב סי׳ תקנד ס״ק מ״ב.

87. עיין בזה בקונטרס שיעורי הלכה דף סא מהגר״ש פעלדער שליט״א עמוד סא.

88. שו״ת שלמת חיים סי׳ תרכב, ובשו״ת הר צבי יור״ד סי׳ רצ.

89. ראיתי בספר הלכות בין המצרים (מהגר״ש איידער זצ״ל) עמוד 24 שכתב שאסור לשאול את חבירו מה שלומו. ומקורו מהמחבר בשו״ע סי׳ תקנד סעי׳ כ דאין שאלת שלום לחבירו בתשעה באב. אמנם נראה דזה וודאי דלשאול את לחבירו איך הוא מרגיש שרי כשיש לו איזה מיחוש, דעיין בספר הליכות שלמה (תפלה דף יט) וז״ל: לדרוש וה״ה שאם יש לו מיחוש מותר לשאלו איך הוא מרגיש דאין זה בגדר שאילת שלום, עכ״ל. הרי מבואר להדיא דלשאול איך הוא מרגיש מפני איזו סיבה מותר, ואין זה נכלל בכלל שאילת שלום ומותר.

VIII. Not Working

A. The Prohibition

Prevalent custom prohibits many forms of work *(melachah)* from sunset on *Erev Tishah B'Av* until *Tishah B'Av* at noon, in order to avoid diverting one's mind from mourning.[90] Even though one may do *melachah* after midday, nevertheless, one must not become so engrossed in the work that his mind will become diverted from mourning.[91]

It has been suggested that one who is doing permitted work should listen to a recorded lecture about the *Churban* while working or should take a short break every so often and recite some verses from *Eichah*. In this way, the work will not divert one's mind from mourning.[92]

A pious individual should refrain from *melachah* the entire day.[93]

---

90. המחבר בסי׳ תקנד סעי׳ כב כתב מקום שנהגו לעשות מלאכה בתשעה באב עושין, מקום שנהגו שלא לעשות אין עושין ובכל מקום תלמידי חכמים בטלים, וכל הרוצה לעשות עצמו תלמיד חכם לענין זה עושה, עכ״ל. והנה יש כמה טעמים למה נאסר מלאכה בתשעה באב. התרומת הדשן בסי׳ קנג הביא מה שאמר רשב״ג לעולם יעשה אדם עצמו כת״ח כדי שיתענה, ופרש״י שם ״כדי שיתענה, כלומר עינוי הוא להם שהיו בטלים מהמלאכה, ולפי טעם זה כתב התרוה״ד דכל מלאכה בין של טורח או לא, וגם מלאכת הדיוט אם יש בה שיהוי קצת שמשתעשע בה, אין לעשותה בט׳ באב מפני שעל ידי כן מתבטל מעינוי, לאפוקי הדלקת הנרות או לקשור או להתיר שאין בו שיהוי ודאי פשוט להתיר בט׳ באב. ומבואר מרש״י דהטעם לאסור מלאכה הוא מפני שהאדם צריך להיות בעינוי בתשעה באב והמלאכה מבטלת העינוי. אמנם הרע״ב במסכת פסחים פרק ד משנה ה כתב טעם אחר, כדי שלא יסיחו דעתם מהאבילות, וע״י עשיית מלאכה האדם מסיח דעתו מהאבילות. והמ״ב בס״ק מג כתב הטעם הרע״ב, דאין עושין מלאכה כדי שלא יסיחו דעתם מהאבלות.

91. רמ״א סי׳ תקנד סעי׳ כב דהמנהג נוהג רק עד חצות, ומ״ב ס״ק מט.

92. עצה זו נזכרת בשו״ת מקדש ישראל בפסקי הלכות אות 30.

93. החיי אדם בכלל קלא הלכה טו. ובקיצור שלחן ערוך סי׳ קכב סעי׳ טו כתבו דירא שמים יש לו להחמיר שלא לעשות מלאכה כל היום כדי שלא יסיח דעתו מאבילות. ועיין בפסקי הלכות בשו״ת מקדש ישראל אות 30 שכתב דאולי כוונתם דוקא כשקובע עצמו למלאכה.

B. Prohibited *Melachah*

Only *melachah* that involves a stretch of time during which one's mind might be diverted from mourning is prohibited (e.g., sweeping the house; making the beds) until after midday.[94] *Melachah* of very short duration (e.g., turning on the lights; tying a knot) is permitted.[95]

C. Work Done by a Non-Jew

The prohibition against performing *melachah* on *Tishah B'Av* applies only to work done by a Jew. Therefore, a non-Jew may work or transact business on behalf of a Jew. Thus, one may have a non-Jew paint an apartment, clean the house, repair the plumbing or the electric wiring on *Tishah B'Av*.[96] However, outdoor jobs, such as building, exterior painting, lawn-mowing, or planting a garden, are not permitted, even through a non-Jew. A halachic authority should be consulted regarding non-Jews doing outdoor jobs for a Jew in a neighborhood where there are no Jews.[97]

---

94. הערוך השלחן בסי׳ תקנט סעי׳ ט כתב: וגם אין מציעין המטות ולא מכבדין הבית עד אחר חצות, ומהראוי שלא לכבד כל היום כולו, עכ״ל.

ועיין בשו״ת מקדש ישראל, בפסקי הלכות פ״ד הלכה סג, שכתב שהמנהג שלא לסדר ולא לכבד הבית ולא להציע המטות עד אחר חצות היום (אף דמדינא יש להקל כמו אבל, מ״מ בקל יכולין להמתין עד אחר חצות.)

95. רמ״א סי׳ תקנד סעי׳ כב.

96. שו״ע סי׳ תקנד סעי׳ כב. ועיין במ״ב ס״ק מו שכתב דמ״מ לבנות בנין דאוושא מילתא אסור אפי׳ על ידי עכו״ם. ומקור לדברי המ״ב הוא בשערי תשובה בשם השירי כנסת הגדולה, וז״ל: וכבר בא מעשה לידי ואסרתי לו לבנות בט״ב אפי׳ על ידי גוי, אי בעית אימא דינא אי בעית אימא חומרא. דינא דלא התיר הרוקח אלא מלאכה דלא אוושא ואפשר לעשותה שלא במקום רואים, אבל בנין דאוושא מילתא במקום רואים לא (אבל לא כתב טעם ע״ז). חומרא, דכ״ע ידעי כי לב האדם שמח בבנינו, ואיך יהיה לו בנין ויקח שמחה בלבו, לקרות אסרו משום פקודי ה׳ ישרים משמחי לב. בנין שאינו דבר מצוה לא כל שכן דאסרו לעשותו אם ישמח לבו. ועוד כיון דמלאכת בנין אושא מילתא ראוי לאוסרו מפני הרואים, שרבים מעמי הארץ יחשבו כבר הותרה הרצועה לעשות מלאכה, ולא ישימו לב לחלק בין על ידי גוי בין על ידי ישראל, ועי״ש שכתב עוד טעם.

ומה שכתבנו בפנים דמותר לתקן בבית ע״י נכרי זה פשוט דאוושא מילתא לא נאמר אלא כשהמלאכה נעשית בחוץ באופן מפורסם.

97. עיין בזה בשו״ת מקדש ישראל בפסקי הלכות פ״ד הלכה נז.

7: ACTIVITIES RESTRICTED ON *TISHAH B'AV*   143

D. Conducting Business

Business, commerce, and trade (both wholesale and retail) may not be transacted before noon on *Tishah B'Av*.[98] Although these activities are permitted after noon, one must be careful not to become so engrossed that his mind might be diverted from mourning. A pious individual should avoid all business activities, the entire day.[99]

Food that is needed for children or the sick or for after *Tishah B'Av* may be bought and sold on *Tishah B'Av*, even before noon.[100]

E. Financial Loss

If refraining from a particular *melachah* or business transaction will cause one to suffer a financial loss it may be permitted.[101] One should consult a halachic authority about particular cases.

IX.
Not Sitting on a Chair

A. The Prohibition

From sunset[102] *Erev Tishah B'Av* until halachic noon of *Tishah B'Av*, one may not sit on a regular chair, bench, stool, couch, etc.[103]

B. Permitted Sitting

1. Sitting Low

According to the *Mishnah Berurah* one may sit on a cloth

---

98. שו״ע סי׳ תקנד סעי׳ כב.
99. קיצור שלחן ערוך סי׳ קיד סעי׳ טו.
100. כף החיים סי׳ תקנד ס״ק קו בשם תוספת חיים על חיי אדם.
101. המחבר בסי׳ תקנד סעי׳ כג כתב, דמלאכת דבר האבד מותר כדרך שאמרו בחול המועד, ועי״ש במ״ב ס״ק מח בפרטי הדינים.
102. כ״כ מרן הגר״מ פיינשטיין זצ״ל באג״מ או״ח ח״ה סי׳ ט אות ד.
103. שו״ע סי׳ תקנט סעי׳ ג.

or a small pillow. One who finds sitting in this manner difficult may sit on a low chair or stool.[104]

Other authorities rule that one should sit directly on the floor.[105] Many customarily sit on a chair or stool that is less than three *tefachim* (twelve inches) high.[106]

---

104. מ״ב סי׳ תקנט ס״ק יא.

105. כתב בשו״ע סי׳ תקנט סעי׳ ג: ליל תשעה באב ויומו יושבים בבית הכנסת לארץ עד תפלת המנחה. ועיין במ״ב ס״ק יא שכתב: ועיין באחרונים דמותר להניח תחתיו שק או כר קטן, וגם יכול לישב על ספסל נמוך למי שקשה לו לישב על הארץ, עכ״ל.

ובאמת יש ג׳ שיטות בזה. בבאר היטב (ס״ק ג) הביא שמהרי״ל ישב להדיא על הרצפה ולא על גבי המעלה דלפני התיבה. וכן איתא במקור חיים בסימן תקנט סעי׳ ג: יושבים בבית הכנסת לארץ ממש, ודלא כמנהג בעלי תענוג, מגמרא ופוסקים, ע״כ. וכ״כ בספר כל הכתוב לחיים הנהגות הגר״ח מוולאזין (אות טז) בט׳ באב שלא לישב על כרים רק על הקרקע ממש, ואם אי אפשר ישב על דבר קשה עץ או לבנה או אבן. אמנם בשערי תשובה סי׳ תקנט ס״ק ב הביא שע״פ הקבלה אין לישב להדיא על הקרקע, רק יפסיק בבגד שאינו לבוש בו בינו להקרקע. והמג״א (סי׳ תקנט ס״ק ב) כתב דנראה דמותר לישב על השק דאינו אלא מנהג לישב על קרקע, עיין ביו״ד סוף סי׳ שפז. ועיין במחצית השקל שביאר דבריו שהגם דאבל לא התירו אלא לזקן או לחולה, מ״מ בתשעה באב כיון דישיבה על הארץ אינו רק חומרא יש להקל. והמ״ב שהבאנו למעלה סובר דגם יוכל לישב על ספסל נמוך למי שקשה לו לישב על הארץ. ובשעה״צ כתב פשוט דבאופן זה גם למהרי״ל מותר. הרי מבואר מזה ג׳ שיטות: א) למהרי״ל צריך לשבת על הקרקע דוקא; ב) לדעת המקובלים צריך הפסק; ג) ולמי שקשה לו לישב על הארץ מותר לישב על ספסל נמוך.

אמנם עיין בכף החיים סי׳ תקנב אות לט שכתב דאין כאן אלא ג׳ שיטות והמקובלים הם בדעה אחד עם המהרי״ל, דיש לומר דהקפידא (של המקובלים) היא דוקא בקרקע עולם שאינו מרוצפת באבנים, והמהר״ל כשישב על הקרקע היתה מרוצפת באבנים. אבל בשו״ת מחזה אברהם סי׳ קכה כתב דאין חילוק בזה, דגם בקרקע מרוצפת באבנים או נסכים אעפ״כ אין לישב על פי קבלה ע״ג הקרקע, דכיון דקבוע לקרקע כקרקע דמי.

106. עיין בספר ילקוט הגרשוני בסי׳ תקנט שהביא מסידור עיון תפלה שמתיר לישב על דף קטן או ספסל הסמוך לארץ פחות מג׳ טפחים. וטעמו ונימוקו דהנה כל עיקר ישיבת קרקע ילפינן לה מאבל, ובאבל עצמו איתא בירושלמי פ׳ ואלו מגלחין דמ״ש באיוב ״וישבו אתו לארץ״, מדלא נאמר ״על הארץ״ אלא ״לארץ״, בדבר הסמוך לארץ, ע״ש, והסמוך מסתמא היינו בג׳ טפחים, ולכן יש מקום להקל בזקן או מי שאינו יכול, עכ״ל. אמנם מנהג העולם להקל בזה אפי׳ למי שאינו זקן. ובספר ריח חיים סי׳ תקנב כתב דיש מקומות דאין האבלים יושבים על הארץ אלא בשינוי ישיבה משום שירדה חולשה לעולם, וא״כ לפי מנהגם גם בתשעה באב דהוא אבלות ישנה אם עושים כן אין להם גריעותא בעבור זאת, עכ״ד.

ועיין בספר מעשה איש (ח״ה עמוד כא) שהביא מהחזון איש שאין צריך שהכסא יהיה דוקא פחות מג׳ טפחים, כדי שיהא נחשב נמוך, אלא כל שנמוך מהרגיל שפיר דמי.

2. Weakness

One who is unable to sit on a low chair (e.g., sick or elderly people, pregnant or nursing mothers) may sit on a regular chair.[107]

3. Traveler

One should not travel unnecessarily on *Tishah B'Av*. When traveling on a bus or train it is preferable to stand, if possible. However, if standing is difficult (e.g., the roof is not high enough; the bus shakes too much), one may sit. In any case, one need not postpone necessary travel because one would have to sit.[108]

X. Miscellaneous Activities to Avoid

A. Smoking

Many Poskim prohibit smoking on *Tishah B'Av*. However since there are Poskim who permit, one who is compelled to smoke may do so after noon in private.[109]

B. Pleasurable Activities

One should try not to divert one's mind from mourning on *Tishah B'Av*.[110] Therefore it is proper to refrain from all

---

107. ערוך השלחן יו״ד סי׳ שפז סעי׳ ג לגבי אבל, כל שכן בתשעה באב שישיבה על הארץ הוא מנהג שאפשר להקל.

108. הגאון ר׳ שלמה זלמן אויערבאך זצ״ל בספר הליכות שלמה פרק טו הלכה ו כתב וז״ל: בנסיעה באוטובוס, אם אין המקום דחוק וכדומה ויש אפשרות לעמוד, ראוי לדקדק בכך. והוסיף שם דא״צ להמנע מנסיעה כאשר אין אפשרות לעמוד. ועוד כתב שם דרבינו היה מדריך שלא להרבות בנסיעה בת״ב, אלא כדי הדרוש והנחוץ ותו לא.

109. מ״ב סי׳ תקנה ס״ק ח, אמנם עיין בתשובת הר הכרמל הובא בדעת תורה למהרש״ם בסי׳ תקנט שחולק וסובר דאין בזה משום ביטול ענוי ולא משום היסח הדעת מאבלות. וע״ע בזה בהלכות ומנהגי בין המצרים פ״ז הערה 77 שרוצה לחלק בין סיגריות של ימיהם שאסרו הפוסקים לסיגריות שלנו.

110. שלחן שלמה סי׳ תקנד סעי׳ ב.

pleasurable activities,[111] such as taking a stroll,[112] reading the newspaper,[113] listening to the radio, playing games.[114] He should not play around with a child.[115] Likewise, one should not indulge in idle conversation.[116]

---

111. שו״ע סי׳ תקנד סעי׳ כא.
112. עפ״י הרמ״א סי׳ תקנג סעי׳ ב.
113. הגר״נ קרליץ שליט״א, הובא בספר יד בבין המצרים עמוד קכח הערה יז.
114. שו״ת מקדש ישראל בפסקי הלכות (ס״ד דיני ת״ב אות פג).
115. שו״ת תשובות והנהגות ח״ב סי׳ רנא.
116. מ״ב סי׳ תקנט ס״ק מא.

8 / TISHAH B'AV PRAYERS AND TORAH READINGS

A. Tishah B'Av Night

1. Maariv

As a sign of mourning one should wear plain weekday clothes.[1] Garments worn strictly for adornment (e.g., neckties, jewelry) should not be worn. Some people customarily wear old, torn or ragged clothes.

Maariv should be recited in a pensive, mournful voice.[2] The *chazzan* does not wear a *tallis*. After *Shemoneh Esrei*, the *chazzan* recites the complete *Kaddish* (i.e., including תִּתְקַבֵּל).[3]

B. Eichah

1. The Reading

After *Kaddish* the Book of *Eichah* is recited by the *baal keriah*.[4] In some synagogues, *Eichah* is read from a handwritten parchment scroll. Those who conduct themselves in accordance with the Vilna Gaon read *Eichah* from such a kosher scroll, and recite the *berachah* "עַל מִקְרָא מְגִלָּה" before beginning the reading.[5]

The reader of *Eichah* should pause briefly between one *pasuk* (verse) and the next, and slightly longer between one *perek* (chapter) and the next. The reader should begin in a low mournful tone. He should raise his voice slightly for the last *pasuk* in each *perek*.[6]

---

1. מועד לכל חי סי׳ י סעיף נה, הלכות ומנהגי בין המצרים פ״ט הערה ב.
2. רמ״א סי׳ תקנט סעי׳ א.
3. מ״ב סי׳ תקנט ס״ק ד.
4. שו״ע סי׳ תקנט סעי׳ ב.
5. מ״ב סי׳ תצ ס״ק יט.
6. רמ״א סי׳ תקנט סעי׳ א ומ״ב ס״ק ב, קיצור שלחן ערוך סי׳ קכד סעיף א.

When the reader has finished the last *pasuk*, the entire congregation recites the next-to-last *pasuk* (5:21)... הֲשִׁיבֵנוּ ה' אֵלֶיךָ, aloud, in unison. The reader then repeats that verse.

2. Who Is Obligated

Men, women, and children who have reached the age of *chinuch*[7] (i.e., 7 or 8) are obligated in the reading of *Eichah*. One who cannot be in *shul* should read *Eichah* alone[8] or have someone else come to read it.

3. A Mourner during *Shivah*

During the first three days of *shivah*, a mourner may not go to *shul* in the evening, but may go in the morning. After the first three days, a mourner may go to *shul* even in the evening.[9]

C. *Kinos* and the Rest of *Maariv*

The reading of *Eichah* is followed by the recitation of *Kinos*, i.e., *piyutim* (liturgical poems), that mourn the Destruction of the First and Second *Beis HaMikdash*, as well as other national calamities. [See Section II:D below.]

Kinos are followed by וְאַתָּה קָדוֹשׁ. However, וִיהִי נֹעַם, usually recited on *Motza'ei Shabbos*, is omitted on *Tishah B'Av*.[10]

The *chazzan* then recites the complete *Kaddish*, but omits the verse beginning תִּתְקַבֵּל. This omission is based on the verse (*Eichah* 3:8), גַּם כִּי אֶזְעַק וַאֲשַׁוֵּעַ שָׂתַם תְּפִלָּתִי, *Though I would cry out and plead, He shut out my prayer*. After reading that verse it would be inappropriate to recite תִּתְקַבֵּל צְלוֹתְהוֹן, *May our prayers be accepted*.[11]

As on other nights, *Maariv* concludes with עָלֵינוּ and the Mourner's *Kaddish*.

---

7. במסכת סופרים פרק יח הלכה ד איתא שמתרגמים איכה כדי שיבינו שאר העם והנשים והתינוקות, וכן כתב הטור בסי' תקנט.
8. מ״ב סי' תקנט ס״ק ה.
9. מ״ב סי' תקנט ס״ק כד.
10. שו״ע סי' תקנט סעי' ב.
11. מ״ב ס״ק ו.

D. After *Maariv*

1. Returning Home From the Synagogue

If safety is not a factor, those returning home from services should avoid walking in groups and should avoid unnecessary conversation.[12] Greetings, including, "Good night," should be avoided.[13]

2. Personal Comfort

Each person should relinquish some modicum of comfort during sleep on the night of *Tishah B'Av*. Thus, one who usually sleeps with two pillows should use only one; one who usually sleeps with one pillow should sleep without any. Pregnant women, the sick, the weak, and others who are unable to deprive themselves of comfort during sleep are not required to do so. Throughout *Tishah B'Av*, one should curtail comfort and pleasures to the best of one's abilities.[14]

3. Bedtime *Shema*

The usual bedtime Shema should be recited.[15]

II.
Tishah B'Av Morning

A. *Tallis* and *Tefillin*

1. *Tallis Kattan*

The *talis kattan* is worn but the *berachah* is omitted. Some Poskim rule that, if the *tallis kattan* was removed at night, a

---

12. מהרי״ל הלכות תשעה באב אות כא.
13. דזה נכלל בשאילת שלום.
14. שו״ע ורמ״א סי׳ תקנה סע״י ב. ובספר שערי נחמה שער ד הלכה כג, ובאבילות החורבן דף 194, ובקובץ שו״ת מהגר״ח קניבסקי שליט״א (ח״ד ס׳ עט) כתבו, דבישן ביום אחר חצות אין צריך להקפיד ע״ז.
15. הלכות ומנהגי בין המצרים פ״ז הלכה מו. ועיין בספר קרא עלי מועד פ״ח הערה ח שכתב בשם הגאון ר׳ ח. קניבסקי שליט״א שכמדומה שאין אומרים רק המפיל ופרשה ראשונה של ק״ש.

berachah is recited when it is put on in the morning.[16] Some authorities advise that one should wear a *tallis kattan* while sleeping to avoid the question of whether to recite a *berachah.*[17] [See Chapter 7, Section I:C:1 below, concerning a sick person putting on *talis* and *tefillin.*]

2. *Tallis Gadol* and *Tefillin*

The *tallis gadol* and *tefillin* are not worn at *Shacharis.*[18] [See III:3, below regarding *Minchah.*]

B. *Shacharis*

The synagogue should not be brightly illuminated. Rather, only enough lights should be turned on so that the congregants will be able to read from their *siddurim.*[19] [See Chapter 6, Section III:B above.]

The prayers should be recited in a slow, mournful voice.

The morning *berachos* are recited as usual. Although the purpose of the *berachah* שֶׁעָשָׂה לִי כָּל צָרְכִּי is to thank Hashem for supplying shoes for our feet, and shoes are not worn on *Tishah B'Av*, the general custom is to recite this blessing.[20]

---

16. שו״ע סי׳ תקנה סעי׳ א ומ״ב ס״ק ב.

17. הלכות ומנהגי בין המצרים פ״ז ציון 67.

18. שו״ע סי׳ תקנה סעי׳ א. ועיין במ״ב בס״ק א שכתב הטעם על פי המדרש בצע אמרתו בזע פורפירא דיליה (זה הטלית) השליך משמים ארץ תפארת ישראל זו תפילין. ועיין ברמב״ם הלכות תענית פ״ב הלכה יא שכתב ומקצת החכמים נוהגין שלא להניח בו תפילין בראש, ומשמע שתפילין של יד יכול להניח. ועיין במגיד משנה שכתב שסברת רבינו הוא שרשאי אדם להניח תפילין בט״ב והרי הוא בזה כשאר הימים אלא שמקצת החכמים נהגו שלא להניחם שאם היה דעתו שאסור להניחם לא היה כותב כן אלא דעתו הוא כמו שכתבתי, עכ״ל. וקצת פלא שלא העיר בלשון הרמב״ם.

ועיין בשו״ת רבבות אפרים חלק א סי׳ שפא אודות אחד שעוזב ביתו בבוקר וחוזר בערב ובזמן המנחה לא יוכל להניח שם טלית ותפילין מה עליו לעשות.

19. המ״ב בסי׳ תקנט ס״ק טו כתב: ואין מדליקין נר תפלה בבית הכנסת בתשעה באב שחרית. והא״ר בס״ק יב כתב דלאו דוקא נר תפלה. אמנם זה פשוט דאם קשה לקרות בבית הכנסת שמותר להדליק מעט נרות כפי הצורך להתפלל לאורם, וכמו שנוהגים בלילה.

20. מ״ב סי׳ תקנד ס״ק לא וז״ל: והנה אף על פי שאסור בת״ב וביו״כ בנעילת הסנדל מכל מקום הסכימו הרבה אחרונים שיכול לברך ברכת שעשה לי כל צרכי, עכ״ל. והטעם בזה

1. *Korbanos*

Many authorities rule that one who recites the passages of *korbanos* every day may recite them on *Tishah B'Av*.[21]

2. Kissing the *Tzitzis*

The *tzitzis* should not be kissed at the conclusion of *Baruch She'amar* or during the *Shema*.[22]

3. *Chazaras Hashatz*/The Repetition of *Shemoneh Esrei*

The *chazzan* recites עֲנֵנוּ and its concluding *berachah* between the *berachos* of רְאֵה and רְפָאֵנוּ.[23] If the *chazzan* forgot to recite עֲנֵנוּ, but reminded himself before finishing the *berachah* of רְפָאֵנוּ, i.e., he did not say Hashem's Name, he should stop, recite עֲנֵנוּ, then repeat the *berachah* of רְפָאֵנוּ. If he did not remind himself until after he finished the *berachah* of רְפָאֵנוּ, continue to the *berachah* of שׁוֹמֵעַ תְּפִלָּה and recite עֲנֵנוּ there, but without the special concluding *berachah*. If he first reminded himself after concluding the

---

כתב הלבוש בסי׳ תריד סעי׳ ד דכיון שיש צד היתר לנעול מנעלים כגון במקום סכנת עקרב וכיוצא בו, הרי בידו וברשותו הוא לנעול, לכן יכול לברך כמו בשאר ימים. אמנם עיין במעשה רב סי׳ ט שכתב שאין לברך ברכה זו עד הלילה כשנועל מנעליו, וכן הביא הא״ר בס״ק טז בשם האריז״ל. וע״ע בזה בשו״ת תשובות והנהגות חלק א סימן ו.

21. הרמ״א בסי׳ תקנט סעי׳ ד כתב: ואין אומרים פטום הקטורת. והמג״א בס״ק ז כתב וז״ל: דלא מקרי סדר היום שאין כל אדם אומר אותו ומכל שכן סדר הקרבנות הכתובים סוף סי׳ א, עכ״ל. ולכאורה כוונת המג״א דפטום הקטורת אינו מסדר היום שאין כל אדם אומר אותו קאי אפטום הקטורת שאומרים אחרי התפלה, דנוסח אשכנז אין אומרין פטום הקטורת שאחר התפלה. אבל פטום הקטורת שקודם התפלה שהוא מסדר התפלה וכל אדם צריך לאומרו, זה לא גרע מפרשת התמיד ואיזהו מקומן שאומרים אותם בבוקר. ומה שכתב המג״א דאין אומרים סדר הקרבנות כוונתו פרשיות עולה חטאת אשם ושלמים שאין כל אדם אומרם בכל יום (ואינו נדפס בכל הסידורים).

אמנם מהמ״ב בסי׳ תקנד ס״ק ז מבואר דכוונת פטום הקטורת הוא של שחרית ולא מה שאומרים אחר התפלה. ועיין בערוך השלחן בס׳ תקנט סעי׳ ה וז״ל: ויש מי שכתב דגם מה שקודם התפלה לא יאמרו וכן כל פרשת הקרבנות והוא דבר תימה דלהדיא כתבו בטור וש״ע סי׳ תקנד להיפך, עכ״ל.

22. קובץ מבית לוי עמוד מו אות יב, זה השלחן ח״א סי׳ ח סע׳ יא. ועיין אורחת רבנו ח״ב דיני תשעה באב אות יז דבעל הקהלות יעקב היה מנשק את הציצת של הטלית קטן בת״ב.

23. מ״ב סי׳ תקנז ס״ק ג, ושו״ע סי׳ תקסו סעי׳ ג.

berachah of שׁוֹמֵעַ תְּפִלָּה, he should complete his repetition of *Shemoneh Esrei*, then recite עֲנֵנוּ, but without the special concluding *berachah*.[24]

Bircas Kohanim (The Priestly Blessing) is omitted.[25]

C. After *Chazaras Hashatz*

1. *Tachanun* and *Keil Erech Apayim*

Tachanun is not recited.[26]

Keil Erech Apayim is not recited[27]

Half-*Kaddish* is recited immediately after the repetition of *Shemoneh Esrei*.[28]

2. The Torah and *Haftarah* Readings

The Torah is taken from the Ark in the usual manner. The portion beginning כִּי תוֹלִיד בָּנִים (*Devarim* 4:25-40) is read. Three people are called to the Torah, with the third *aliyah* serving as both *shelishi* and *maftir*. Half-*Kaddish* is recited after the reading of the Torah. After *hagbaah* and *gelilah*, the *berachos* on the *Haftarah* are recited and the *Haftarah* is read.[29]

The מִי שֶׁבֵּרַךְ prayer recited on behalf of a woman who has given birth should be postponed until *Minchah*. However, the מִי שֶׁבֵּרַךְ recited on behalf of a sick person may be recited at *Shacharis*.[30] The *berachah hagomeil* should be postponed until *Minchah*.[31]

---

24. מ״ב סי׳ קיט ס״ק טז וי״ט. וע״ע בזה באישי ישראל פרק מד הערה יא.

25. דגמ״ר סי׳ תקנט סעי׳ יא, חיי אדם כלל קלה סעי׳ כא.

26. שו״ע סי׳ קלא סעי׳ ז וסי׳ תקנט סעי׳ ד.

27. רמ״א סי׳ תקנט סעי׳ ד.

28. קיצור שלחן ערוך סי׳ קכד סעי׳ ג.

29. כף החיים בסי׳ תקנט ס״ק מ, והכרעת בעל שבט הלוי בחלק י׳ סימן פג, כהחת״ס בהגהות בסי׳ רפד, ודלא כרע״א בסי׳ תקנט סעי׳ ד.

30. כף החיים סי׳ תקנט ס״ק מ, ובנוגע לומר מי שבירך לחולה שמעתי בשם מרן הגר״מ פיינשטיין זצ״ל דמותר.

31. כף החיים סי׳ תקנט ס״ק לח.

8: *TISHAH B'AV* PRAYERS AND TORAH READINGS

The *Keil Malei* prayer usually recited on a *yahrzeit* should not be recited on *Tishah B'Av*.[32]

One who is called to the Torah during the morning reading should not thank the *gabbai*.[33]

A boy whose *bar mitzvah* falls on *Tishah B'Av* should receive his *aliyah* at *Minchah*.[34]

D. Kinos

Kinos should be recited slowly and mournfully.[35] The recitation of *Kinos* should continue until close to midday.[36]

The purpose of reciting *Kinos* is to arouse feelings of mourning and grief over the destruction of the Temple, the persecutions suffered by the Jewish people, and the pain caused to the Holy *Shechinah*. Therefore, there is little or no point in reciting *Kinos* by rote. The person who does not understand the Hebrew of the *Kinos* should use a reliable translation and recite the *Kinos* in a language with which he is familiar.[37] One need not keep up with the congregation.[38]

One should sit while reciting *Kinos*.[39]

It is forbidden to leave *shul* during *Kinos* unnecessarily, for one may not divert his mind from mourning. Similarly, it is

---

32. גשר החיים סוף פרק לא.
33. בספר ת"ב שחל ביום א' (הר"ש דבליצקי שליט"א) עמוד סג כתב בשם דברי קהלות דאין אומרים ישר כח, ובמנחה אומרים ישר כח.
34. שו"ת דברי ישראל ח"א סי' קמט, הליכות שלמה פרק טו הלכה ח.
35. הלכות ומנהגי בין המצרים פרק ט הלכה כא.
36. רמ"א סי' תקנט סעי' ג.
37. הלכות ומנהגי בין המצרים פרק ט הלכה כא.
38. בקובץ מבקשי תורה (גליון מז) הביא בשם הגרי"ש אלישיב שליט"א וז"ל: רבינו קם לפנות בוקר ומתחיל לומר קינות, ואומר במתינות גדולה מילה במילה וכו' ובשעה שצריך ללכת לבית הכנסת כבר הספיק לומר הרבה קינות, ואחר קריאת התורה מתיישב לומר עם הציבור קינות, והוא ממשיך היכן שאוחז, ולא אוחז עם הציבור אלא אחריו, וכו' ואחר התפלה חוזר לביתו וממשיך לומר קינות היכן שאוחז, עכ"ל.
39. הגרי"ש אלישיב שליט"א, הובא בקובץ מבקשי תורה (גליון מז) וז"ל: עיקר אמירת קינות הוא בישיבה על הארץ.

forbidden to engage in conversation while reciting *Kinos*.[40]

E. After *Kinos*

When *Kinos* have been concluded, אַשְׁרֵי is recited, but לַמְנַצֵּחַ is omitted.[41] The verse, וַאֲנִי זֹאת בְּרִיתִי ... מֵעַתָּה וְעַד עוֹלָם, is omitted from וּבָא לְצִיּוֹן.[42] The complete *Kaddish* is recited, but without תִּתְקַבֵּל.[43] עָלֵינוּ is recited.[44] However, שִׁיר שֶׁל יוֹם (*The Song of the Day*) and פִּטּוּם הַקְּטֹרֶת, as well as other verses and Torah passages that some people usually say after *Shacharis*, are omitted.[45]

---

40. שו״ע סי׳ תקנט סעי׳ ה. ועיין במ״ב ס״ק כב שכתב וז״ל: ורע עלי המעשה במה שקצת נוהגין קלות וזורקין זה לזה בבית הכנסת. ועון גדול הוא דאפי׳ שלא בתשעה באב אסור להראות קלות בבית הכנסת. וכל שכן בתשעה באב ובשעת קינות שעם ישראל מקוננים על בית השם שנחרב ועל עמו שנפזרו בכל העולם, עכ״ל. וראיתי בספר שערי נחמה (דף צא) שהביא דבר נפלא מהגה״צ ר׳ משה שוואב זצ״ל וז״ל: כי בשנים קדמוניות היו אנשים שהתאבלו מאוד על חורבן בית המקדש, ולקחו כל כך ללב את הקינות, עד שהיה חשש שתטרף דעתם חס ושלום מרוב צער, לכן הנהיגו דבר זה בזמן הקינות, כדי להסיח דעתם קצת מהאבילות, ע״כ שמעתי, עכ״ל.

41. רמ״א סי׳ תקנט סעי׳ ד.

42. מ״ב סי׳ תקנט סק ו.

43. רמ״א סי׳ תקנט סעי׳ ד.

44. קיצור שלחן ערוך ס׳ קכד סעי׳ ג.

45. רמ״א סי׳ תקנט סעי׳ ד, קיצור שלחן ערוך סי׳ קכד סעי׳ ג. וראיתי בספר שערי נחמה (דף צד) וז״ל: והרבה שואלים מדוע מדלגים אמירת שיר של יום בבוקר, הרי בזמנינו שנוהגים לאמרו בכל יום הרי זה מסדר התפלה שמותר לומר בת״ב. ונראה שדבר זו הונהג בימים הקדמונים לפני שהתקבלה אמירת שיר של יום ופטום הקטרת בבוקר למנהג קבוע (ועד היום יש מקומות שאין אומרים פטום הקטורת אחר תפילת שחרית בימות החול). לכן תיקנו לאמרו בט״ב רק במנחה. ואף שאח״כ השתנה המנהג ואומרים אותו בכל יום, ולפ״ז היה אפשר גם בט״ב לאמרו בתפילת שחרית, מ״מ נשאר המנהג לאמרו רק במנחה.

ועוד יתכן לתת טעם לזה, שהרי לדעת הגר״א אין אומרים שיר של יום בתשעה באב כלל, כמבואר במעשה רב סימן ר׳ [אולי בגלל שאין מתאים לומר שיר ביום כזה] ואף שלא נוהגים כמותו, מ״מ דוחים אמירתו לתפילת מנחה, שהוא זמן שמזכירים נחמה.

אכן יש לעיין לאידך גיסא מדוע מזמור שיר חנוכת הבית לדוד אומרים לפני תפלת שחרית. שהרי למנהגינו שא״א שיר של יום בשחרית [אלא לפני מנחה וכנ״ל] לכאורה ה״ה מזמור זה אין לאמרו בשחרית. ואולי י״ל כי אין טעם לאמרו במנחה, ולכן אם נדחה אותו תתבטל אמירתו לגמרי. לכן אומרים אותו בשחרית שסוף סוף היום מקובל

8: *TISHAH B'AV* PRAYERS AND TORAH READINGS

It is proper for the congregation to read *Eichah*,[46] after which the Mourner's *Kaddish* is recited.[47]

When leaving the *shul*, one does not say, "Goodbye," or the like. [See Chapter 8, Section VII, above.]

It is customary to visit a Jewish cemetery after *Kinos*. If a Jewish cemetery is not close by, one may go to a non-Jewish cemetery. In either case, one should stand at least four *amos* (about eight feet) from the graves.[48] Prayers are not recited at the cemetery.[49]

III.
Tishah B'Av Afternoon/*Minchah*

A. Washing the Hands

Before reciting *Minchah* one should wash his fingers until the knuckles.[50]

B. Time to Pray

There are various customs when to *daven Minchah*. Some wish to perform the *mitzvah* of *Tefillin* as early as possible, so they *daven* at מִנְחָה גְדוֹלָה, Minchah Gedolah (i.e., during the early part of the afternoon, but not before half an hour after midday).[51] Others *daven Minchah* at מִנְחָה קְטַנָּה, Minchah ketanah (i.e., during the last two-and-a-half hours

---

לאמרו בכל יום ונהיה חלק מסדר היום, עכ"ל.

46. מ"ב סי' תקנט ס"ק ב.

47. שערי נחמה דף צב.

48. מ"ב סי' תקנט ס"ק מא. אמנם עיין בערוך השלחן סי' תקנט סעי' ז שכתב דאין לילך רק על קברי ישראל. והמ"ב מביא דברי השל"ה שנכון שלא לילך בכנופיא גדולה כי אין זה אלא טיול וגם מביא לידי שיחת חולין ומסיחין דעתן מאבלות רק ילך יחידי או עם עוד אחד שלא יפסקו מלדבר בענין החורבן ולהתעורר באבילות. ושיטת האריז"ל הוא שאין הולכים לבית הקברות אלא לצורך הלוית המת.

49. מנהגי וורמישא דיני שחרית של ת"ב אות קכג, הובא בנחמת ישראל פרק לט הערה 302.

50. מ"ב סי' תקנד ס"ק כא.

51. תורת חיים סי' תקנה ס"ק ב.

of the day), in accordance with the opinion that this is always the proper time for *Minchah*.[52] Some people *daven* right before the end of the day.[53]

A mourner may not go out to *shul* to *daven Minchah*.[54]

C. *Tallis* and *Tefillin*

Tallis and *tefillin* are worn during *Minchah*. The proper *berachos* should be recited.[55]

There are various opinions among the Poskim whether *Shema*[56] or any other *tefillin parashiyos*[57] should be recited while wearing *tefillin*.

Similarly there are various customs regarding putting on *Rabbeinu Tam tefillin*.[58]

D. Minchah

שִׁיר שֶׁל יוֹם (*Song of the Day*)[59] and other prayers omitted during *Shacharis* may be recited at *Minchah*.[60]

אַשְׁרֵי is recited, followed by Half-*Kaddish*. The Torah and *Haftarah* are read as on any other fast day [see Chapter 3, Section II, above].

---

52. אמת ליעקב עמוד רכז הערה 526.

53. וראיתי טעם לזה שמתפללים סמוך לערב בספר שערי נחמה דף קד וז״ל: אולם נראה שיש סיבה להתפלל מנחה בתשעה באב דוקא לפנות ערב, לטעם הגר״א שמניחים התפילין במנחה משום שאז הציתו אש במקדש ותם עונך במה ששפך הקב״ה חמתו על עצים ואבנים, ולכן נוהגים להתפלל מנחה דוקא לפנות ערב ולהניח תפילין אז שבאותו שעה של חורבן הבית הוא הזמן המתאים לבקש על בנייתו מחדש, עכ״ל.

54. שו״ע סי׳ תקנט סעי׳ ו.

55. שו״ע סי׳ תקנה סעי׳ א.

56. המ״ב בסי׳ תקנה ס״ק ה כתב דאין קוראין קריאת שמע. אולם בכף החיים סי׳ תקנה ס״ק ז כתב שמותר לקרא ק״ש, וכ״כ בקובץ מבית לוי (דף לד).

57. המ״ב בסי׳ תקנה ס״ק ה כתב דאין אומרים, אמנם בקובץ מבית לוי דף (לד) ובהלכות והנהגות (מהגרי״ש אלישיב שליט״א) ס׳ תקנה הלכה א כתבו דהמנהג הוא לאומרו.

58. המ״ב בס׳ תקנה ס״ק ד כתב דמניחין, אמנם הערוך השלחן ס׳ תקנה סעיף ד׳ כתב דאין מניחין.

59. קיצור שלחן ערוך ס׳ קכב סעי׳ יט.

60. שו״ת דברי מלכיאל ח״ו סי׳ ט.

E. נַחֵם — *Console*

In addition to עֲנֵנוּ [see Chapter 3, Section I:A, above], the prayer נַחֵם, *Console*, is recited. This prayer is both an elegy over the destruction of the Holy Temple and supplication for its rebuilding. It is recited as part of the *berachah* וְלִירוּשָׁלַיִם in both the silent *Shemoneh Esrei* and the *chazzan's* repetition. However, the regular concluding formula is changed to בָּרוּךְ ... מְנַחֵם צִיּוֹן וּבוֹנֵה יְרוּשָׁלָיִם, *Blessed ... Who consoles Zion and rebuilds Jerusalem* (both for the individual and the *chazzan*).

One who forgot to recite this prayer in its appropriate place should recite it before the word וְתֶחֱזֶינָה of the *berachah* of רְצֵה but should omit the concluding formula ...מְנַחֵם צִיּוֹן.

One who has already concluded the *berachah* of רְצֵה continues the prayer and inserts נַחֵם before the verse יִהְיוּ לְרָצוֹן at the end of *Shemoneh Esrei,* but without the concluding *berachah.*

One who did not remember נַחֵם until after finishing *Shemoneh Esrei* does not repeat *Shemoneh Esrei.*[61]

Even a person who is not fasting should recite נַחֵם.[62] One who must eat on *Tishah B'Av* (e.g., a sick person or a child) should recite נַחֵם before the words וּבְנֵה יְרוּשָׁלַיִם in *Bircas Hamazon.*[63]

---

61. שו״ע סי׳ תקנז סעי׳ א, ומ״ב סי׳ תקסה ס״ק ז.

62. דעיין בשערי תשובה בס׳ תקנז ס״ק א, ובמ״ב ס״ק ה דכל הדיון הוא רק אם לומר נחם בברכת המזון, כיון שלא תיקנו בברכת המזון של ט״ב לומר נחם דהרי הוא יום תענית, משא״כ בתפלה יכול לומר.

63. הרמ״א בסי׳ תקנז כתב דמי שאוכל בת״ב אומר נחם בברכת המזון והמ״ב בס״ק ה כתב דאומר נחם בברכת בונה ירושלים. והביא דיש מפקפקים על פסק זה, וכן בביאור הגר״א משמע שדעתו נוטה שלא לאמר כי לא קבעוה רק בתפלה. אמנם בפנים כתבנו דאומרים נחם דכן הובא בספר שלמי מועד פרק צא בשם הגרש״ז אויערבאך זצ״ל. ועיין בשו״ת דברי יציב או״ח סי׳ רמד שכתב טעם חדש לחולה שיאמר נחם בברכת המזון. שהרי איתא בשו״ע סי׳ תקנד סע׳ כה דכל האוכל ושותה בתשעה באב אינו זוכה ורואה בשמחת ירושלים. אמנם, מי שמוכרח לאכול מחמת חולי אינו בכלל זה, לכן תקנו לומר נחם שיראה לכל שהוא מתאבל ורק נאלץ לאכול מחמת חליו. ועוד טעם אחר כתב שם כדי שיזכור הצום ולא יקל לעצמו ח״ו באכילת מעדנים ומאכל ומשתה רק כדי קיום הגוף, ואם לא יאמר נחם יחשו שהותרה הרצועה, ולזה תקנו לומר נחם להזכיר לו

שִׂים שָׁלוֹם is recited at *Minchah* in place of שָׁלוֹם רָב.[64] When the *chazzan* repeats the *Shemoneh Esrei* he recites בִּרְכַּת כֹּהֲנִים.[65]

אָבִינוּ מַלְכֵּנוּ and תַּחֲנוּן are not recited.[66] The *chazzan* recites the complete *Kaddish* after his repetition of the *Shemoneh Esrei.*[67]

VII.
Maariv After the Fast

It is customary to recite *Kiddush Levanah* after *Maariv*. It is preferable to eat before reciting *Kiddush Levanah.* However, if by eating one will not be able to recite it with a *minyan,* he should recite it immediately after *Maariv* with a *minyan.*[68] In either case, it is preferable that one put on leather shoes before reciting *Kiddush Levanah.*[69]

שהיום ת״ב וחייב באבילות, עי״ש.

64. שו״ע סי׳ קכז סע׳ ב ומ״ב ס״ק יב.

65. מ״ב סי׳ קכז ס״ק יב ועיין בשו״ת שבט הלוי חלק ח סי׳ כג.

66. שו״ע סי׳ תקנט סעי׳ ד, לוח דבר בעתו עמוד א׳קנו.

67. סידור יעב״ץ, שער הלכת לתשעה באב שער שישי חלון ד׳ אות ט.

68. הרמ״א בסי׳ תכו סעי׳ ב כתב אין מקדשין הלבנה קודם ט׳ באב וכו׳ ולא במוצאי ת״ב. והמ״ב בס״ק יא כתב: והנה כ״ז לדעת רמ״א אבל דעת אחרונים בכל זה דמקדשין אפי׳ במוצאי ט״ב אלא דכתבו דצריך לטעום קודם. ובשער הציון ס״ק ח כתב ובא״ר משמע שאם יש לו לקדש בציבור יכול לקדש עמהם אף שלא טעם משום ברוב עם, עכ״ל.

69. במ״ב בסי׳ תכו ס״ק יא כתב ומיהו במוצאי ת״ב צריך ליזהר שלא לקדש בלי מנעלים, עכ״ל.

9 / WHEN *TISHAH B'AV* COINCIDES WITH THE SHABBOS

When *Tishah B'Av* falls on Shabbos, the fast and most of the restrictions on activities are postponed until Sunday. Those aspects of the day are discussed in Chapter 10 below, "*Tishah B'Av* on Sunday." The present chapter will discuss those halachos that are relevant to the Shabbos itself and to the week that precedes it.

I. The Week in Which *Tishah B'Av* Occurs

As mentioned often in this *sefer*, certain matters are treated leniently until the week in which *Tishah B'Av* occurs, but stringently after that. However, a question arises when *Tishah B'Av* falls on Shabbos and the fast must be postponed to Sunday. Is the postponed fast considered a substitute for the fast that could not be held on Shabbos, but some modicum of mourning is still relevant to that Shabbos; or is the postponement considered an uprooting of the fast and mourning from Shabbos, with the proclamation of a new fast day on Sunday? If the Sunday fast is a carryover from Shabbos, then the preceding is week considered as the week in which *Tishah B'Av* occurs. But if the Sunday fast is considered as an independent enactment, there is halachically no week preceding *Tishah B'Av* that year.[1] In actual practice, the Poskim differ

1. המחבר בסי׳ תקנא סע׳ ד כתב: ואם חל תשעה באב ביום ראשון או בשבת ונדחה לאחר השבת, מותר בשתי השבתות וכו׳ ויש מי שאומר שנהגו לאסור כל שבוע שלפניו. ולכאורה לדידן בני אשכנז מחלוקת זה אינו נוגע, דהרמ״א כתב שם דנוהגין להחמיר מתחלת ר״ח. אמנם אף על פי כן דברי המחבר נוגעין למעשה בכמה ציורים. דאפי׳ לבני אשכנז יש כמה דינים שנוהגים להקל עד שבוע שחל בו, וא״כ באופן שחל תשעה באב ביום ראשון או בשבת צריכין לדעת אם יש שבוע שחל בו באותה שנה. ועיין במג״א סי׳ תקנא ס״ק לה שכתב בנוגע בשר ויין שהוא אסור רק ממנהגא כ״ע מודים שאין לו דין

regarding this matter. Therefore, one may be lenient with regard to eating meat and drinking wine, cutting the nails, and making clothes, but should be strict with regard to laundering and haircuts.

Accordingly, one must be stringent in the following cases, and follow the restrictions usually in place during the week in which *Tishah B'Av* occurs:

1. A child should not be given a haircut during The Three Weeks. In certain cases, however, a child's hair may be cut until the week of *Tishah B'Av* [see Chapter 4, Section I:B:2].

2. In certain instances a man may shave or trim his mustache until the week of *Tishah B'Av* [see Chapter 4, Section I:C:7].

3. A Jewish launderer may wash the clothing of a gentile until the week of *Tishah B'Av* [see Chapter 5, Section IV:D:I].

4. In certain situations the clothing of older children and adults may be washed until the week of *Tishah B'Av*. [see Chapter 5, Section IV:D:G].

Conversely, one may be lenient with regard to eating meat and drinking wine [see Chapter 5, Section I:F:6], cutting nails [see Chapter 4, Section III:A], and making clothes [see Chapter 5, Section III:B:2].[2]

שבוע שחל ט״ב (והמג״א מיירי בנוגע כמה אנשים יכולים להזמין לסעודת מצוה, ויהיה מותרים להם לאכול בשר ולשתות יין). וכן נקטו הפוסקים באיסור נטילת צפרנים שרבים מתירים מדינא דמקילין דבשנה כזו אין כאן שבוע שחל בו. וכן בנוגע הדין כשנותן מלבוש לפועל גוי שיתפור עבורו לצורך אחר ת״ב, דהמנהג להקל, והגר״א מחמיר, שהמ״ב כתב דאין להחמיר קודם שבוע שחל בו ת״ב, ג״כ נקטו הפוסקים דבשנה זו אין כאן שבוע שחל בו. וכן בנוגע הנך דינים לכבס בגדי קטנים, ולישראל לכבס בגדי נכרים, ועשיית בגדים חדשים, נוהגין להקל בשנה זו דאין כאן שבוע שחל בו ת״ב.

2. והנה נחלקו הראשונים לענין ת״ב שחל בשבת בנוגע לדברים שבצנעה: דמה דאיתא בתוספתא (תענית פ״ג): ״חל להיות ת״ב בשבת וכו׳ ואינו מונע עצמו מכולם״. ופירשו הראשונים את דברי התוספתא שכוונתו לומר דאינו מונע עצמו מכולם, אפילו לא מדברים שבצנעה. אלא שהרא״ש בתענית (סימן לב) כתב, שרבינו מאיר מרוטנבורג בשם הרבי רבי יצחק מווינא, אוסר. ודימה ענין זה לקובר מתו ברגל שהאבילות נדחית עד אחר הרגל, ואעפ״כ אסרו לו דברים שבצנעה. ומסיים שם הרא״ש בזה הלשון: ״הדבר יצא מפי מורי הקדוש, וכל עדת ישראל יעשו אותו. כדאי הוא בית אלוקינו לאבד עליו עונה אחת בשנה. ואע״פ שיש לו להשיב, דת״ב ואבילות חלוקים בכמה דברים וכו׳״. ובשו״ע סי׳ תקנד סעי׳ יט דעת המחבר להתיר דברים שבצנעה, ודעת הרמ״א לאסור דברים שבצנעה.

II.
Fast Is Postponed to Sunday

When *Tishah B'Av* occurs on Shabbos, the fast is postponed until Sunday, the tenth of Av. Therefore, certain leniencies are permitted:

1. A woman should not fast for thirty days after childbirth.[3]

2. A pregnant or nursing mother need not fast if she will feel ill effects from fasting.[4] [However, she should consult a halachic authority before eating.]

3. A person who is slightly sick and would feel worse as a

ובשו״ת כתב סופר או״ח (סי׳ קא) ביאר מחלוקת זו בהגדרת יום זה שהוא נדחה משבת ליום ראשון. אם פירושו הוא שאנו דוחים אז את התענית למחרתו (ר״ל שהיום המחרת הוא תשלומין לשבת), או דילמא אינו בגדר תשלומין לשבת, אלא שחכמים עקרו יום זה לגמרי משבת, והעבירוהו ליום ראשון.

ומעתה יכולים לומר, דאם יש לו דין של נדחה ויום ראשון הוא תשלומין לשבת, אז יהיה הדין כמו אבילות בשבת שדוחין את לווית המת ליום ראשון. אבל דברים שבצנעה נהג גם בשבת, שהרי סוף כל סוף יום האבילות העיקרי הוא בשבת, ורק התענית נדחתה ליום ראשון. אבל אם נאמר שאין לו דין נדחה אלא שחכמים עקרוהו ליום זה וקבעוהו ליום ראשון, נמצא דשבת אינו יום של אבילות בכלל, ועל כן פשוט שיש להתיר דברים שבצנעה.

ובשו״ת מהרש״ם ח״ג סי׳ שסג דן בנוגע קטן שנעשה בן יג שנים ויום אחד בעשירי באב, ואותה שנה היה ת״ב שחל בשבת, האם חייב להתענות ביום ראשון. וכתב שם דזה תלוי בחקירה הנ״ל. דאם התענית של עשירי היא תשלומין ליום השבת, הרי כיון שבשבת עצמה היה פטור, אי אפשר לחייבו ביום ראשון יותר מעיקר החיוב של התענית שהיה בשבת שאז היה קטן ולא נתחייב להתענות. אבל אם נאמר שאינו תשלומין, אלא שחכמים עקרו תענית זו וקבעוה ליום ראשון. נמצא שעיקר התענית הוא ביום ראשון, ובו ביום נעשה גדול ומחויב במצות, על כן שפיר יתחייב בתענית. ועי״ע בזה בשו״ת דברי מלכיאל ח״ה סי׳ קל, ושו״ת שבט הלוי ח״ד סי׳ עב, ושו״ת להורות נתן ח״ה סי׳ לג.

3. מג״א סי׳ תקנד ס״ק ט.

4. בשו״ת שבות יעקב ח״ג סי׳ לז כתב: כיון שנדחה ט״ב על יום א׳ אין צריך להשלים אפי׳ בחולי קצת (וכן נהגתי להורות ביולדת תוך שלושים או במעוברת ומיחוש קצת). דהא אפי׳ משום כבוד המילה הקילו כשט״ב נדחה כמבואר באו״ח ס׳ תקנט ס״ט. לכאורה בפשטות מבואר מדבריו דאינן צריכות להשלים התענית אבל צריך להתענות כמו במילה שנדחה בת״ב דמותר לאכול רק אחר מנחה גדולה.

אמנם בביאור הלכה כשהביא דברי השבות יעקב משמע שהן פטורות לגמרי להתענות שכתב וז״ל: וכן בחולי קצת ומעוברת שיש מיחוש קצת מותרים לאכול, עכ״ל. מהלשון מותרים לאכול, משמע שאינן צריכין להתענות לגמרי. וכן ראיתי שנקט בשו״ת יביע אומר ח״ה סי׳ מ׳ אות ה. ועי״ע בזה בשו״ת תשובות והנהגות ח״ב סי׳ רנז.

result of fasting need not fast.[5]

4. Where a *bris milah* is performed on this day, most Poskim permit the father, *mohel,* and *sandak* to eat after *davening Minchah Gedolah.*[6] One should consult a halachic authority.

In all these cases, one must recite *Havdalah* before eating [see Chapter 10, Section VI:C, below].

III. Practical Applications

1. Marital Relations

One may not engage in marital relations unless Friday night is the night of *tevilah.*[7]

2. Men Immersing in a *Mikveh*

A man who immerses himself every Shabbos morning or whenever he is *tamei* may immerse himself this Shabbos in an unheated *mikveh.*[8]

3. *Shalom Zachor*

A *shalom zachor* may be celebrated on Friday night.[9]

4. *Aufruf*

An *aufruf* may be celebrated.[10]

---

5. עיין ציון 4.

6. שו״ע סי׳ תקנט סעי׳ ט. אמנם המג״א הביא בשם הכנה״ג שמנהג נתפשט להחמיר להשלים התענית, וכן כתב להלכה בקובץ מבית לוי (בין המצרים עמוד מו). ובנוגע פדיון הבן עי״ש במ״ב.

7. רמ״א ס׳ תקנד סעי׳ יט, ומ״ב ס״ק מ. ועי״ש בשער הציון ס״ק מו שהביא מהחיי אדם דה״ה בבא מן הדרך יש להקל. אמנם בשם מרן הגר״מ פיינשטיין זצ״ל ראיתי שמביאים שצריכין להחמיר.

8. א״א מבוטשאטש סי׳ תקנד. ועיין במנחת חינוך מצוה שיג ס״ק יט דכתב דרחיצת כל הגוף אסור.

9. קובץ מבית לוי עמוד מב.

10. בהליכות שלמה פרק טו הלכה יא כתב וז״ל: תשעה באב שחל בשבת נוהגין בו מנהגי עליה לתורה של חתן, שלא לנהוג אבלות בפרהסיא. ובדבר הלכה ס״ק יד כתב ומהא דאסור אבלות בפרהסיא בת״ב שחל בשבת, אין להוכיח דה״ה באבל הנמצא עם

5. *Kiddush*

A *kiddush* may be served.[11]

6. Taking a Stroll

One should not stroll for pleasure this Shabbos.[12]

IV. Sunday Night

After the fast has ended, one may not eat until after *Havdalah*.[13] A woman should hear *Havdalah* from a man (e.g., her husband or a neighbor).[14] If this is not possible, she should recite her own *Havdalah*.[15]

Havdalah may be recited over grape juice or wine.[16]

The opening verses of *Havdalah* are omitted, as are the spices and candle. Only the בּוֹרֵא פְּרִי הַגָּפֶן and הַמַּבְדִּיל blessings are recited.[17]

◆§ Activities Permitted Sunday Night

One is permitted to take a haircut, shave, launder clothing,

אבלים אחרים דאסור נמי באבלות דפרהסיא, כמו בת״ב שהכל אבלים על חורבן בית המקדש ואפ״ה אסורה אבלות בפרהסיא, דשאני התם שיהיה משום זלזול השבת אם ינהגו בו אבילות. ובארחות הלכה אות 38 וז״ל: וכשאמר השואל לפני רבינו שבמעשה שהיה בישיבת פוניבז׳ הורה הגרי״ש כהנמן ז״ל שיעשו הכל כרגיל, ואילו רב אחד הורה שיקדימו העליה לשבת הקודמת, אמר רבינו דאף שמלפנים היו שעשו כן להקדים העליה, אולם כיון דאית בי׳ משום זילותא דשבת, לכן יש להורות לעורכה בשבת זו. אלא דמ״מ לא הותרו אלא דברים שבפרהסיא, ולכן בשעת העליה זורקין על החתן מיני מתיקה ומזמרים כרגיל, וגם עורכים קדושא רבה אחר התפלה כנהוג, אבל בשעת קידוש יש להמנע משירה, דבזה ליכא אבלות בפרהסיא, עכ״ל.

11. ועיין בספר ט״ב שחל בשבת (מהגאון ר׳ ש. דבליצקי שליט״א) סעיף כ דכתב דמותר לעשות קידוש כשקוראים שם לתינוקת רק באופן צנוע ולא באולם ובחגיגות מרובה.

12. ברכי יוסף סי׳ תקנג ס״ק ה.

13. שו״ע סי׳ תקנו סעי׳ א.

14. שו״ת מנחת יצחק חלק ח׳ סי׳ נא.

15. עיין בזה בספרי כבוד ועונג שבת עמוד 140.

16. מ״ב סי׳ תקנו ס״ק ג.

17. שו״ת דברי מלכיאל חלק ו׳ סי׳ ט אות א.

bathe or recite the *berachah* שֶׁהֶחֱיָנוּ immediately after the fast. However, the prohibitions against consuming meat or wine (other than the wine of *Havdalah*),[18] and listening to music[19] remain in effect until the next morning.

---

18. רמ"א סי' תקנח ומ"ב ס"ק ד.
19. כן משמע במג"א סי' תקנח דכלי שיר חמור מבשר ויין, וזה שמבואר בשעה"צ ס"ק ד דבנדחה יש להקל זה מיירי בסעודת מצוה.

10 / *TISHAH B'AV* ON SUNDAY

I.
The Meal Before the Fast

A. Menu and Mood

When the Ninth of Av falls on Sunday, *Erev Tishah B'Av* is on Shabbos. When *Erev Tishah B'Av* is on a weekday, many laws of mourning apply to the day [see Chap. 6 above].[1] However, displays of mourning are prohibited on Shabbos. Therefore, we eat regular Shabbos meals,[1] and sing regular Shabbos *zemiros*. Even one who generally does not sing *zemiros* at the Shabbos table may do so at this meal.[2]

Additionally, the *seudah hamafsekes* usually eaten on *Erev Tishah B'Av* is omitted on this Shabbos. Instead, the regular *seudah shlishis* meal is eaten.[3] Moreover, one may eat more than usual at this meal, even if the intention is to make it easier to fast. Nevertheless, one should not verbalize such intentions.[4]

Although one may not display mourning, this meal should be eaten in a somber, not festive, mood.[5]

B. Guests

Although a family may eat together, company should not be invited, unless one usually invites guests to *seudah*

---

1. המחבר בסי׳ תקנב סעי׳ י כתב: אם חל ת״ב באחד בשבת או שחל בשבת ונדחה לאחר השבת, אוכל בשר ושותה יין בסעודה המפסקת ומעלה על שלחנו אפי׳ כסעודת שלמה בעת מלכותו. ועיין בחיי אדם כלל קלו סעי׳ א וז״ל: ערב ת״ב שחל בשבת, או ת״ב שחל בשבת ונדחה, אין לו כלל שום דין ת״ב, ואוכל בשר ושותה יין ואפי׳ במנחה. והמונע עצמו משום אבל עבירה בידו, וכ״כ בקיצור שלחן ערוך סי׳ קכה סעי׳ א.
2. שו״ת אג״מ או״ח ח״ד ס׳ קיב אות א.
3. שו״ע סי׳ תקנה סעיף י.
4. שש״כ פרק כח הלכה עז.
5. מ״ב סי׳ תקנב ס״ק כג בשם הרוקח.

shlishis.[6] Communal *seudah shlishis* in *shul* however should not be served.[7]

C. When the Fast Begins

The fast begins at sunset,[8] therefore everyone must stop eating and drinking before sunset. Nevertheless, *Bircas Hamazon* may be delayed until after sunset, and *Bircas Hamazon* may be recited with a *zimun*.[9] Moreover, if *Bircas Hamazon* is completed before sunset, one may drink the cup of wine used at the *zimun*.

Authorities differ regarding the singing of *zemiros* after sunset. Some maintain that *zemiros* should be concluded by sunset, for the period of *bein hashmashos* (sunset to nightfall) takes on the stringencies of *Tishah B'Av*, a time when singing *zemiros* is inappropriate. Nevertheless, many *tzaddikim* customarily remain at the *seudah shlishis* table, singing late into the night of *Tishah B'Av*. Some authorities justify this custom, for the intent of the singers is to arouse Heavenly compassion through the *zemiros* and thereby hasten the *geulah* (redemption).[10]

D. Eating After the Meal

After *Bircas Hamazon* one may still eat or drink until just before sunset. No prior stipulation is necessary in order to eat after *Bircas Hamazon*.[11]

---

6. מ"ב סי' תקנב ס"ק כג.
7. קובץ מבית לוי (עמוד מג) הלכה יד.
8. רמ"א סי' תקנב סעי' י.
9. מ"ב ס' תקנב ס"ק כג.
10. הלכות ומנהגי בין המצרים פ"ח הלכה ב.
11. דרכי חיים ושלום סי' תקנ.

II.
Medication to Alleviate the Effects of Fasting

Some Poskim rule that one may take medicine on Shabbos to make the fast more tolerable.[12] According to some authorities it is preferable that a pill taken for this purpose be mixed in food or liquid before Shabbos. However, if it was not mixed before Shabbos, it may be mixed on Shabbos.[13]

III.
Torah Study

As mentioned above [see Chapter 6, Section I:B] many Poskim rule that after midday on *Erev Tishah B'Av* one may study only those Torah subjects that may be studied on *Tishah B'Av*. Some Poskim apply this rule even when *Erev Tishah B'Av* falls on Shabbos.[14] Others contend that just as one may eat meat and drink wine, so may one study any Torah subject. One who follows the lenient view is not acting in error.[15]

---

12. שעה"צ סי' תקנג ס"ק ז.

13. הגאון ר' פסח אליהו פאלק האריך בזה בקובץ קול התורה (חוברת סא עמוד סא, וחוברת סד עמוד רצח) ועיקר טעמו דאין זה נחשב לרפואה כיון דהאדם אינו חולה עכשיו, וזה נקרא מניעת חולי שמותר לקחת בשבת, ומשום הכנה ג"כ אין איסור משום דהכנה במקום פסידא מותרת וזה נחשב פסידא כשהאדם יהיה בצער גדול בת"ב.

והגאון ר' שלמה מיללער שליט"א, הובא בקונטרס מקדש ישראל עמוד נב ג"כ התיר לקחת תרופה זו בשבת עי"ש.

והגאון הגדול ר' שמואל וואזנר שליט"א בקובץ מבית לוי עמוד מג כתב: מי שרוצה לקחת כדורים קודם הצום למניעת בחילות והקאות או להקלת הצום יערבם במאכל או במשקה ומותר לקחתם בשבת [ועדיף אם אפשר לערב כבר מערב שבת], עכ"ל. ובקובץ מבקשי תורה (גליון מז) הביא מהגאון ר' יוסף שלום אלישיב שליט"א וז"ל: מצד נטילת תרופה בשבת אין בעיה, כיון שזה לחיזוק ולא לרפואה, אכן מצד הכנה יעשה באופן זה, יכניס הכדור מע"ש בתוך הַלֶּבֶּן וכדומה וכן יאכלנו בשבת, ולאו דוקא אם הכדור נמס בתוך לבן, דהוא הדין אם נשאר שלם, וכן לגבי לקיחת טיפות, עכ"ל.

14. הרמ"א בסוף סי' תקנג, ולכן אם חל בשבת אין אומרים פרקי אבות.

15. הרמ"א בסוף סי' תקנג, "ולכן אם חל בשבת אין אומרים פרקי אבות." ואמנם המ"ב בס"ק י הביא שיטת הט"ז וז"ל, הט"ז מפקפק מאד על מניעת הלימוד בשבת ומסיים דהלומד בשבת אחר חצות לא הפסיד שכרו והיינו אפי' כשחל ט"ב בשבת, וכל שכן כשחל עט"ב בשבת. ונראה דיש לסמוך ע"ז אחרי דאפי' כשחל בחול כמה אחרונים מקילין, עכ"ל. ובדברי הט"ז פסקו כמה אחרונים, והם היעב"ץ במור וקציעה סימן תקנג,

IV.
Commencement of Prohibition — Sunset or Nightfall

A. Obvious Displays of Mourning

Bein hashmashos (the time between sunset and nightfall) takes on the stringencies of the day before — Shabbos — and the stringencies of the next day — *Tishah B'Av*. Therefore, activities that are obvious displays of mourning and are prohibited on Shabbos remain prohibited until nightfall. These include: removing one's shoes; changing from Shabbos clothing to weekday clothing; sitting on the floor; and removing the *paroches* from the *Aron Hakodesh*.[16]

מאמר מרדכי סי׳ תקנט ס״ק ב, בן איש חי פרשת דברים אות יד, והגאון ר׳ שלמה זלמן אויערבאך זצ״ל הובא בהליכות שלמה פרק טו הלכה י.

16. בגמרא במסכת שבת דף לד: איתא דזמן בין השמשות דינו לחומרא כיום וכלילה. דהיינו שצריך להחמיר בו כאילו הוא שייך ליום שלפניו, וצריך להחמיר בו כאילו הוא שייך ללילה שלאחריו. וכן איתא בגמרא פסחים נד: דבין השמשות של ליל ת״ב אסור באכילה ושתיה כמו בין השמשות של ליל יום הכפורים, דהיינו שלא רק בספיקא דאורייתא כמו יום כפור יש להחמיר בבין השמשות כאילו הוא כבר יום הכפורים מחמת ספק לילה שבו, אלא גם בספיקא דרבנן כתשעה באב, יש להחמיר בבין השמשות של כניסתו כאילו הוא כבר תשעה באב, ולכן אסור לאכול ולשתות, והוא הדין לגבי כל החמשה עינויים וכן פסק המחבר בסי׳ תקנג סעי׳ ב.

ולענייננו יש לשאול האם בין השמשות שבין שבת לתשעה באב יש להחמיר בו כאילו היה שבת, או שמא יש לתתנהג בו כאילו הוא כבר תשעה באב.

והשאלה נשאלת גם לגבי חמשת העינויים האסורים בת״ב, כמו ביום הכפורים, וכן לגבי איסור הישיבה על הספסל. ולכן לגבי המנהג לפשוט מלבושי שבת וללבוש בגדי חול, ממתי יש לנהוג כתשעה באב, מהתחלת בין השמשות שהוא כבר ספק לילה או שמא רק מגמר בין השמשות כשהוא ודאי מוצאי שבת.

והנה התשובה לשאלה זו מתחלקת לשנים. דברים שיש בהם משום ״אבילות בפרהסיא״, קילי טפי, כלומר שאם יתחיל לנהוג כמו תשעה באב יהיה ניכר בכך שהוא מתאבל והרי יש איסור של אבילות בפרהסיא בשבת. ולעומת זאת דברים שאין בהם משום אבילות בפרהסיא כי גם מי שאינו באבילות מתנהג כן, חמירי, דגם אם יתחיל לעשות כן בשבת לא יהיה ניכר שהוא מתאבל.

לכן שונה דין חליצת נעליים משאר חמשת העינויים, שהרי רק מי שמתאבל הולך יחף, ואפי׳ אלו שדרכם לילך יחף בכל ימות השבוע בשבת אסור לעשות כן, כמו שנפסק ברמ״א סי׳ שא סעי׳ טז שאין לילך יחף בשבת.

והוא הדין בהחלפת הבגדים במוצאי שבת שחל בו ת״ב מבגדי שבת לבגדי חול,

One who feels uncomfortable sitting on a regular chair and wearing shoes during *bein hashmashos* on *Erev Tishah B'Av* — even though these activities are permitted during *bein hashmashos* of *Motza'ei Shabbos* — may remove his shoes and lie in bed from before sunset until after nightfall. Since most people remove their shoes before they lie down, such posture cannot be considered a display of mourning.[17]

B. Other Prohibitions

Most of the *Tishah B'Av* prohibitions take effect when the sun sets on the eighth of Av, even when it falls on Shabbos. These include: fasting; washing; anointing oneself; and marital relations.[18]

C. Removing Shoes; Changing Clothing

Although the *Rama* (553:2) writes that when *Tishah B'Av* occurs on *Motza'ei Shabbos*, the shoes are removed after *Borchu*, the prevalent custom is to delay *Maariv* long enough to allow everybody to change from Shabbos shoes and clothing after nightfall and to return to *shul* dressed appropriately for *Tishah B'Av*.[19]

יש בזה משום אבילות בפרהסיא, שהרי בלאו הכי שהיום תשעה באב בודאי לא היה מחליף בגדיו לבגדי חול, וכן הישיבה על הארץ או על ספסל נמוך, כל זה הוי היכר גלוי שעושה כן מחמת אבילות, ודינם כמו חליצת נעליים. וכן הורדת הפרוכת מארון הקודש, והורדת המפות מן השולחנות כל אלו יש בהם משום אבילות בפרהסיא. אבל שאר העינויים לא שייך בהם אבילות בפרהסיא, כי אדם שאינו אוכל ושותה, ואינו רוחץ וסך אין בזה היכר גלוי שהוא באבילות, כי יתכן שאינו צריך עכשיו לכל זה.

היוצא מדברינו שיש שתי קבוצות של איסורים בתשעה באב שכל אחת צריכה בירור בפני עצמה. א) איסורים שאין בהם משום אבילות בפרהסיא אם יעשה אותם בשבת, כמו איסור אכילה שתיה רחיצה וסיכה, ב) איסורים שאם ינהג כן בשבת יהיה ניכר שהוא מחמת אבילות, כמו חליצת הנעליים, ישיבה על הארץ, והחלפת בגדי שבת לבגדי חול.

17. הלכות ומנהגי בין המצרים פ״ח הלכה ד, והגאון ר׳ שלמה זלמן אויערבאך זצ״ל הובא בהליכות שלמה פרק טו בארחות הלכה אות 44.

18. ראה ציון 16.

19. הרמ״א בסי׳ תקנג סעי׳ ב כתב: ואם הוא [מוצאי] שבת חולצים לאחר ברכו, מלבד

V.
Preparing for After Shabbos

One may not prepare a *Sefer Kinos* on Shabbos for use after Shabbos, as it is obvious that he is preparing on Shabbos for the next day. This includes bringing the *Kinos* to *shul*, even within an area enclosed by an *eiruv*.[20] However, one who wishes to study the *Sefer Kinos* on Shabbos may bring it to *shul* in an *eiruv*-enclosed area. Since he will be using it on Shabbos, his act is not considered as preparing on Shabbos for the next day.

VI.
Havdalah

A. *Hamavdil*

Whereas the fast of *Tishah B'Av* begins with sunset on Shabbos, the *berachah* of הַמַּבְדִּיל, which must be recited over a cup of wine, is postponed until Sunday night. However, אַתָּה

השליח צבור שחולץ קודם ברכו.

ויש להסתפק בכוונת הרמ״א במה שכתב שבמוצאי שבת חולצים הנעלים אחר ברכו, אם מיירי דוקא כשמתפללים ערבית מבעוד יום ולכן לא יחלצו עד לאחר ברכו, אבל אם מתאחרים בתפלת ערבית עד הלילה, כמו שאנו עושים והוא צאת השבת, יש להסיר המנעלים תיכף אחר צאת השבת קודם ברכו, כיון שכבר הוא לילה.

וכנראה שנחלקו הפוסקים בזה, דעיין בשדי חמד (פאת השדה סי׳ ב אות יב) שהביא דברי הטהרת מים שכתב לא לחלוף בשום אופן עד אחר ברכו וכתב: וכן נהגתי אני בעצמי שלא לפשוט בגדי שבת ולחלוץ המנעל עד שתחשך ואחר ברכו של ערבית, וכן נהגתי פה בהיותי משרת בקודש בעיר הזאת, שלא ישבו לומר הקינות שלפני תפלת ערבית של ט׳ באב עד שתחשך ודאי, עכ״ל. וכן פסק בשו״ת שלמת חיים (או״ח סי׳ תצ) שגם המתפללים ערבית אחר צאת הכוכבים אין צריכים לחלוץ המנעלים עד אחר ברכו, כי מעיקרא כך קבלו עליהם שאם חל תשעה באב במוצאי שבת לא יחלצו הנעלים כל עוד שלא אמרו ברכו, מחמת קדושת תוספת שבת, משום שאין להראות אבלות בפרהסיא בשבת, וכן בתוספת שבת.

אמנם עיין בשש״כ פרק כח הערה קעט שכתב וז״ל: ושמעתי מהגרש״ז זצ״ל, דלפי מה שנהוג היום להתפלל אחר צאת הכוכבים, יש לחלוץ הנעליים תיכף אחר בין השמשות. ואם יש לו נעליים מיוחדות לט׳ באב, אם אפשר ימתין בביתו עד לאחר צאת הכוכבים ולנעול אותן וללכת בהן לבית הכנסת, עכ״ד. והשש״כ העיר על דבריו דצע״ק לומר דהרמ״א איירי שמתפללים במוצאי שבת קודש מבעוד יום.

20. שש״כ פרק כח הלכה עז.

10: *TISHAH B'AV* ON SUNDAY

חוֹנַנְתָּנוּ is recited in the *Shemoneh Esrei*. Before engaging in any *melachah* that is prohibited on Shabbos, one must either recite אַתָּה חוֹנַנְתָּנוּ at *Maariv* or, at the very least, say, בָּרוּךְ הַמַּבְדִּיל בֵּין קֹדֶשׁ לְחוֹל, *Blessed is He Who distinguishes between the holy and the mundane*.[21]

B. *Borei Me'orei Ha'eish*

Although the *berachah* of הַמַּבְדִּיל is postponed until Sunday night the *berachah* over fire is recited on *Motza'ei Shabbos*.[22] Preferably, this *berachah* should be recited preferably before the reading of *Eichah*, for it is stated in *Eichah* (3:6), *"He sat me in darkness."* Therefore, it would be inappropriate to recite the *berachah* on the "light" after being "sat in darkness." Nevertheless, one who forgot to recite this *berachah* before *Eichah* should recite it after,[23] but not later than dawn on Sunday morning.[24]

The Poskim are not in agreement regarding a woman's obligation to recite the *berachah* of בּוֹרֵא מְאוֹרֵי הָאֵשׁ, *Who creates the lights of the fire*, on *Motza'ei Shabbos* throughout the year. To accommodate all opinions, it is customary for a woman to listen to a man recite the *berachah* during *Havdalah* and to have in mind that his *berachah* should exempt her also. Therefore, when *Motza'ei Shabbos* is *Tishah B'Av* and the regular *Havdalah* has to be postponed until Sunday night, many men customarily recite בּוֹרֵא מְאוֹרֵי הָאֵשׁ at home after nightfall, before *Maariv*, in order to exempt those women of the household who will not be attending shul. Women who do attend *shul* that night can also be exempted by the *chazzan's berachah* in *shul*.

If neither of the above options are practical, the man should not exempt himself with the *berachah* recited in *shul*, but

---

21. מ"ב סי' תקנו ס"ק ב.
22. שו"ע סי' תקנו.
23. מ"ב סי' תקנו ס"ק א.
24. מ"ב תקנו ס"ק ד.

should wait until he returns home after *Eichah* to recite it on his own behalf and on the behalf of the women at home.

A woman who cannot hear the *berachah* from a man may recite it herself.[25]

C. The Sick and Others Who Must Eat on *Tishah B'Av*

One who cannot fast or who cannot complete the fast must recite *Havdalah* before eating.[26] Under these circumstances *Havdalah* consists of the *berachah* over the beverage (see next paragraph), the *berachah* over the candle, and the *berachah* of הַמַּבְדִּיל; all other parts of *Havdalah* are omitted.[27]

Some authorities rule that the *Havdalah* should be recited over *chamar medina*[28] (e.g., beer, coffee), while others rule that wine or grape juice should be used.[29] [One who uses

---

25. שש״כ פרק סב הערה צח בשם הגרש״ז אויערבאך זצ״ל. ועיין מה שכתבנו בזה בספרנו כבוד ועונג שבת עמוד 135 הערה 11.

26. ברכי יוסף בשם תשובות כנה״ג, הובא בשערי תשובה בס׳ תקנו ס״ק א, וכן נקטו רוב הפוסקים. ודלא כשו״ת זכר שמחה סימן סט, ועיין בשש״כ פרק סב הערה קט מה שהביא בזה בשם הגרש״ז אויערבאך זצ״ל.

27. שו״ת דברי מלכיאל חלק ו סימן ט אות ו.

28. כף החיים סי׳ תקנו ס״ק ט, מרן הגר״מ פיינשטיין זצ״ל הובא בספר הלכות בין המצרים עמוד 19, הגאון ר׳ שלמה זלמן אויערבאך זצ״ל בהליכות שלמה פרק טז הלכה ז.

29. שיטת החזון איש הובא בקובץ מבקשי תורה (סיון תשמ״ג), הגרי״ז זצ״ל הובא בפניני הגרי״ז עמוד 521, אז נדברו חלק יא סי׳ מח, ובספר זה השלחן סי׳ תקנו.

וראיתי בקובץ מבקשי תורה (גליון מז) שכתב הרב הגאון ר׳ שמואל צ׳צ׳יק שליט״א בשם אביו ששמע ממרן הגרי״ז ששאל לאביו בת״ב שחל ביום ראשון ״ר׳ זאב האם כבר עשיתם הבדלה?״ ושאלתי את הרב ז״ל: ״האם מותר להבדיל על יין?״ וענה לי רבינו הרב דבריסק זצ״ל: ״כן! מותר!״

ואסביר לך מה היתה שאלתי, ומה היתה כוונת רבינו הרב דבריסק זצ״ל בתשובתו. כוונתי בשאלתי היתה שהן אמת שנפסק בשו״ע שמותר להבדיל על יין, אבל אולי כל זה אמור דוקא בתשעת הימים מלבד יום ת״ב גופא, שת״ב אולי יותר חמור מתשעת הימים ובו (בת״ב) כשמבדילין אולי אסור להבדיל על יין, כי אבלותו חמורה לגבי תשעת ימים גם בפרט הזה. וע״ז השיב הרב שמותר, והיינו דדעתו הקדושה של הרב זצ״ל שאין שום הבדל בדיני הנהגת האבלות הנוהגת בתשעת הימים, לבין תשעה באב. ואין אכילת בשר ושתיית יין יותר חמורה בט״ב מבתשעת הימים. וכאשר מותר להבדיל על יין בתשעת הימים כמו כן מותר גם בת״ב עצמו להבדיל על יין כי אין שום חומרה בת״ב בפרט הזה, עכ״ד.

והביא שם מהגרי״ש אלישיב שליט״א דזה שהתיר הגרי״ז להבדיל על יין הוא מטעם

wine or grape juice should not drink more than the minimum amount (approximately 1.6 fl oz).] One who must drink water, but can otherwise fast, does not recite *Havdalah*.[30] Likewise, one who must eat or drink, but needs only very small amounts (i.e., one fluid ounce in less than nine minutes [some Poskim say two minutes]), does not recite *Havdalah*.[31]

According to many authorities a woman who is not fasting due to illness, pregnancy, or nursing must hear or recite *Havdalah* before eating. However, since there are some authorities who rule that a woman should not recite *Havdalah*, it is preferable that the woman's husband (or another man) should recite *Havdalah* and that she drink the beverage. In this situation the man exempts his *Havdalah* obligation and need not hear or recite *Havdalah* on Sunday night. If this is not feasible, the woman must recite *Havdalah* herself.[32]

D. Minors

Most Poskim rule that minors do not have to recite *Havdalah* before eating.[33]

שביאר בחידושיו על הרמב״ם הלכות תענית, דערב ט״ב הוא כמו מתו מוטל לפניו דאסור ביין, אבל ט״ב הוא כמו אבלות אחר הקבורה דמותר ביין. אמנם בא״ז [הלכות ט״ב סי׳ תטו] איתא בהדיא שגם בט״ב דומה למתו מוטל לפניו, ועי״ש שהאריך בזה. ועיין בענין זה בשו״ת להורות נתן ח״ד סי׳ לו.

30. שו״ת שבט הלוי ח״ח סי׳ קכט.

31. ספר ט׳ באב שחל ביום ראשון פ״ט הלכה ג.

32. עיין בספרנו כבוד ועונג שבת פרק יט שהארכנו בנוגע אם נשים חייבות בהבדלה, וכתבנו שם דיותר טוב שאיש יבדיל ויוציא האשה ידי חובתה בזה. וכתבנו עוד שם דאם אי אפשר לה לשמוע הבדלה מאיש צריכה להבדיל בעצמה. ומה שכתבנו שאיש יבדיל והאשה תשתה, כן אמרתי להגאב״ד דדעברצין זצ״ל בשנת תשמ״ב והסכים לי בזה. וכן ראיתי אח״כ שכתב בשש״כ פרק סב הלכה מח.

33. בשו״ת מהרי״ל דיסקין קונטרס אחרון אות עב כתב דקטן צריך להבדיל קודם שאוכל בת״ב וכן שמעתי ממרן הגר״מ פיינשטיין זצ״ל, והוסיף שה״ה בת שהגיעה לחינוך צריכה להבדיל. וכן פסק בשו״ת דברי יציב ח״ב סי׳ רמג. ועיין בשו״ת שבט הלוי ח״ז סימן עז שכתב דצריך להבדיל, וסברתו דאף דכשיגדיל יצום מ״מ השתא נכנס בגדר חינוך להבדלה, ועוד דבחולה שאין בו סכנה מותרת האכילה גם לגדולים, וצריך לחנכו לדעת סדר האכילה באופן שמותר לאכול בט׳ באב [אך עיין בקובץ מבית לוי דף מו שכתב קטן שהגיע לחינוך המנהג שאוכל מבלי לעשות הבדלה לעצמו, וכ״כ בשו״ת

E. *Havdalah* Sunday Night

After the fast is over, one may not eat until reciting or hearing *Havdalah*. The *Havdalah* contains only the blessings of בּוֹרֵא פְּרִי הַגָּפֶן and הַמַּבְדִּיל.[34]

Havdalah may be recited on grape juice or wine and an adult may drink it.[35]

Women may not eat before hearing *Havdalah*, preferably from a man. A woman who cannot wait may drink water before hearing *Havdalah*.[36] If this does not suffice, she must recite *Havdalah* herself.[37]

שבט הלוי ח״י סי׳ קעז ס״ק ד].

אמנם הגאון ר׳ דוד פיינשטיין שליט״א אמר בשם אביו שאין הקטן מבדיל בת״ב כשאוכל [וזה דלא כמו ששמעתי בעצמי ממרן זצ״ל]. ובספר ארחות רבינו ח״ב [עמוד קמה] כתב בשם הבעל קהלות יעקב שאין הקטן מבדיל, וכן פסק בשו״ת ישועת משה ח״א סי׳ מ, וח״ד סי׳ פז. ודעת הגריי״ש אלישיב שליט״א אינו ברורה דבשו״ת רבבות אפרים ח״ג סי׳ שעא כתב בשמו אין צריך להבדיל, וכ״כ בספר שערי נחמה שער ד׳ דינו תשעה באב הלכה יד, אמנם בספר ט׳ באב שחל ביום ראשון כתב בשמו דצריך להבדיל.

34. שו״ע סי׳ תקנו סעי׳ א.

35. מ״ב סי׳ תקנו ס״ק ג.

36. שו״ת שבט הלוי ח״ח סימן קכט.

37. שו״ת שבט הלוי ח״ד סימן נד אות ז.

11 / TENTH OF AV

I.
What Happened?

In the afternoon of the ninth of Av, the Romans set fire to the *Beis HaMikdash* and it continued burning until sunset on the tenth. Even though most of the destruction took place on the tenth, the day of mourning and fasting was set on the ninth when the fires were kindled, because the onset of a calamity is its most tragic part.[1]

II.
Restricted Activities

Because the *Beis HaMikdash* continued burning on the tenth of Av, it is customary to refrain from eating meat or drinking wine until noon on the tenth of Av,[2] but a food that was cooked together with meat may be eaten.[3] Some authorities state that it is customary to refrain from bathing, haircutting, washing clothes, listening to music,[4] and wearing fresh clothes,[5] until noon of the tenth of Av. It is preferable that one abstain from marital relations on the night of the tenth of Av, unless it is the night of *tevilah*.[6] The blessing of שֶׁהֶחֱיָנוּ should not be recited until midday on the tenth of Av.[7]

In the following situations one may be lenient regarding the above-mentioned prohibitions:

---

1. שו״ע סי׳ תקנח ומ״ב ס״ק א.
2. שו״ע ורמ״א סי׳ תקנח.
3. ביאור הלכה סי׳ תקנח סעי׳ א ד״ה שלא לאכול.
4. מ״ב סי׳ תקנח ס״ק ב.
5. שו״ת מקדש ישראל פסקי הלכות פ״ד ס״ק קכו.
6. מ״ב סי׳ תקנה ס״ק ב.
7. שערי תשובה סי׳ תקנה ס״ק ב.

1. At a *seudas mitzvah* everyone may partake of meat and wine.[8]

2. Washing part of the body with warm water is permitted.[9] Taking a cold shower in case of need (to wash away perspiration or dirt) is permitted. One may even add a little warm water.[10]

3. If necessary, one may launder children's clothing.[11]

4. One who has no more prepared clothes [see Chapter 5, Section V:B] may wear freshly laundered clothes.[12]

5. One who has to travel in the morning of the tenth of Av, but has no clean clothing, may launder his clothing immediately after *Tishah B'Av*.[13]

III.
The Tenth of Av on Friday

When *Tishah B'Av* falls on Thursday and therefore the tenth of Av is on *Erev Shabbos*, one may launder clothes needed for Shabbos immediately after the fast.[14] Many

---

8. מ״ב סי׳ תקנה ס״ק ב.

9. באר היטב סי׳ תקנה ס״ק ב.

10. הלכות ומנהגי בין המצרים פרק י הלכה ח.

11. הגאון ר׳ יוסף שלום אלישיב שליט״א הובא, בקונטרס הליכות והנהגות עמוד 12.

12. הלכות ומנהגי בין המצרים פרק י הלכה ח, קונטרס מקדש ישראל פרק ה בשם הגר״ש מיללער שליט״א.

13. כן נראה דבמקום צורך יש להקל, כיון דיש פוסקים שסוברים שרחיצת בגדים בכלל לא נאסר אחר תשעה באב.

14. המ״ב בסי׳ תקנח ס״ק ב כתב וז״ל: וה״ה שלא לרחוץ במרחץ ולספר ולכבס עד חצות. וכשחל ט״ב ביום ה׳ שאז יום עשירי הוא ערב שבת מותר בכל זה לכבוד שבת, עכ״ל. והנה אינו מבואר במ״ב אם גם בלילה מותר לרחוץ או דוקא בבוקר של יום העשירי מותר. אמנם בכמה פוסקים מבואר דמותר רק בבוקר של יום העשירי. דעיין בקיצור שלחן ערוך סי׳ קכד סעי׳ כ שכתב וז״ל: אם יום עשירי חל בערב שבת, מותר לרחוץ ולהסתפר ולכבס מיד בשחרית מפני כבוד שבת, עכ״ל. ועיין בא״ר סי׳ תקנט ס״ק לא שכתב וז״ל: ונראה לי כשחל ת״ב ביום חמישי מותר להסתפר בשחרית של ערב שבת, עכ״ל. הרי מבואר ג״כ דמותר להסתפר ולכבס רק בבוקר בע״ש קודש. אמנם עיין בשו״ת מחזה אליהו סימן פה שהאריך לבאר שמה שנקטו הני פוסקים שמותר רק בשחרית של עשירי הוא לאו דוקא, ולבסוף מסיק וז״ל: ובזה סליקנא לדינא, שמותר להתחיל כל צרכי שבת דהיינו כיבוס תספורת ורחיצה מיד במוצאי ט״ב כשחל בערב שבת, עכ״ל.

authorities permit washing all clothing, even those not needed for Shabbos.[15] Bathing and haircutting are permitted on *Erev Shabbos*. If that is not possible, they may be done the night

ונראה דבכביסה שפיר יכולים להקל בליל עשירי, דכן פסק הגר״נ קרליץ שליט״א הובא בספר קרא עלי מועד עמוד סב הערה מ, וטעמו משום דתקנת עזרא היתה לכבס ביום ה, אבל לרחוץ ולהסתפר אסור עד הבוקר. וכן פסק הגר״ש וואזנער שליט״א, הובא בקובץ מבית לוי עמוד לז. ולענין תספורת ורחיצה בחמין כתב דצריך להמתין עד הבוקר. ובספר אמת ליעקב (עמוד רכח) פסק ג״כ דמותר לכבס בגדים מיד בלילה, וכן הוא בספר חידושים וביאורים (עמ״ס תענית דף כט:).

15. ובפשטות לשון המ״ב משמע דרק בגדים שצריכין לשבת מותר לכבס בלילה אחר ת״ב שכתב: שאז יום עשירי הוא ערב שבת ומותר בכל זה לכבוד שבת, הרי משמע שרק מה שנצרך לשבת מותר לכבס. ועיין בשש״כ פרק מב הערה טז שכתב: ויש לעיין דכיון שהטעם דאיסור כיבוס הוא משום דנראה כמסיח הדעת מן האבילות, והתירו לו לכבס לפני חצות מפני כבוד שבת, האם כבר התירו לו לכבס גם בגדים שאינם לכבוד שבת וכו׳. ונראה לי חידוש גדול, דכיון דהטעם של איסור כביסה בשבוע שחל בו ט׳ באב הוא משום דנראה כמסיח הדעת מן האבילות, ולא משום אבילות גופא, דזה דוקא לפני ט׳ באב ובט׳ באב בעצמו, אבל אחרי ט׳ באב מותר מיד לכבס בכל אופן דלא שייך בו משום היסח הדעת מן האבילות, ובפרט אם מכבס במכונת כביסה שאין צורך אלא ללחוץ על כפתורי ההפעלה, ומה שכתב בס׳ תקנח במ״ב ס״ק ג דנהגו שלא לכבס, היינו לכבס וללבוש, ומה שכתוב במ״ב שם, דכשחל ט׳ באב ביום חמישי מותר בכל זה לכבוד שבת, היינו הרחיצה והתספורת, אבל הכיבוס בלאו הכי שרי וכו׳ וצ״ע לדינא. וגם שמעתי מהגרש״ז אויערבאך זצ״ל דמסתבר שרק לצורך שבת מותר לכבס, שהרי באותו זמן נוהגת קצת אבילות ואין להתעסק בכיבוס בגדים, עכ״ל. ובתיקונים ומלואים לשש״כ פרק מב הערה טז הוסיף הגרש״ז זצ״ל: ובמכונת כביסה אשר אין רגילים לכבס בה קצת, אפשר להוסיף גם כביסה שלא לצורך שבת, עכ״ל. הרי מבואר מדבריו דכביסה מיוחדת שלא לצורך שבת אסור ורק דאפשר דמותר להוסיף במכונת כביסה. ובספר הלכות ומנהגי בין המצרים פ״י הערה 16 כתב וז״ל: ומ״מ פשוט שלא הותר בין בלילה בין ביום ששי רק מה שצריך לכבוד שבת ולא יותר, ודלא כמי שכתב להקל בכל אופן אף בע״ש.

אמנם הגר״נ קרליץ שליט״א, הובא בספר קרא עלי מועד דף סב הערה מ כתב דמותר לכבס גם מה שאין צריך לשבת משום שבכה״ג לא גזרו על כיבוס, וכן פסק הגר״ש וואזנער שליט״א הובא בקובץ מבית לוי, שו״ת אבן ישראל ח״ז סי׳ כז, ובשו״ת מחזה אליהו סי׳ פו. ועיין בקבוץ קול התורה (גליון נד) שמרן הגר״מ פיינשטיין זצ״ל כתב: דלא הנהיגו בערב שבת זו כלל איסור תכבוסת, עכ״ל. (ומשמע מהתם דלא התיר בלילה רק בע״ש.)

וכיון דיש מחלוקת בזה כנראה דיש להקל, דעיין בביאור הלכה (ד״ה עד) שהביא מהמאמר מרדכי שפקפק הרבה באיסור דרחיצה וכיבוס ותספורת, והביאור הלכה סיים דמ״מ קשה להקל בזה, מ״מ נראה דבמקום שיש מחלוקת אי יש בכלל איסור, שפיר יש להקל כהני פוסקים שמקילים. וע״ע בזה בשו״ת להורות נתן ח״ב סי׳ לו, שו״ת באר שרים ח״ב סי׳ נו אות ו׳, שו״ת רבבות אפרים ח״ב סי׳ קנה אות כד, ובשו״ת עמק התשובה ח״א סי׳ צב, ובשו״ת באר משה ח״ג סי׳ עט.

before, after the fast.[16] Listening to music is not permitted until noon on Friday.[17]

---

16. לכאורה רחיצה בחמין ותספורת אדרבה יותר טוב לעשות בערב שבת גופא דבזה יש יותר כבוד שבת לעשות בע״ש. וכן פסק בקובץ מבית לוי (עמוד לז) וספר חוט שני (הלכות שבת ח״ב עמוד שכח). מ״מ נראה פשוט שאם לא יהיה לו פנאי בע״ש או שלא ימצא מי שיעשה לו תספורת, דשפיר מותר גם במוצאי ט״ב כיון דבאופן זה הוי באמת לצורך כבוד שבת.

17. מ״ב סי׳ תקנח ס״ק ב.

Index

INDEX

Activities prohibited during
The Three Weeks
  buying new items, 41-43
  cutting one's nails, 37
  dancing, 34
  disciplining children, 46
  engagements, 45
  giving presents, 45
  haircutting, 29-32
  house decorating, 47
  music, 33-37
  parties, 45
  reciting *shehecheyanu*, 38-40
  reciting the *berachah hatov vehameitiv*, 46
  shaving, 29-32
  singing, 34-35
  surgery, 47
  swimming, 46
  weddings, 44
Activities restricted on *Tishah B'Av*
  anointing, 128-129
  eating or drinking, 118-123
  extending greetings, 139-140
  marital relations, 132
  pleasurable activities, 145
  sitting on chair, 143-145
  smoking, 145
  studying Torah, 132-139
  washing one's body, 123-128
  wearing leather shoes, 129-132
  working, 141-143
Adult, haircutting, 29
Adults, fasting, 12
Air conditioner, purchasing during Nine Days, 69
Alcoholic beverages, during Nine Days, 53
Aneinu
  during the *chazzan's* repetition, 22-24
  during the silent *Shemoneh Esrei*, 20
  individual who forgot to recite it, 20-21
  individual who is not fasting, 21
Anointing oneself on *Tishah B'Av*, 128
Answering telephone, 140
Apartment hunting during Nine Days, 100
Appliances, buying during The Three Weeks, 42
Aron hakodesh, building during Nine Days, 98
Aufruf, when *Tishah B'Av* is postponed, 161
Avinu Malkeinu, reciting on a fast, 25
Baking with wine, 53

Bar mitzvah
  boy wearing Shabbos clothing, 102
  delayed eating meat, 63
  eating meat, 62
  grandparents wearing Shabbos clothing, 102
  haircutting, 30
  parents wearing Shabbos clothing, 102
  singing, 35
Bathing
  children, 93
  face, 89
  feet, 89
  for a *bris*, 96
  for date, 96
  for medical reasons, 89
  for sensitive person, 90
  hands, 89
  mikveh for men, 95
  mikveh for women, 94
  newlywed, 96
  on *Erev Shabbos*, 92
  on *Rosh Chodesh Av* that falls on *Erev Shabbos*, 93
  removing dirt, 89
  removing perspiration, 90
  with cold water, 89
  with soap, 89
Bed linen, laundered, using during Nine Days, 83
Beds, making on *Tishah B'Av*, 142
Beef, eating, 53
Beer drinking, during Nine Days, 53
Bein HaMetzarim
  definition, 4
  when it begins, 7
Bein Hashemashos, restrictions begin, 8

Berachah
  hatov vehameitiv, reciting during The Three Weeks, 39, 46
  nacheim 156-158
  she'asa li kol tzarki, reciting, 150
  recited on fast day, 17
Berachah Shehecheyanu
  reciting, 38-40
  reciting on tenth of *Av*, 175
Bircas hagomeil, reciting, 152
Birthday party, during The Three Weeks, 45
Blouse, laundered, wearing during Nine Days, 83
Bookcases, installing, during Nine Days, 99
Borei me'orei ha'eish, reciting when *Tishah B'Av* is Shabbos, 171
Bride
  purchasing items, 68
  washing on *Tishah B'Av*, 128
Bris milah
  bathing during Nine Days, 96
  drinking wine, 56
  eating meat, 57
  grandparents, wearing Shabbos clothing during Nine Days, 100
  haircutting, 32
  parents wearing Shabbos clothing during Nine Days, 100-101
  reciting *Shehecheyanu*, 40
  removing Shabbos clothing after, 101
  siblings, wearing Shabbos clothing during Nine Days, 100

INDEX

singing, 35
when *Tishah B'Av* is postponed, 161
who may drink wine, 56
who may eat meat, 56
wine for *Bircas Hamazon*, 57
Brushing clothing, 82
Brushing teeth, on a fast day, 16
Builder, non-Jewish, during Nine Days, 97
Building
  for *mitzvah* purposes, 98
  house for sale, 97
  new construction, 97
  non-Jewish builders, 97
  private dwelling, 97
  prohibition 97
  swimming pool, 97
  to prevent damage, 98
  vacation home, 97
Business on *Tishah B'Av*, 143
Buying
  meat during Nine Days, 66
  new car, during The Three Weeks, 42
  new fruits, during The Three Weeks, 42
  new garments, during The Three Weeks, 41
  new items, *see* Purchasing new items
  tallis, during The Three Weeks, 43
  tefillin, during The Three Weeks, 43
  wine during Nine Days, 66
Cabinets, installing, during Nine Days, 99
Camps, conducting *siyum*, 61

Car
  new, buying during The Three Weeks, 42
  purchasing during Nine Days, 69
Carpet laying, during Nine Days, 99
Cemetery, going on *Tishah B'Av*, 155
Chair, sitting on *Tishah B'Av*, 143-144
Changing clothing, when *Tishah B'Av* is Shabbos, 169
Chasan, wearing Shabbos clothing, 102
Chazaras hashatz, 151
Chazzan, reciting *aneinu*, 22-24
Chicken, eating, 53
Children
  bathing during Nine Days, 93
  drinking wine, 51
  eating meat, 51
  eating meat on *Erev Shabbos*, 64
  fasting, 13
  fasting on *Tishah B'Av*, 119
  haircutting, 29
  haircutting during week in which *Tishah B'Av* occurs, 160
  listening to music, 34
  nail cutting, 38
  story tapes with music, listening to, 35
  wearing shoes, 131
Children's clothing
  laundering or buying, 66, 68, 80
  laundering, 79
  laundering, adding adult clothing, 80

Chronology of the destruction, 4
Cleaners
  Jewish, servicing non-Jews, 77
  picking up garments during Nine Days, 82
Cleaning house
  on *Tishah B'Av*, 142
  during Nine Days, 81
Clothing
  adult, laundering, 75
  brushing, 82
  for newborn, purchasing, 67
  picking up from cleaners during Nine Days, 82
  preparing before Nine Days begin, 85-87
  secondhand, purchasing, 67
  wedding, made during Nine Days, 74
Clothing manufacturer, during Nine Days, 74
Coat, laundered, wearing during Nine Days, 83
Cold water, bathing during Nine Days, 89
Cooking with wine, 53
Cosmetics, using on *Tishah B'Av*, 128
Cream, using on *Tishah B'Av*, 128
Cutting nails, during week in which *Tishah B'Av* occurs, 160
Dancing
  prohibition, 34
  sheva berachos, 36
Date
  bathing during Nine Days for, 96
  wearing Shabbos clothing on, 102

Decorating
  decorative moldings, 99
  house, during The Three Weeks, 47
  laying carpet, 99
  new bookcases, 99
  new cabinets, 99
  painting, 99
  wallpapering, 99
Definition of *Bein HaMetzarim*, 4
Delayed *siyum*, 60
Demolishing house, during Nine Days, 98
Dentist, going to on fast day, 16
Deodorant, using on *Tishah B'Av*, 129
Destruction
  chronology of, 4
  mourning for, 5
  of the first *Beis HaMikdash*, 4
  of the second *Beis HaMikdash*, 4
Diet, eating meat, 55
Dimmed lights, on *Tishah B'Av*, 116
Dirt
  removing during Nine Days, 90
  removing on *Tishah B'Av*, 124
Dishcloths, laundering, 76
Dishes, purchasing during Nine Days, 69
Dress, laundered, wearing during Nine Days, 83
Drinking before dawn, on a fast day, 12
Drinking wine *see also* Wine
  during Nine Days
    at *Havdalah*, 64
  during week in which *Tishah B'Av* occurs, 160

INDEX

Dry cleaner, during Nine Days, 75
Dryer, buying during The Three
    Weeks, 42
Duck, eating, 53
Dust, removing, 82
Early Shabbos, eating meat, 63
Eating
    after the meal, when *Tishah
        B'Av* is Shabbos, 166
    before dawn, on a fast day, 11
    meat *see* Meat during Nine
        Days
    meat, eating, during week in
        which *Tishah B'Av* occurs,
        160
Eichah
    reading, *Tishah B'Av* night,
        147
    reciting by day, 154
    studying, 135
    way of reading, 147
    who is obligated, 148
Elderly, fasting, 13-14, 15
Embroidery, during Nine Days, 72
Engagement party, during
    The Three Weeks, 45
Erev Rosh Chodesh Av,
    laundering, 76
Erev Shabbos
    bathing, 93
    children eating meat, 64
    nail cutting 38
    tasting meat, 63
Erev Tishah B'Av
    level of mourning, 7
    removing the curtain from
        ark, 115
    scribe writing *sefer Torah*,
        tefillin, mezuzah, 108
    seudah hamafsekes, 109-115
    strolling, 107

Tachanun not recited, 108
Torah study, 107
touring, 107
traveling, 107
when restrictions begin, 8
Eve of the 17th of *Tammuz*,
    haircutting, 31
Exchanging items during Nine
    Days, 70
Exile, present, reason for, 5
Exterior painting on *Tishah
    B'Av*, 142
Eyebrows, tweezing, 32
Eyeglasses, purchasing during
    Nine Days, 70
Face, washing during Nine Days,
    89
Fast begins, when *Tishah B'Av* is
    Shabbos, 166
Fast day
    reciting *Avinu Malkeinu*, 25
    reciting *selichos*, 24
Fast, postponed, 161
Fasting
    adults, 12
    Aneinu, 19-24
    Avinu Malkeinu, 25
    brushing teeth, 16
    children, 13
    condition for those exempt, 15
    dentist visit, 16
    during pregnancy, 14
    eating before dawn, 11
    elderly, 13
    groom, 13
    inadvertently ate or drank, 17
    kerias haTorah, 26-27
    medicine, 16
    mouthwash, 16
    nursing mothers, 15
    on Seventeenth of *Tammuz*, 1,3

on Tenth of Teves, 1
on the Tenth of Teves, reason for, 1
on *Tzom Gedaliah*, 1
oral hygiene, 16
postpartum, 15
prayers, 19
recited blessing over food or drink, 17
rectifying one's deeds, 2
selichos, 24
sick, 13
time of fast 11
Fasting on *Tishah B'Av*
adults, 118
children, 118
forgot and started to eat, 118
medication, 123
nursing woman, 120
postpartum, 121
pregnant woman, 119
reason for, 1, 3
rinsing mouth, 123
sick person, 122
Fasts, instituted by the Prophets, 1
Feet, washing during Nine Days, 89
Flowers
buying in honor of Shabbos, 100
decorative, buying, 100
planting, 99
Food
buying on *Tishah B'Av*, 143
cooked in meat pot, 53
Footwear for *Tishah B'Av*, 68
Forgot, ate on fast day, 17
Fruits, new, reciting *Shehecheyanu*, 39
Funeral, washing hands after, 128
Furniture, purchasing, 68

Garments
all became dirty, laundering, 80
became dirty, using freshly laundered, 88
new, buying during The Three Weeks, 41
new, reciting *Shehecheyanu*, 40
picking up from cleaners, 82
preparing before the Nine Days begin, 85-87
repairing, 71
Shabbos, wearing during Nine Days, see also wearing Shabbos clothing
Gemara, studying, 136
Gentile, laundering clothes, during week in which *Tishah B'Av* occurs, 160
Gifts
during Nine Days, 68
exchanging on *Tishah B'Av*, 139
Girl, newborn, reciting *Shehecheyanu*, 40
Gold items, purchasing during Nine Days, 69
Good morning, saying on *Tishah B'Av*, 139
Good night, saying on *Tishah B'Av*, 139
Goodbye party, during The Three Weeks, 45
Grandparents
wearing Shabbos clothing at *bar mitzvah*, 102
wearing Shabbos clothing at *bris*, 100
wearing Shabbos clothing at *pidyon haben*, 102

INDEX

Grape juice, drinking, 53
Grape-juice ices, 54
Grass
  cutting, 99
  lawn, planting, 99
Greetings on *Tishah B'Av*
  answering the telephone, 140
  exchanging gifts, 139
  good morning, 139
  good night, 139
  inquiring about a patient's health, 140
  nodding head, 139
  prohibition, 139
  returning a greeting, 140
  shalom, 139
  wishing *Mazel Tov*, 140
Groom
  fasting, 13
  purchasing items, 68
Guests
  inviting, when *Tishah B'Av* is Shabbos, 165
  laundering linen for, 79
  using freshly laundered linen, 87
Haftorah reading, 152
Hair spray, using on *Tishah B'Av*, 128
Haircutting
  adults, 29
  bar mitzvah, 30
  boy's first haircut, 30
  bris, 32
  children, 29
  cutting a *sheitel* (wig), 33
  in honor of Shabbos, 30
  monetary loss, 33
  pidyon haben, 30
  prohibited during three weeks, 29

shaving legs, 32
sheloshim that ends during The Three Weeks, 32
tenth of *Av* on Friday, 177
the eve of the Seventeenth of *Tammuz*, 31
trimming a mustache, 33
tweezing eyebrows, 32
tznius, modesty, 31
women, 29
Halachos in the week in which *Tishah B'Av* occurs, 159
Hamavdil, reciting, when *Tishah B'Av* is Shabbos, 170
Hands
  washing after using lavatory, 124
  washing during Nine Days, 89
  washing upon arising, 124
Hat, purchasing, 66
Hatov Vehameitiv, reciting during The Three Weeks, 39, 46
Havdalah
  minors reciting when *Tishah B'Av* is Sunday, 174
  reciting over wine, 64
  Sunday night, 174
  when *Tishah B'Av* coincides with Shabbos, 163
  women reciting when *Tishah B'Av* is Sunday, 172, 173
Health, listening to music for, 36
Home, buying during Three Weeks, 43
Hospital, using fresh linen, 88
Hotel
  conducting *siyum*, 61
  laundering linen, 78
  using fresh linen, 88

House
- cleaning, during Nine Days, 81
- decorating, during The Three Weeks, 47
- hunting during Nine Days, 100
- moving during Nine Days, 100
- repairs, during Nine Days, 98

Hurried *siyum*, 60
Hygiene, nail-cutting, 38
Ices, grape-juice, 54
Idle conversation, on *Tishah B'Av*, 146
Insect repellant, using on *Tishah B'Av*, 129
Ironing children's clothing, 80
Iyov, studying, 135
Jacket, laundered, wearing during Nine Days, 83
Jewelry, purchasing during Nine Days, 69
Jewish cleaner, servicing non-Jews, 77
Jewish tailor, working during Nine Days, 73
Kallah, wearing Shabbos clothing, 102
Keil erech apayim, reciting, 152
Kerias HaTorah, on a fast day, 26-27
Kiddush levanah, 158
Kiddush on Shabbos, when *Tishah B'Av* is postponed, 161
Kinos
- how to recite, 153
- prayers after, 154
- reciting at night, 148
- reciting by day, 153
- studying, 137

Knitting, during Nine Days, 71
Kohen, wearing Shabbos clothing at *pidyon haben*, 102
Korbanos, reciting, 151
Kvatter, wearing Shabbos clothing during Nine Days, 100
Lamb, eating, 53
Laundering
- children's clothing, 79
- dishcloths, 76
- dry cleaning, 75
- dust rags, 83
- for a *mitzvah*, 78
- for guest, 79
- for hotel, 78
- for hygiene, 78
- for *seudas mitzvah*, 78
- garments, 76
- if all garments are dirty, 80
- Jewish cleaner servicing non-Jews, 77
- laundromat, 77
- linen, 78
- non-Jew, 75
- prohibition 75
- rags, 76
- Shabbos clothing, 81
- sheets, 76
- stain, 77
- tablecloths, 76
- taking clothes to dry cleaner, 75
- *tallis*, 78
- towels, 76
- when prohibition begins, 76
- when prohibition ends, 76
- when tenth of *Av* is on Friday, 176
- wig, 76

Laundromat, operating during Nine Days, 77

INDEX

Lavatory, washing hands after, 124
Lawn, mowing on *Tishah B'Av*, 142
Laws of *Tishah B'Av*, studying, 136
Learning Torah on *Tishah B'Av* see Torah study on *Tishah B'Av*
Leather shoes, wearing, 129
Legs, shaving, 32
Lights, dimmed on *Tishah B'Av*, 116
Linen
    fresh, using for hospital, 88
    fresh, using for hotels, 88
    laundering, 78
    purchasing, 66
    using freshly laundered for guests, 87
Lint removing, 82
Lipstick, using on *Tishah B'Av*, 128
Maariv
    after the fast, 158
    Tishah B'Av night, 116
    Tishah B'Av night, returning home, 149
    Tishah B'Av night, wearing *tallis*, 147
    Tishah B'Av night, wearing weekday garments, 147
Making clothes, during week in which *Tishah B'Av* occurs, 160
Manufacturer, clothing, during Nine Days, 74
Marital relations
    on *Tishah B'Av*, 132
    when *Tishah B'Av* is postponed, 161
Mazel Tov, wishing, 140

Meat during Nine Days
    bar mitzvah, 62
    beef, 53
    bris, 56
    children, 51
    during pregnancy, 55
    early Shabbos, 63
    eating on tenth of *Av*, 176
    ending Shabbos late, 64
    lamb, 53
    limited diet, 55
    Melave Malkah, 66
    miscarriage, 55
    mistakenly recited *berachah*, 54
    nursing mother, 55
    postpartum, 55
    reason for prohibition, 49
    Shabbos, 63
    sick person, 54
    siyum, 58-62
    when does the prohibition begin, 50
    when does the prohibition end, 51
    pidyon haben, 57
Medical reason, bathing during Nine Days, 89
Medical, washing on *Tishah B'Av*, 128
Medication
    taking on *Tishah B'Av*, 123
    taking, when *Tishah B'Av* is Shabbos, 166
Medicine, taking on a fast day, 16
Melachah done by a non-Jew on *Tishah B'Av*, 142
Melachah prohibited on *Tishah B'Av*, 141-142
Melaveh Malkah
    drinking wine, 66
    eating meat 66

Men immersing in *mikveh*,
when *Tishah B'Av* is
postponed, 161
Mezuzah, writing on *Erev
Tishah B'Av*, 108
Mikveh
   building during Nine Days, 98
   men going during Nine Days,
   95
   using fresh towel, 88
   women, 94
Minchah on *Erev Tishah B'Av*,
Tachanun, reciting, 108
Minchah
   nacheim berachah, 156-158
   time to pray, 155
   washing hands before, 155
   what is recited, 156, 158
Minors
   fasting, when *Tishah B'Av* is
   Sunday, 172
   reciting *Havdalah* when
   Tishah B'Av is Sunday, 174
Miscarriage, eating meat, 55
Mishnah, finishing, considered a
siyum, 59
Mitzvah, cutting nails, 38
Mitzvah purposes, laundering, 78
Modesty, haircutting, 31
Mohel
   bathing during Nine Days, 96
   wearing Shabbos clothing
   during Nine Days, 100
Molding, decorative, during Nine
Days, 99
Monetary loss, haircutting, 33
Mourner, going to *shul*, 148
Mourning, five levels
   Erev Tishah B'Av, 7
   Rosh Chodesh Av until
   7 *Av*, 7

Seventeenth of *Tammuz* until
   Erev Rosh Chodesh Av, 7
   the day after *Tishah B'Av*, 7
   Tishah B'Av, 7
Mourning over the destruction, 5
Mouthwash, using, on a fast day,
16
Moving
   during Nine Days, 100
   during The Three Weeks, 43
Mowing gardens, 99
Music
   children listening to, 34, 35
   general prohibition, 33
   health, listening to music for,
   36
   hearing without intention of
   enjoying it, 36
   listening to stay awake, 36
   listening while driving, 36
   listening, tenth of *Av*, 175, 178
   taking lessons, 37
   teacher, 36
   tenth of *Av* on Friday, 177
   training, 36
Musician, professional, 36
Mussar, studying, 137
Mustache, trimming, 33
Nail cutting
   children, 38
   Erev Shabbos, 38
   for a mitzvah, 38
   general prohibition, 37
   hygiene, 38
   preparation for circumcision, 38
   protrude above one's fingertip,
   38
   safety, 38
Needlepoint, during Nine Days, 72
New construction, during Nine
Days, 97

INDEX

New home
  looking for during The Three Weeks, 43
  moving during The Three Weeks, 43
Newlywed, bathing during Nine Days, 96
Nine Days, when restrictions begin, 7
Non-Jew domestic, laundering during Nine Days, 75
Nursing mother,
  eating meat, 55
  fasting on *Tishah B'Av*, 120
  sitting on chair, 145
Ordering items, during the Nine Days, 70
Painting
  during Nine Days, 99
  on *Tishah B'Av*, 142
Pajamas, laundered, wearing during Nine Days, 83
Pans, purchasing during Nine Days, 69
Pants
  laundered, wearing during Nine Days, 83
  purchasing, 66
Parents
  wearing Shabbos clothing at *bar mitzvah*, 102
  wearing Shabbos clothing at *bris*, 100-101
  wearing Shabbos clothing at *pidyon haben*, 102
Paroches
  removing *Erev Tishah B'Av*, 115
  returning on *Tishah B'Av*, 115

Parties during The Three Weeks
  birthday, 45
  engagement, 45
  goodbye, 45
Patient's health, inquiring, 140
Perfume, using on *Tishah B'Av*, 128
Perspiration
  bathing to remove during Nine Days, 90
  removing on *Tishah B'Av*, 124
Physical contact, on *Tishah B'Av*, 132
Pidyon haben
  drinking wine, 58
  eating meat, 58
  grandparents wearing Shabbos clothing, 102
  haircutting, 30
  Kohen wearing Shabbos clothing, 102
  parents wearing Shabbos clothing, 102
  reciting *Shehecheyanu*, 40
Pillow
  sleeping *Tishah B'Av* day, 149
  sleeping *Tishah B'Av* night, 149
Planting
  flowers, 99
  fragrance gardens, 99
  garden on *Tishah B'Av*, 142
  grass lawns, 99
  mowing, 99
  ornamental shrubs, 99
  shade trees, 99
  watering, 99
  wedding, 99
Plants, house, buying, 100
Playing games, on *Tishah B'Av*, 146

Playing with child, on *Tishah B'Av*, 146
Polishing shoes, 81
Plumbing on *Tishah B'Av*, 142
Polishing silver, during Nine Days, 82
Postpartum woman
    eating meat, 55
    fasting on *Tishah B'Av*, 121
    fasting, 15
Postponed *Tishah B'Av see Tishah B'Av* coincides with Shabbos
Pots, purchasing during Nine Days, 69
Powder, using on *Tishah B'Av*, 128
Prayer
    for sick person, 152
    for woman who gave birth, 152
Prayers on *Tishah B'Av*
    chazaras hashatz, 151
    Eichah, 147-148, 154
    Haftorah reading, 152
    Keil erech apayim, 152
    Kinos, 148, 153
    kissing the *tzitzis*, 151
    Korbanos, 151
    Maariv, 147, 148
    Maariv after the fast, 158
    Minchah, 155-157
    mourner during *shivah*, 148
    nacheim berachah, 156
    prayers after *Kinos*, 154
    reciting *Aneinu*, 151
    reciting *hagomeil*, 152
    reciting *Kel malei*, 152
    reciting *Mi shebeirach*, 152
    Shacharis, 150
    Shema, 149
    Tachanun, 152
    tallis and *tefillin* at *Minchah*, 156
    tallis gadol, 150
    tefillin, 150
    Torah reading, 152
Prayers, on fast day, 19-24
Pregnant woman
    eating meat, 55
    fasting, 14
    fasting on *Tishah B'Av*, 119
    sitting on chair, 145
Preparing garments, before the Nine Days begin, 85-87
Presents
    during Nine Days, 68
    giving during The Three Weeks, 45
Professional musician, 36
Prohibited activities during The Three Weeks *see* Activities prohibited during The Three Weeks
Prohibition
    nail cutting, 37
    reciting *Shehecheyanu*, 38-40
Prohibitions during the Nine Days
    bathing, 89-96
    building, 97-98
    cleaning clothing, 75-83
    decorating, 98-99
    drinking wine, 49-66
    eating meat, 49-66,
    laundered clothing, 83-88
    laundering clothing, 75-83
    making garments, 71-75
    planting, 99
    purchasing new items, 66-71
    repairing garments, 71-75

INDEX

swimming, 89
wearing new clothing, 83-88
wearing Shabbos clothing, 100-106
Prohibitions, when they begin, when *Tishah B'Av* is Shabbos, 168
Purchasing new items during the Nine Days
  air conditioner, 66
  bride, 68
  car, 69
  clothing, 66
  dishes, 69
  exchanging purchased items, 70
  eye glasses, 70
  for children, 66,68
  furniture, 68
  gold, 69
  groom, 68
  hat, 66
  jewelry, 69
  linen, 66
  newborn, 66
  ordering items, 70
  pans, 69
  pants 66
  pots, 69
  presents, 68
  refrigerator, 69
  returning purchased item, 70
  sale items, 67, 69
  secondhand clothing, 67
  seforim, 70
  shirts, 66
  shoes for *Tishah B'Av*, 68
  shoes, 66
  silver, 69
  socks, 66
  storekeepers, 70
  stove, 69
  suits, 66
  tallis, 66, 67, 70
  tefillin, 70
  the prohibition, 66
  towels, 66
  travelers, 67
  tzitzis, 66, 67, 70
  underwear, 66
  wholesalers, 70
  wig, 66
  window shipping, 70
  yarmulkes, 66
Radio listening, on *Tishah B'Av*, 146
Rags, laundering, 76
Reading newspaper, on *Tishah B'Av*, 146
Reason for present exile, 5
Recorded singing not accompanied by music, 34
Refrigerator
  buying during Three Weeks, 42
  purchasing during Nine Days, 69
Removing stain, 77
Repairing
  garments, during Nine Days, 71, 74
  house, during Nine Days, 98
  shoes, 74
Repentance, when fasting 2
Restaurants open, on fast day, 17
Restricted activities on *Tishah B'Av* see Activities restricted on *Tishah B'Av*
Returning items during Nine Days, 70
Rinsing mouth, on *Tishah B'Av*, 123

Rosh Chodesh Av until 7 *Av*,
   level of mourning, 7
Rosh Chodesh Av
   drinking wine, 50
   eating meat, 50
Sale items, purchasing, 67, 69
Sandek, bathing during Nine
   Days, 96
Seamstress, working during Nine
   Days, 73
Sefarim, purchasing during Nine
   Days, 70
Sefer Torah, writing *Erev Tishah
   B'Av*, 108
Selichos, reciting on a fast day,
   24
Sensitive person, bathing during
   Nine Days, 90
Seudah hamafsekes
   baked foods, 112
   beer, 113
   bread eating at this meal, 110
   bread with butter, 110
   bread with margarine, 110
   coffee, 113
   definition, 109
   drinks, 113
   eating after reciting *Bircas
     Hamazon*, 114
   eating cooked dishes, 111
   eating fruit, 113
   eating vegetables, 113
   eggs, 111
   fish, 111
   fried food, 112
   hungry, 111
   lentils, 111
   mood, 114
   one who is not fasting should
     eat this meal, 109
   pickled food, 112
   purpose of eating this meal,
     110
   roasted food, 112
   sardines, 111
   sitting on the floor, 114
   soup, 112
   tea, 113
   two foods cooked together, 112
   wearing shoes, 114
   what is considered a cooked
     dish, 112
   what is eaten at this meal, 110
   when is the meal eaten, 109
   when *Tishah B'Av* is
     Shabbos, 165
   zimun, 114
Seudas mitzvah
   eating meat and drinking
     wine, *bar mitzvah*, 62
   eating meat and drinking
     wine, *bris*, 56-57,
   eating meat and drinking
     wine, *pidyon haben*, 57
   eating meat and drinking
     wine, Shabbos, 63
   eating meat and drinking
     wine, *siyum*, 58-62
   eating meat and drinking wine,
     who may drink wine, 56
   eating meat and drinking
     wine, who may eat meat, 56
Seventeenth of *Tammuz* until
   Erev Rosh Chodesh Av, level
   of mourning, 7
Seventeenth of *Tammuz*
   reason for fasting, 1,3
   tragic events that occurred, 3
   when restrictions begin, 7
Sewing
   during Nine Days, 71
   teaching during Nine Days, 74

Shabbos clothing
  laundering, 81
  wearing during Nine Days, 100
Shabbos garments, freshly laundered
  wearing on *Shabbos Chazon*, 102-103
  removing after Shabbos, 105
  wearing on *Shabbos Chazon*, when one put them on, 105
Shabbos meal
  drinking wine, 63
  eating meat, 63
Shabbos
  coincides with *Tishah B'Av*, 159-163
  haircutting in honor of, 30
  ironing shirt, 83
  ironing tablecloth, 83
  reciting *Shehecheyanu*, 39
  singing *zemiros*, 35
Shacharis prayer, 150-152
Shalom zachor, when *Tishah B'Av* is postponed, 161
Shalom, saying on *Tishah B'Av*, 139
Shaving
  during week in which *Tishah B'Av* occurs, 160
  legs, 32
Sheets, laundering, 76
Shehecheyanu berachah
  bris, 40
  general prohibition, 39
  new car, 42
  new dryer, 42
  new fruits, 40
  new garments, 41
  new refrigerator, 42
  new *tallis*, 43
  new *tefillin*, 43
  new washing machine, 42
  newborn girl, 40
  pidyon haben, 40
  Shabbos, 39
  when recited, 38
Shema, reciting *Tishah B'Av* night, 149
Shemoneh Esrei
  chazzan concluded *berachah* incorrectly, 23
  chazzan forgot to recite, 23
  chazzan reciting *Aneinu*, 22
  forgot to recite *Aneinu*, 20
  reciting *Aneinu* if not fasting, 21
  reciting *Aneinu*, 20
  reciting *Sim Shalom*, 19, 25
Sheva berachos
  dancing, 36
  singing, 35
Shirt
  ironing for Shabbos, 83
  laundered, wearing during Nine Days, 83
  purchasing, 66
Shoes
  removing, when *Tishah B'Av* is Shabbos, 169
  torn, repairing, 74
Shoes on *Tishah B'Av*
  children, 131
  comfortable non-leather, 129
  leather inserts, 131
  the prohibition, 129
  wearing for medical reasons, 130
  wearing when walking a long distance, 131
Shower, taking during Nine Days, 89

Shrubs, planting, 99
Shul, building during Nine Days, 98
Shulchan Aruch, finishing, considered a siyum, 59
Shuls, using fresh towel, 88
Sick person
    eating meat, 54
    fasting, 13-14, 15
    fasting, when Tishah B'Av is Sunday, 172
    on Tishah B'Av, 122
    sitting on chair, 145
    when Tishah B'Av is postponed, 161
Silver
    items, purchasing during Nine Days, 69
    polishing, during Nine Days, 82
Singing
    bar mitzvah, 35
    bris milah, 35
    from Rosh Chodesh Av, 34
    on Shabbos, 35
    sheva berachos, 35
    while learning, 35
    while praying, 35
Sitting on a chair on Tishah B'Av
    height of chair, 144
    permitted sitting, 143
    sick person, 145
    the prohibition, 143
    traveler, 145
Siyum
    after the sixth day of Av, 60
    boys camp, 61
    collective, 59
    delayed, 60
    eating meat, 60
    girls camp, 61
    hotel, 61
    hurried, 60
    Mishnah, 59
    must understand what he has studied, 59
    Shulchan Aruch, 59
    summer camps, 61
    Tanach, 59
    what is considered a valid, 58-59
    who may eat meat, 61-62
Skirt, laundered, wearing during Nine Days, 83
Sleeping with pillow on Tishah B'Av night, 149
Smoking on Tishah B'Av, 145
Soap
    using during Nine Days, 89
    using on Tishah B'Av, 128
Socks
    laundered, wearing during Nine Days, 83
    purchasing, 66
Stain, removing, 77
Standing when reciting Kinos, 153
Story tapes, children's, listening with music, 35
Stove, purchasing during Nine Days, 69
Strolling, Erev Tishah B'Av, 107
Suit, purchasing, 66
Sunday, Tishah B'Av see Tishah B'Av on Sunday
Sunday night
    halachos when Shabbos coincides, 163
    Havdalah, 163
Surgery, during The Three Weeks, 47
Sweater, laundered, wearing during Nine Days, 83
Sweeping on Tishah B'Av, 142

INDEX

Swimming
   during Nine Days, 89
   during The Three Weeks, 46
Swimming pool, building during Nine Days, 97
Tablecloth
   ironing for Shabbos, 83
   laundered, using during Nine Days, 83
   laundering, 76, 78
Tachanun, reciting, 152
Tailor
   non-Jewish working during Nine Days, 74
   working during Nine Days, 73
Taking a stroll, when *Tishah B'Av* is postponed, 161
Tallis
   buying during Three Weeks, 43
   laundering, 78
   purchasing, 66, 67
   wearing during *Minchah*, 156
Tallis gadol
   purchasing, 67
   wearing at *Shacharis*, 150
Tallis katan, reciting *berachah*, 149
Tanach, finishing, considered a *siyum*, 59
Tasting meat, *Erev Shabbos*, 63
Teaching sewing during Nine Days, 74
Tefillin
   buying during The Three Weeks, 43
   wearing during *Minchah*, 156
   writing *Erev Tishah B'Av*, 108
Tehillim, reciting, 135
Tenth of *Av*
   bathing, 177
   haircutting, 177
   laundering, 176
   level of mourning, 7
   meat, 176
   music, 178
   on Friday, 176
   restricted activities, 175
   showering, 176
   tevilah, 175
   what happened, 175
   wine, 176
Tenth of *Teves*
   reason for fasting, 1
   tragic event that occurred, 1
Tevilah, on tenth of *Av*, 175
Tevilas Ezra, 95
Thanking the *gabbai*, 153
Three Weeks, The, activities prohibited *see* Activities prohibited during The Three Weeks
Tishah B'Av
   coincides with Shabbos, 159-163
   halachos that apply in the week it occurs, 159
   reason for fasting, 3-4
   tragic events that occurred, 3
Tishah B'Av that coincides with Shabbos
   aufruf, 162
   bris milah, 162
   fast is postponed, 161
   kiddush, 163
   marital relations, 162
   men immersing in *mikveh*, 162
   shalom zachor, 162
   sick person, 161
   taking a stroll, 163
   woman fasting, 161
Tishah B'Av on Sunday
   Borei me'orei ha'eish, 171
   changing clothes, 169
   eating after the meal, 166

guests, 165
Hamavdil, 170
Havdalah Sunday night, 174
medication to alleviate the
    effects of the fasting, 166
menu and food, 165
minors, reciting *Havdalah*, 174
preparing for after Shabbos,
    169
removing shoes, 169
sick person eating on *Tishah
    B'Av*, 172
the meal before the fast, 165
Torah study, 167
when the fast begins, 166
when the prohibitions begin,
    168
Tishah B'Av, activities restricted
    see Activities restricted on
    Tishah B'Av
Tonic, using on *Tishah B'Av*, 128
Torah
    reading, 152
    reading on a fast day, 26-27
Torah study
    Erev Tishah B'Av, 107
    when *Tishah B'Av* is
        Shabbos, 167
Torah study on *Tishah B'Av*
    children, 134
    Eichah, 135
    group study, 138
    Kinos, 137
    laws of *Tishah B'Av*, 136
    mussar, 137
    permitted Torah study, 135,
        137
    reciting *Tehillim*, 135
    recording Torah insights, 138
    studying in depth, 137
    Talmud (*Gemara*), 136

the prohibition, 132, 134
writing Torah thoughts, 138
Yirmiyah, 135
Torn garments, repairing, 74
Touring, *Erev Tishah B'Av*, 107
Towel
    laundered, using during Nine
        Days, 83
    laundering, 76
    purchasing, 66
    using fresh for *mikveh*, 88
    using fresh for *shul*, 88
Tragic events
    that occurred on Seventeenth
        of *Tammuz*, 1, 3
    that occurred on Tenth of
        Teves, 1
    that occurred on *Tishah B'Av*,
        1, 3
    that occurred on *Tzom
        Gedaliah*, 1
Traveler
    purchasing items, 67
    sitting on chair, 145
Travelling
    during Nine Days, taking as
        much clothing as needed, 80
    travelling, *Erev Tishah B'Av*,
        107
Trees, planting, 99
Trimming mustache, during
    week in which *Tishah B'Av*
    occurs, 160
Turkey, eating, 53
Tweezing, eyebrows, 32
Twilight, restrictions begin, 8
Tzitzis
    kissing, 151
    purchasing, 66, 67
Tznius, haircutting for reasons
    of, 31

INDEX

Tzom Gedaliah
   reason for fasting, 1
   tragic events that occurred, 1
Undergarments
   laundered, wearing during Nine Days, 83
   purchasing, 66
Upsherin, haircutting, 30
Vacation home, building during Nine Days, 97
Vachnacht, eating meat, 57
Wallpapering, during Nine Days, 99
Washing
   body, tenth of *Av*, 176
   clothing, tenth of *Av*, 175, 176
   wig, 76
Washing dishes on *Tishah B'Av*, 124
Washing hands
   after touching covered areas, 126
   after touching shoes, 127
   before *davening*, 126
   before *Minchah*, 155
   for bread, 127
Washing machine, buying during The Three Weeks, 42
Washing on *Tishah B'Av*
   after a funeral, 128
   after touching a covered part of body, 126
   after touching shoes, 127
   after using the lavatory, 125
   before *davening*, 126
   bride, 128
   for a *mitzvah*, 127
   for bread, 127
   for medical purposes, 128
   the prohibition, 123
   to remove dirt, 123
   to remove perspiration, 124
   upon arising, 124
   washing dishes, 126
Water, drinking after *seudas hamafsekes*, 114
Watering plants, 99
Wearing laundered clothing during Nine Days
   bed linen, 83
   blouses, 83
   coats, 83
   dresses, 83
   jackets, 83
   pajamas, 83
   pants, 83
   shirts, 83
   skirts, 83
   socks, 83
   sweaters, 83
   tablecloth, 83
   towels, 83
   undergarments, 83
Wearing new clothing
   during Nine Days, 83
   during The Three Weeks, 41
Wearing Shabbos clothing during the Nine Days
   chasan, 102
   for a date, 102
   for *bar mitzvah*, 102
   for *bris*, 100-101
   for *pidyon haben*, 102
   hat, 100
   kallah, 102
   Shabbos Chazon, 103
   shoes, 100
   the prohibition, 100
   when may be put on *Erev Shabbos*, 105
   when must be removed after Shabbos, 105

Weaving, during Nine Days, 71
Wedding clothing, made during Nine Days, 74
Wedding, night of Seventeenth of *Tammuz*, 44
Weddings, during The Three Weeks, 44
Weeding, 99
Week in which *Tishah B'Av* occurs
  cutting nails, 160
  drinking wine, 160
  eating meat, 160
  gentile laundering clothes, 160
  giving a child a haircut, 160
  making clothes, 160
  shaving, 160
  trimming mustache, 160
Wet garment, placing in dryer to dry, 82
Wholesaler, purchasing items during Nine Days, 70
Wig
  cutting, 33
  purchasing, 66
  washing, 76
Window shopping, 67, 70
Wine during Nine Days
  baking with, 53
  bar mitzvah, 62
  Bircas Hamazon, 59
  bris, 56
  buying, 66
  children, 51
  cooking with, 53
  early Shabbos, 63
  ending Shabbos late, 64
  grape juice, 53
  grape-juice ices, 54
  Havdalah, 64-66

Melaveh Malkah, 66
miscarriage, 55
mistakenly recited *berachah*, 54
nursing mother, 55
pidyon haben, 57
postpartum, 55
reason for prohibition, 49
seudas mitzvah, 55
Shabbos, 63
sick person, 54
siyum, 58-62
when does prohibition begin, 50
when does prohibition end, 51
Women
  fasting, when *Tishah B'Av* is postponed, 161
  haircutting, 29
  preparation for *mikveh*, 94
  reciting *Eichah*, 148
  reciting *Havdalah* when *Tishah B'Av* is Sunday, 172, 173
  washing before her seven clean days, 127
Working on *Tishah B'Av*,
  by a non-Jew, 142
  conducting business, 143
  financial loss, 143
  lawn mowing, 142
  making beds, 142
  painting, 142
  planting garden, 142
  prohibited *melachah*, 142
  sweeping, 142
  the prohibition, 141
Writing Torah thoughts, 138
Yarmulke, purchasing, 66
Yeshivah, building during Nine Days, 98
Yirmiyah, studying, 135

This volume is part of
THE ARTSCROLL SERIES®
an ongoing project of
translations, commentaries and expositions on
Scripture, Mishnah, Talmud, Midrash, Halachah,
liturgy, history, the classic Rabbinic writings,
biographies and thought.

For a brochure of current publications visit your local
Hebrew bookseller or contact the publisher:

Mesorah Publications, ltd

4401 Second Avenue / Brooklyn, New York 11232
(718) 921-9000 / www.artscroll.com

Many of these works are possible
only thanks to the support of the
MESORAH HERITAGE FOUNDATION,
which has earned the generous support of concerned people,
who want such works to be produced
and made available to generations world-wide.
Such books represent faith in the eternity of Judaism.
If you share that vision as well,
and you wish to participate in this historic effort
and learn more about support and dedication opportunities –
please contact us.

Mesorah Heritage Foundation

4401 Second Avenue / Brooklyn, N.Y. 11232
(718) 921-9000 / www.mesorahheritage.org

Mesorah Heritage Foundation is a 501(c)3 not-for-profit organization.